藏在小学
语文课本里的
飞花令

①

林姝　编著

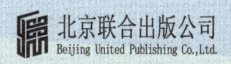

北京联合出版公司
Beijing United Publishing Co.,Ltd.

图书在版编目（CIP）数据

藏在小学语文课本里的飞花令.1/林姝编著.—北京：北京联合出版公司，2022.7
ISBN 978-7-5596-6252-1

Ⅰ.①藏… Ⅱ.①林… Ⅲ.①古典诗歌—中国—小学—教学参考资料 Ⅳ.①G624.203

中国版本图书馆CIP数据核字（2022）第116833号

藏在小学语文课本里的飞花令.1

编　　著：林　姝	出版监制：辛海峰　陈　江
出 品 人：赵红仕	责任编辑：牛炜征
产品经理：于海娣	特约编辑：王周林
封面设计：有态度 设计工作室 qq461084	内文排版：任尚洁

北京联合出版公司出版
（北京市西城区德外大街83号楼9层　100088）
北京联合天畅文化传播公司发行
天津丰富彩艺印刷有限公司印刷　新华书店经销
字数 438千字　710毫米×1000毫米　1/16　28.75印张
2022年7月第1版　2022年7月第1次印刷
ISBN 978-7-5596-6252-1
定价：99.00元（全3册）

版权所有，侵权必究
未经许可，不得以任何方式复制或抄袭本书部分或全部内容
如发现图书质量问题，可联系调换。质量投诉电话：010-88843286/64258472-800

目录

春

春眠不觉晓　春　晓［唐］孟浩然　　　　　　　　　　1

阳春布德泽　长歌行（汉乐府）　　　　　　　　　　2

化作春泥更护花　己亥杂诗·其五［清］龚自珍　　　　4

报得三春晖　游子吟［唐］孟郊　　　　　　　　　　5

俏也不争春　卜算子·咏梅（毛泽东）　　　　　　　6

桃花依旧笑春风　题都城南庄［唐］崔护　　　　　　7

万紫千红总是春　春　日［宋］朱熹　　　　　　　　8

江

江南可采莲　江　南（汉乐府）　　　　　　　　　　10

半江瑟瑟半江红　暮江吟［唐］白居易　　　　　　　11

昨夜江边春水生　观书有感二首·其二［宋］朱熹　　13

月涌大江流　旅夜书怀［唐］杜甫　　　　　　　　　14

黄师塔前江水东　江畔独步寻花七绝句·其五［唐］杜甫　15

天门中断楚江开　望天门山［唐］李白　　　　　　　16

水

水光潋滟晴方好　饮湖上初晴后雨二首·其二［宋］苏轼　18

淮水东边旧时月　石头城［唐］刘禹锡　　　　　　　19

山重水复疑无路　游山西村［宋］陆游　　　　　　　21

小桥流水人家　天净沙·秋思［元］马致远　　　　　23

草满池塘水满陂　村　晚［宋］雷震　　　　　　　　24

遥望洞庭山水翠　望洞庭［唐］刘禹锡　　　　　　　25

舍南舍北皆春水　客　至［唐］杜甫　　　　　　　　26

— I —

花

花市灯如昼	生查子·元夕 [宋] 欧阳修	28
春花秋月何时了	虞美人 [五代] 李煜	29
朵朵花开淡墨痕	墨 梅 [元] 王冕	31
映日荷花别样红	晓出净慈寺送林子方二首·其二 [宋] 杨万里	32
黄四娘家花满蹊	江畔独步寻花七绝句·其六 [唐] 杜甫	33
千树万树梨花开	白雪歌送武判官归京 [唐] 岑参	35
冷露无声湿桂花	十五夜望月 [唐] 王建	37

海

海水尚有涯	相思怨 [唐] 李季兰	39
四海无闲田	悯农二首·其一 [唐] 李绅	40
却道海棠依旧	如梦令 [宋] 李清照	42
黄河入海流	登鹳雀楼 [唐] 王之涣	43
但见宵从海上来	把酒问月 [唐] 李白	45
不见年年辽海上	南园十三首·其六 [唐] 李贺	46
三万里河东入海	秋夜将晓出篱门迎凉有感二首·其二 [宋] 陆游	48

风

风吹草低见牛羊	敕勒歌（北朝民歌）	50
东风不与周郎便	赤 壁 [唐] 杜牧	51
出没风波里	江上渔者 [宋] 范仲淹	53
不是爱风尘	卜算子 [宋] 严蕊	54
非是藉秋风	蝉 [唐] 虞世南	56
正是江南好风景	江南逢李龟年 [唐] 杜甫	57
任尔东西南北风	竹 石 [清] 郑板桥	58

沙

沙暖睡鸳鸯	绝句二首·其一 [唐] 杜甫	60
黄沙百战穿金甲	从军行七首·其四 [唐] 王昌龄	61
大漠沙如雪	马诗二十三首·其五 [唐] 李贺	62

	皆共尘沙老	塞上曲 [唐] 王昌龄	64
	直至长风沙	长干行二首·其一 [唐] 李白	66
	绿杨阴里白沙堤	钱塘湖春行 [唐] 白居易	68
	怜君不遣到长沙	巴陵赠贾舍人 [唐] 李白	70
小	小扣柴扉久不开	游园不值 [宋] 叶绍翁	72
	少小离家老大回	回乡偶书二首·其一 [唐] 贺知章	73
	先遣小姑尝	新嫁娘词三首·其三 [唐] 王建	75
	小娃撑小艇	池上 [唐] 白居易	76
	淮南桂树小山词	杨柳枝词九首·其一 [唐] 刘禹锡	77
	占尽风情向小园	山园小梅二首·其一 [宋] 林逋	78
	花褪残红青杏小	蝶恋花·春景 [宋] 苏轼	80
草	草木有本心	感遇十二首·其一 [唐] 张九龄	82
	燕草如碧丝	春思 [唐] 李白	84
	林暗草惊风	和张仆射塞下曲六首·其二 [唐] 卢纶	85
	独怜幽草涧边生	滁州西涧 [唐] 韦应物	87
	侧坐莓苔草映身	小儿垂钓 [唐] 胡令能	88
绿	绿阴不减来时路	三衢道中 [宋] 曾几	90
	草绿裙腰一道斜	杭州春望 [唐] 白居易	92
	青山绿水	天净沙·秋 [元] 白朴	93
	春风又绿江南岸	泊船瓜洲 [宋] 王安石	94
	千里莺啼绿映红	江南春 [唐] 杜牧	96
	最是橙黄橘绿时	赠刘景文 [宋] 苏轼	97
	细柳新蒲为谁绿	哀江头 [唐] 杜甫	99

泉

泉眼无声惜细流	小　池 [宋] 杨万里	101
黄泉多少奇才	西江月 [宋] 朱敦儒	102
幽咽泉流冰下难	琵琶行 [唐] 白居易	103
声和流泉	醉翁操 [宋] 苏轼	107
今作流泪泉	长相思三首·其二 [唐] 李白	108
羸形暗去春泉长	送国棋王逢 [唐] 杜牧	109
恨不移封向酒泉	饮中八仙歌 [唐] 杜甫	111

晨

晨兴理荒秽	归园田居·其三 [晋] 陶渊明	113
清晨入古寺	题破山寺后禅院 [唐] 常建	114
暮婚晨告别	新婚别 [唐] 杜甫	115
拾之践晨霜	橡媪叹 [唐] 皮日休	117
一日难再晨	杂诗十二首·其一 [晋] 陶渊明	118
当关不报侵晨客	富平少侯 [唐] 李商隐	119
东晋危如累卵晨	咏史诗·八公山 [唐] 胡曾	121

歌

歌以咏志	龟虽寿 [汉] 曹操	123
狂歌五柳前	辋川闲居赠裴秀才迪 [唐] 王维	125
黄竹歌声动地哀	瑶　池 [唐] 李商隐	126
得即高歌失即休	自　遣 [唐] 罗隐	127
但看古来歌舞地	代悲白头翁 [唐] 刘希夷	128
忽闻岸上踏歌声	赠汪伦 [唐] 李白	130
入夜行人相应歌	堤上行三首·其二 [唐] 刘禹锡	131

舞

舞破中原始下来	过华清宫绝句三首·其二 [唐] 杜牧	132
我舞影零乱	月下独酌四首·其一 [唐] 李白	133
啼莺舞燕	天净沙·春 [元] 白朴	135

— IV —

琵琶起舞换新声	从军行七首·其二[唐]王昌龄	136
一夜鱼龙舞	青玉案·元夕[宋]辛弃疾	137
曾逐东风拂舞筵	柳[唐]李商隐	139
朱门几处看歌舞	观祈雨[唐]李约	140

春

春　晓

[唐]孟浩然

春眠不觉晓，处处闻啼鸟。
夜来风雨声，花落知多少。

（收入义务教育教科书人民教育出版社《语文》一年级下册）

解析

孟浩然一生的大部分时间都在隐居中度过，这首《春晓》就是他隐居鹿门山时所作。

这首惜春诗，全诗贴近生活，仅用二十个字就将美好的瞬间凝聚成永恒，初读平淡无奇，反复诵读却回味无穷。

诗人抓住了春日清晨醒来后很生活化的一个场景，用短暂瞬间捕捉典型而细微的春天气息，展现春天万物复苏的景象。在这首诗里，诗人没有用视觉去发现春天的美好，而是用听觉引发联想：

我在春天的夜晚睡得很香甜，不知不觉就已经天亮了，醒来以后到处都能听到鸟的叫声。想起了昨天晚上的风雨之声，不知道春花被吹落了多少呢？

如此一来，读到此诗的人就好像真的听到了鸟叫，甚至看到了花落。

作者小传

孟浩然（689年—740年），字浩然，号孟山人，襄阳（今属湖北）人，世称"孟襄阳"。他年轻的时候就隐居在家乡的鹿门山，四十岁去长安（今陕西西安）参加科举考试，没有考中。他是唐代第一位大量写作山水田园诗的诗人，尤其擅长五言绝句，诗歌风格清淡简朴，不事雕琢，与王维并称"王孟"。

◆ **语文小课堂** ◆

　　孟浩然四十岁时已有诗名，因为内心其实还是很想做官，他便前往长安，想得个一官半职。到长安后，一次偶然的机会，他遇见了当时的皇帝唐玄宗，皇帝就让他写一首诗来展示才华。孟浩然写了一首《岁暮归南山》，因为其中的"不才明主弃，多病故人疏"（没有才能让君王弃我不用，身体多病让朋友与我疏离）有发牢骚的嫌疑，所以惹恼了皇帝。孟浩然错失当官的良机，最后只能回到隐居的地方。

长歌行

汉乐府

青青园中葵①，朝露待日晞②。
阳春布德泽③，万物生光辉。
常恐秋节至，焜黄华叶衰④。
百川东到海，何时复西归？
少壮不努力，老大徒伤悲！

（收入义务教育教科书人民教育出版社《语文》六年级下册）

注释

①葵：锦葵、蜀葵等，此处指代花草树木。②晞（xī）：晒干。③阳春：春天。德泽：恩惠，指春天的阳光雨露。④焜（kūn）黄：形容草木凋落的样

子。华：同"花"。

解析

《长歌行》是乐府诗，共三首，这是其中的第一首。

这首乐府诗从"园中葵"开始托物起兴：园中的植物郁郁葱葱，清晨的露珠在阳光下开始蒸发。世间万物承受着春天的阳光雨露所带来的恩泽，呈现出一派繁荣的景象。诗人看到这样的景象，心里却在担忧：到了肃杀的秋天，这些植物都会枯黄凋落。他从而想到，人就像自然景物一样，也要遵循由盛到衰、从生到灭的规律。"百川东到海，何时复西归？"一句用河水东流不再回头打比方，说明时光像流水一样，一去不回。最后，诗人发出感慨，留下千古名句：如果年轻的时候不努力奋进，到老的时候就只能悔恨一生了。

全诗借抒写万物盛衰的规律，来劝诫世人惜时奋进，以景寄情，由情入理，情感基调积极向上。

◆ **语文小课堂** ◆

乐府诗是继《诗经》《楚辞》之后兴起的一种新诗体。"乐府"立于汉武帝时期，"至武帝定郊祀之礼……乃立乐府，采诗夜诵"（《汉书·礼乐志》）。它的职责是采集民间歌谣或文人的诗来配乐。它搜集整理的诗歌被称为"汉乐府"，简称"乐府"。

己亥杂诗·其五

[清]龚自珍

浩荡离愁白日斜①,吟鞭东指即天涯②。

落红不是无情物,化作春泥更护花③。

注释

①浩荡离愁:无限深广的离愁。②吟鞭:诗人的马鞭。吟,指吟诗。③落红:落花。

解析

龚自珍四十八岁辞官南归,后又北上接家属,在往返途中写了一组诗来记录见闻、感想,回忆往事,名为《己亥杂诗》,共三百一十五首,这首诗是其中的第五首。

本诗前两句主要写诗人离京时的感受:深深的离愁伴着西斜的太阳,挥舞的马鞭向东指,我离北京越来越远,就像到了天边。此时诗人的情绪是低落的,在后面两句中却变得积极向上:辞官回家的我就像落花一般,但落花并不是无情的东西,它只是化作了春天的泥土,去守护百花的盛开。在这里,诗人以落花打比方,表明自己虽然辞官,但仍会关心国家的前途和命运。

全诗所选的意象都很简单,却情景交融,尤其是最后两句,展示了诗人博大的胸怀,也阐释了一种积极向上和难能可贵的生命价值观。

作者小传

龚自珍(1792年—1841年),字璱(sè)人,号定庵,浙江仁和(今杭州)人,清代思想家、文学家和改良主义的先驱者,主张革除弊政,抵制外国侵略,曾全力支持林则徐禁除鸦片。

游子吟

[唐]孟郊

慈母手中线,游子身上衣。
临行密密缝,意恐迟迟归①。
谁言寸草心②,报得三春晖③。

(收入义务教育教科书人民教育出版社《语文》五年级下册)

注释

①意恐:担忧。②寸草心:小草的心,比喻子女的孝心。③三春晖:春天温暖的阳光,比喻温暖的母爱。三春,农历的正月为孟春,二月为仲春,三月为季春,合称三春。晖,阳光。

解析

慈母手中的细密针线,织成了远游孩子身上的衣服。在他即将离开家的时候,母亲把衣服缝得密密实实,担忧孩子很久才能回来。谁能说子女如小草般的区区孝心,就报答得了母亲春天般的温暖和恩情呢?

全诗短短数语,用白描手法赋予普通生活场景以典型意义,讴歌了无私而伟大的母爱。前四句用游子自述的口吻道出了远游之前母亲为自己缝制衣服的场景,最后以反问句式表达出游子对母亲的感激。从宋至清的影响较大的唐诗选本中,只要收录孟郊的作品,《游子吟》这首诗必入选,可见其影响之深。

作者小传

孟郊(751年—814年),字东野,武康(今浙江德清)人。诗与韩愈齐名,是韩孟诗派的开派人物。因其作诗以苦吟为主,注重造语炼字,追求构思的奇特超常，与贾岛相似，故有"郊寒岛瘦"的说法。

> ◆ **语文小课堂** ◆
>
> 　　白描本来是中国画法的名称，指单用墨色线条勾描形象而不去添加修饰和渲染。作为文学作品的一种表现手法，白描讲究用最简练的文字，不加渲染和烘托地描画形象。它要求抓住对象的特征，如实地勾勒出人物、事件、景物的情态面貌。比如梅尧臣的《陶者》："陶尽门前土，屋上无片瓦。十指不沾泥，鳞鳞居大厦。"全诗用白描手法客观叙事，没有抒情和议论，却深刻地表现出了陶者的苦难和社会的不公。

卜算子·咏梅

毛泽东

风雨送春归，飞雪迎春到。
已是悬崖百丈冰[1]，犹有花枝俏[2]。

俏也不争春，只把春来报。
待到山花烂漫时[3]，她在丛中笑。

（收入义务教育教科书人民教育出版社《语文》四年级下册）

注释

[1] 百丈冰：形容天气十分寒冷。[2] 犹：还，仍然。[3] 烂漫：形容花开得绚烂美丽。

解析

  风风雨雨把春天送走了，漫天飞雪又要把春天迎来。现在悬崖都结了很厚的冰，而梅花却在这样极寒的天气中迎着风雪开放了。

  梅花虽然美丽，却不去跟百花比美，开得这么好只是为了通报春天的消息。等到满山遍野开满鲜花时，她在花丛中笑。

  这首词最早发表于1963年12月人民文学出版社出版的《毛主席诗词》，是毛泽东读南宋诗人陆游的同题词后，反其意而作的。

  上阕写梅花所处的环境，寒冷恶劣的环境衬托出梅花的难能可贵，塑造出梅花坚韧不屈、美丽挺拔的形象。下阕写梅花不但有美丽的丰姿，还有谦虚包容、无私奉献的美好品质。诗人运用了比兴和拟人的手法，实际是赞美中国共产党和中国人民坚强不屈的革命精神和坚忍不拔的意志。尤其是下阕写道，虽然梅花处在恶劣的环境中，但她没有自怨自艾，听天由命，而是豁达乐观，充满自信，展现了新时代革命者特有的风骨和奉献精神，让主题得到了升华。

作者小传

  毛泽东（1893年—1976年），字润之，湖南湘潭人，中国伟大的思想家、政治家、革命家、军事家、诗人。他的诗词意境开阔，风格豪放，具有极高的艺术价值和思想价值。

题都城南庄

[唐]崔护

去年今日此门中，人面桃花相映红。
人面不知何处去，桃花依旧笑春风。

解析

  这首诗描写的是诗人崔护进士考试没有考中后的亲身经历。

前两句是追忆：去年的今天，在都城长安南庄的这户人家门口，我偶遇了一个姑娘，她容颜俏丽，与盛开的桃花交相辉映。后两句是现实：今年的这天我故地重游，姑娘却不知去了哪里，只有那桃花依然在春风中盛开。

整首诗通过"去年""今日"同时、同地、同景而人面不同的对照，形成前后呼应、回环往复的效果，表达了对物是人非的无限怅惘。其中"人面不知何处去，桃花依旧笑春风"说出了无数人都似曾相识的共同体验，是千古传诵的名句。

作者小传

崔护（772年—846年），字殷功，博陵（今河北定州）人，贞元十二年（796年）考中进士。其诗精练婉丽，语言清新，《全唐诗》收入六首，都是佳作，其中以《题都城南庄》最为脍炙人口，流传也最广。

◆ 语文小课堂 ◆

唐诗是讲究韵律和平仄发音的，根据韵律和平仄发音，可以将唐诗简单分为绝句和律诗两种类型。其中绝句是四句，每句五个字的称为五言绝句，七个字的称为七言绝句。律诗是八句，每句五个字的称为五言律诗（简称五律），七个字的称为七言律诗（简称七律）。律诗的一、二句为首联，三、四句为颔联，五、六句为颈联，七、八句为尾联。

春 日

[宋]朱熹

胜日寻芳泗水滨①，无边光景一时新。
等闲识得东风面②，万紫千红总是春。

（收入义务教育教科书人民教育出版社《语文》六年级上册）

注释

①胜日：天气晴朗的好日子。寻芳：寻赏美景。泗水：河水名，在今山东境内。②等闲：容易地，轻易地。

解析

这是一首说理诗，开头两句写景：在一个天气晴朗的好日子，我在泗水边踏春游览，看到了焕然一新的无限风光。后两句说理：谁都能轻易地看出春天的样子，这是因为春风催发了万物，使得百花开放、万紫千红。

诗中所写的游春地点泗水当时早就被金兵占领了，所以朱熹并没有去过那里。因为泗水流经孔子的家乡曲阜之北，孔子曾在附近讲学、教授弟子，所以诗人就用"泗水"来代指孔门，也就是圣人之道，用"东风"暗喻教化，用"万紫千红"比喻孔学的丰富多彩。

作者小传

朱熹（1130年—1200年），字元晦，谥号"文"，世称朱文公、朱子，徽州婺源（今江西婺源）人，南宋著名的理学家、思想家、哲学家、教育家、诗人，是孔子、孟子以来最杰出的弘扬儒学的大师。著述很多，最有名的理论是"存天理，灭人欲"。

◆ 语文小课堂 ◆

宋朝推崇文官政治，这一时期的文人大都博学多识，尚思辨，写出的诗也多是说理诗。概括来说，说理诗就是诗人通过对具体事物的描写、议论，把自己在生活中的感悟或体会诉诸笔端的诗歌。说理诗的形式多为七言绝句，一般会在前两句做铺垫，引发后两句诗人悟出的道理。除了《春日》，比较有代表性的说理诗还有苏轼的《题西林壁》（"不识庐山真面目，只缘身在此山中"），以及陆游的《冬夜读书示子聿》（"纸上得来终觉浅，绝知此事要躬行"）。

江

江　南

汉乐府

江南可采莲，莲叶何田田[1]。

鱼戏莲叶间。鱼戏莲叶东，

鱼戏莲叶西，鱼戏莲叶南，鱼戏莲叶北[2]。

（收入义务教育教科书人民教育出版社《语文》一年级上册）

注释

①何：多么。田田：莲叶碧绿繁茂的样子。②"鱼戏"四句：鱼儿在四处玩耍，暗喻采莲人在劳动的时候互相嬉戏。

解析

这首乐府诗是一首优美的采莲曲，以简洁明快的语言、回环反复的音调、优美隽永的意境、清新明快的格调，生动地描绘出江南的风光和采莲人的欢乐。

前两句描写漂浮在水面上的茂密的莲叶，赞美江南真是个采莲的好地方。莲叶茂盛，说明收成会很好，从而烘托出采莲人的好心情。后五句"间""东""西""南""北"并列，通过对莲叶和鱼儿的重复描写、反复咏唱，进一步展示出采莲时的欢乐情景和热闹场面。其中，"戏"字既是写鱼在水中欢乐的状态，也是以鱼比人，暗示采莲人驾驶小船在莲叶间轻盈穿行，互相追逐嬉戏，就像鱼儿一样。

全诗没有一字一句直接描写采莲人，他们的欢乐之情却在字里行间溢出来了，让人读来如闻其声，如见其人，如临其境。

> ◆ **语文小课堂** ◆
>
> 采莲是江南人最常见的故乡景象之一。在江南水乡，每当莲子成熟，人们就会成群结队到湖里采莲。劳动之余，人们会通过唱歌来休息、助兴，这些歌里最著名的就有《江南》。因此，古人在诗词文章中写到"江南"时，多包含了思乡之情。而"莲"字与"怜""恋"谐音，有一语双关的效果。所以，古人写采莲，也多是表达相思爱恋之情。

暮江吟①

[唐]白居易

一道残阳铺水中②，半江瑟瑟半江红③。
可怜九月初三夜④，露似真珠月似弓⑤。

（收入义务教育教科书人民教育出版社《语文》四年级上册）

注释

①吟：古代诗歌体裁的一种。②残阳：即将完全落下的太阳。③瑟瑟：这里形容未受到残阳照射的江水所呈现的青绿色。④可怜：可爱。⑤真珠：珍珠。月似弓：九月初三的上弦月，形状像弯弓一样。

解析

一道残阳铺在黄昏的江面上，江水一半碧绿似玉，一半闪烁着红光。最可爱的是九月初三的初月夜，晶莹的露水好像珍珠，月牙儿好像一张弓。

这是诗人在去杭州任刺史的途中，黄昏时分在江边所写的一首杂律诗，语言朴实生动，极具画面感。

首句一个"铺"字，把夕阳接近地平线，余晖几乎贴着水面的景象形象地描绘出来，而且也暗示了天气没有风，所以水面是平静的。第二句是颇具层次感的视觉描写，一半是本来就呈现出绿色的江面，一半是被余晖照耀呈现红色的江面，奇特的光色变化造就了一幅日暮美景图。第三句中的"可怜"一词在这里是"可爱"的意思。末句用了比喻的修辞手法，把露水比作珍珠，把月牙儿比作弯弓，生动形象。

此时夜幕已经降临，月亮升上了天空，在这个晴朗的夜晚，诗人看着天上的弯月、草叶上圆滚滚的露珠，只觉得美不胜收，心情也很愉悦。

作者小传

白居易（772年—846年），字乐天，晚年号香山居士，下邽（今陕西渭南）人。文学上主张"文章合为时而著，歌诗合为事而作"，是新乐府运动的倡导者。其诗通俗易懂，相传他作诗要修改到普通老太太也能听懂为止。与元稹并称"元白"。

◆ 语文小课堂 ◆

月球在圆缺变化过程中呈现的各种形状叫作月相。在农历的每月初一，当月亮运行到太阳与地球之间的时候，月亮面对地球的一面是黑的，并且因为它与太阳同升同没，所以人们看不到。这时的月相叫"新月"或"朔"。新月过后，月亮渐渐移出地球与太阳之间的区域，人们开始看到月亮被阳光照亮的一小部分，形状就像弯弯的眉，所以这时的月相叫"蛾眉月"。九月初三的晚上，诗人看到的就是这种"蛾眉月"。

观书有感二首·其二

[宋]朱熹

昨夜江边春水生,蒙冲巨舰一毛轻[1]。
向来枉费推移力[2],此日中流自在行[3]。

(收入义务教育教科书人民教育出版社《语文》五年级上册)

注释

①蒙冲:古代战舰名,这里指大船。一毛轻:像羽毛一样轻盈。②向来:从来,以前。③中流:河中心。

解析

昨天晚上,江边涨起春潮,大船显得像羽毛一样轻盈。大船从前需要很大的力气去推动,今天却能在河中心自在地漂行。

在这首说理诗中,诗人用水上行船做比喻,阐释了读书要掌握规律和方法的道理,这样自然就能自在顺利地前进了。春水就是我们平时的积累,春水涨,说明功夫到家了,往日学习中的关隘一下子变得通畅。全诗寓哲理于生动形象的比喻,让人不由得心领神会。

旅夜书怀

[唐]杜甫

细草微风岸,危樯独夜舟①。
星垂平野阔,月涌大江流。
名岂文章著,官应老病休。
飘飘何所似,天地一沙鸥。

注释

① 危樯（qiáng）：高耸的桅杆。独夜舟：独自在夜晚乘船。

解析

这首诗的前半部分写"旅夜"看到的景色，后半部分"书怀"，寓情于景，表达诗人漂泊无依和孤独愤慨的心情。

首联从近景和细微处写起，时间上从白天写到夜晚，空间上从陆地写到水中。颔联炼字精准，空间得到扩展，画面流动起来。辽阔的平野、浩荡的大江、灿烂的星月，正是这样开阔雄浑的场景，才更能反衬出诗人内心的孤独和凄凉。颈联交代了诗人孤独的原因：获得的一点名声仅仅是来自写文章，现在又老又病，只能退出官场了。这其实是反语，诗人离开官场的真实原因是官小位卑，不断被排挤。尾联用辽阔天地间一只渺小的沙鸥来自喻，生动地刻画出诗人漂泊零落、孤苦无依的形象。

作者小传

杜甫（712年—770年），字子美，河南巩县（今河南巩义西）人。曾任检校工部员外郎，世称"杜工部"，自称"少陵野老"。中国历史上最伟大的诗人之一，与李白齐名，并称"李杜"。其诗以古体、律诗见长，展现了唐代由盛而衰的历史过程，被称为"诗史"。

◆ 语文小课堂 ◆

杜甫的诗之所以被称为"诗史"，是因为杜诗的内容多是反映社会面貌、描写民间疾苦的，包含着很深的忧国忧民情怀；而且多是纪实诗，不夸大美，不隐去恶，可以作为考证，弥补史料的不足。

江畔独步寻花七绝句·其五

[唐]杜甫

黄师塔前江水东，春光懒困倚微风。
桃花一簇开无主，可爱深红爱浅红？

（收入义务教育教科书人民教育出版社《语文》四年级下册）

解析

黄师塔前的江水缓缓向东流，我沐浴着春光，懒懒地倚着东风。这一簇盛开的野桃花太美了，最可爱的是深红色的呢，还是浅红色的？

诗的第一句点明具体的地点，第二句写自己的倦态。春天天气转暖，人很容易感到懒倦，所以才倚风小憩。但倚风也是别有原因的：更好地看花。第三句的"开无主"就是自由自在地开，无所拘束，无所顾忌。最后一句"爱"字叠用，深红、浅红都让人喜爱，难以取舍。两句合在一起，更显得绚烂绮丽，锦绣繁华。

望天门山[1]

[唐]李白

天门中断楚江开[2],碧水东流至此回[3]。
两岸青山相对出,孤帆一片日边来。

(收入义务教育教科书人民教育出版社《语文》三年级上册)

注释

[1] 天门山:今安徽东梁山与西梁山的合称。东梁山在今芜湖市,西梁山在今马鞍山市,两山隔江相对,像天然的门户。[2] 中断:指天门山从中间被隔开。楚江:长江中下游部分河段在古代流经楚地,所以叫楚江。开:断开。[3] 回:改变流向。

解析

长江像一把巨斧,将天门山从中间劈开,碧绿的江水东流到此也只能改变方向。两边的青山隔江对峙,不相上下,迎接着从天边漂来的一只小船。

这首写景诗围绕"望"字展开描述。前两句直写天门山的险峻和长江奔腾不息的磅礴气势;后两句写诗人乘舟通过天门山,天门山打开大门来迎接。诗人运用了拟人的修辞手法,并赋予了静态的事物以动感,构思奇巧。其中,青山、碧水、红日、孤帆构成了一幅壮美雄浑的画卷,意境悠远,色彩艳丽。

整首诗场面壮丽,气势雄奇,字里行间可见诗人饱满的激情和豪放的性情。

作者小传

李白（701年—762年），字太白，号青莲居士，又号谪仙人。出生于西域，幼时随父迁居绵州昌隆（今四川江油）。唐代伟大的浪漫主义诗人，被誉为"诗仙"，与杜甫并称"李杜"。为人爽朗狂放，喜好饮酒，广交朋友。诗风雄奇豪放，想象丰富，语言流畅自然，韵律和谐多变。诗作绚烂多彩，极富浪漫主义气息。

◆ 语文小课堂 ◆

李白在长安结识了当时很有名的诗人贺知章。贺知章读了李白写的《蜀道难》，赞叹不已，认为这么优秀的诗凡人是写不出来的，李白必定是从天上被贬谪到凡间的神仙。"谪仙"一词虽然古已有之，但自此成为李白的代称。

水

饮湖上初晴后雨二首·其二

[宋]苏轼

水光潋滟晴方好①,山色空蒙雨亦奇②。
欲把西湖比西子③,淡妆浓抹总相宜④。

(收入义务教育教科书人民教育出版社《语文》三年级上册)

注释

①潋滟(liàn yàn):水面荡漾闪光的样子。方:正。②空蒙:迷茫缥缈的样子。亦:也。奇:奇特。③欲:如果。西子:西施,春秋时期越国著名的美女,古代四大美女之首。④相宜:美丽宜人。

解析

晴天的时候,西湖水波荡漾,被阳光一照,美得恰到好处。下雨的时候,湖边的山被烟雨笼罩,时隐时现的朦胧景色也美得奇特。如果把西湖比作美人西施,不管是淡妆也好,浓妆也罢,它都是那样美丽宜人。

这是一首赞美西湖的写景诗。诗的前两句情景交融,以情写景,描写了西湖晴天时的水光和雨天时的山色,赞美西湖不管是水还是山,不管是晴还是雨,都是美好的。后两句用一个既空灵又贴切的比喻来进一步描写湖山的晴光雨色。西子就是西施,是历史上公认的美女。本来西子与西湖并无关系,但是诗人找到了二者共同的特质——美,并以绝色美人喻西湖,形象传神,想象空间大。

作者小传

苏轼（1037年—1101年），字子瞻，号东坡居士，眉山（今属四川）人，北宋文学家、书画家、美食家。学识渊博，天资高，诗、文、书、画样样精通。文章风格明白畅达，豪放自如，与欧阳修并称"欧苏"，是唐宋八大家之一；诗歌清新豪放，风格独特，与黄庭坚并称"苏黄"；词风开创豪放一派，对后世影响巨大，与辛弃疾并称"苏辛"；书法与黄庭坚、米芾、蔡襄并称"宋四家"；画学文同，论画主张神似，提倡"文人画"。

◆ 语文小课堂 ◆

苏轼第二次到杭州做官的时候，征集了二十多万人疏浚西湖，把挖出的草和泥堆成了一条很长的堤岸，并给这条堤岸上的六座桥起名为映波、锁澜、望山、压堤、东浦、跨虹。后来，人们为了纪念苏轼，就把这条堤岸称为苏公堤，又叫苏堤。

石头城[1]

[唐]刘禹锡

山围故国周遭在[2]，潮打空城寂寞回。
淮水东边旧时月，夜深还过女墙来[3]。

注释

[1] 石头城：位于今南京市西清凉山，东汉末年是东吴的属地；由于是石壁铸就，故称"石头城"。[2] 故国：旧都城。[3] 女墙：指城墙上的矮墙。

解析

昔日围绕石头城的青山现在依旧挺立，潮水拍打空城，得不到任何回应，只好寂寞地返回。淮水东边古老而清冷的明月依然是这座旧时宫殿的见证者,夜半时分还把光线照过来。

在这首怀古诗中,诗人总结历史教训,抒发物是人非的苍凉之感。前两句用如今的荒凉对比昔日六朝的繁华,悲凉之情尽显。"空城""寂寞"等词也奠定了全诗苍凉沉重的基调。后两句中,"旧时月"是石头城昔日繁华的见证者,就算现在此城已经破败,它依旧无言地见证着这一刻,物是人非之感包含其中,诗人的吊古情怀也进入高潮。

作者小传

刘禹锡(772年—842年),字梦得,洛阳(今属河南)人。其诗通俗清新,别具一格。早年与柳宗元并称"刘柳",晚年与白居易并称"刘白"。

◆ 语文小课堂 ◆

怀古诗是中国古代诗词中经常出现的作品,一般以历史事件、历史人物、历史陈迹为题材,通过登高望远、慨叹历史、感怀古迹,来感叹兴衰、寄托哀思或借古讽今。怀古诗中多用典故,感情基调也比较沉重。

游山西村

[宋]陆游

莫笑农家腊酒浑①,丰年留客足鸡豚②。

山重水复疑无路,柳暗花明又一村。

箫鼓追随春社近③,衣冠简朴古风存。

从今若许闲乘月,拄杖无时夜叩门④。

注释

①腊酒:腊月酿制的酒。②足鸡豚:鸡肉和猪肉准备得很充足。豚,小猪,这里指猪肉。③春社:古代立春后的第五个戊日为春社日。《周礼》记载,这一天农家要祭社祈年,吹吹打打十分热闹。④无时:随时。

解析

不要嫌弃农家自己酿的酒不够清澈,在这个丰收的季节,他们准备了丰盛的饭菜来招待客人。在你觉得有一座座山和一道道水阻挡,前面没有路的时候,过了昏暗的柳树林,看到鲜艳的花圃就找到村庄了。随着春社的日子越来越近,箫鼓之声也渐渐多了起来,这里的穿戴和风俗习惯还保留着传统的风格。今后如果我还有时间在月色下出来闲游,一定拄着拐杖随时来敲你家的门。

这首诗在叙事中夹杂着给人们的启发,很符合宋诗特有的说理风格。

首联写农家在丰收时呈现的一派安宁、欢悦的景象。"莫笑"显示出农家的质朴,"足"字表现出农家对待客人的热情和周到。颔联描写乡村的山水景色,表达了诗人的惊喜之情,同时也包含着一个流传千年的人生哲理:当你在扑朔迷离之际感到茫然时,只要锲而不舍,继续前行,就有可能出现转机;再往前行，便可能会豁然开朗，发现一片新天地。颈联由写景转向写人，交代了当时的农村风俗仍留有古风，暗含着诗人对传统文化的热爱之情。尾联笔锋一转，描写一天的热闹之后，乡村又恢复了静谧。诗人与村人告别，说的也是一些平常话，一个亲切的老者形象跃然纸上。

作者小传

陆游（1125年—1210年），字务观，号放翁，越州山阴（今浙江绍兴）人，南宋著名诗人。曾投身军旅，一生致力于抗击金朝，恢复中原。创作的诗歌现在存有九千多首，内容极为丰富。

◆ 语文小课堂 ◆

陆游是中国迄今为止存诗数量最多的诗人之一，在六十年间，他写了将近一万首诗，流传下来的有九千三百多首。陆游特别爱写诗，在他的一生当中，他几乎无时无刻不在写诗，走路时写诗，吃饭时写诗；生气了写诗，悲伤了也写诗。在生命的最后时刻，他还写出了感人至深的《示儿》。陆游诗不仅数量多，质量也很高，后世对他的诗赞誉有加。

天净沙·秋思

[元]马致远

枯藤老树昏鸦,小桥流水人家,古道西风瘦马①。夕阳西下,断肠人在天涯②。

注释

① 古道:古老的驿路。② 断肠人:这里指天涯飘零、没有归期的旅客。

解析

这首元曲选取了一些能够代表萧条秋天的典型景物,用白描手法勾勒出深秋日落时野外的景色,用词凝练,纯朴自然,是小令中的绝唱。

前三句中每一句都是一个独立的画面,每一个画面都是纯粹的景物描写,组合在一起是第一个场景:干枯的树藤缠绕着枝叶凋零的古树,黄昏中的寒鸦在凄厉地鸣叫着;一座小桥架在缓缓流淌的溪流上,桥的另一端是一个农家院落;古老的驿道上,萧萧的西风中,一匹瘦马在踽踽独行。"枯""老""昏鸦""古""瘦"等词具有清冷的色彩,增添了凄凉萧瑟之感。最后两句构成了第二个场景:夕阳落下的时刻,一个无家可归的浪子骑马独行,心中愁苦。"夕阳"一词让色调转暖,而紧接着的最后一句又让色调变冷。"夕阳西下"和"断肠人"是点睛之笔,揭示了全曲的主题。

作者小传

马致远(约1250年—约1321年),字千里,号东篱,大都(今北京市)人。元代著名戏曲家、散曲家、杂剧家,与关汉卿、郑光祖、白朴并称"元曲四大家",有"曲状元"之誉。其作豪放清丽,浅白流畅,著有杂剧《汉宫秋》等。

◆ **语文小课堂** ◆

传说有一个人，他每天天亮就出去耕作。一天，他误食了一种毒草，觉得苦涩，毒发后断肠，人们遂称之为"断肠人"。后来，因为恋爱中的男女经常因思念对方而感到心痛不已，痛似断肠，所以人们就将饱尝相思之苦的恋人称为"断肠人"。

村　晚

[宋]雷震

草满池塘水满陂①，山衔落日浸寒漪②。
牧童归去横牛背③，短笛无腔信口吹④。

（收入义务教育教科书人民教育出版社《语文》五年级下册）

注释

①陂（bēi）：池岸。②衔：嘴里含着。这里指夕阳西下，下到山腰，就像被山咬着。浸：淹没。漪（yī）：水中的波纹。③横：横着坐。④腔：曲调。信口：随口。

解析

在长满青草的池塘里，水也满满的。太阳落到半山腰，就好像被山咬住了一样，倒影淹没在水波中。放牛的孩子横坐在牛背上往家走，手里的短笛随口吹出不成调的曲子。

这是一幅富有生活情趣的乡村晚景图。前两句中，池塘、落日、倒影构成了乡村晚景图的画面，两个"满"字说明时间是夏天，青草茂盛，雨水丰沛，一切都显得生机勃勃。"衔"字运用了拟人手法，形象地勾勒出日落时分的美丽风光。后两句写人,"横"字和"信"字展现了牧童的随意和自在。美丽的风景和无忧无虑的孩子给人一种岁月静好的感觉,让人心生向往。

作者小传

雷震,宋朝人,生平不详,有人说是眉州(今四川眉山)人,宋宁宗嘉定年间进士;又有人说是南昌(今属江西)人,宋度宗咸淳元年进士。

望洞庭

[唐]刘禹锡

湖光秋月两相和,潭面无风镜未磨。
遥望洞庭山水翠,白银盘里一青螺。

(收入义务教育教科书人民教育出版社《语文》三年级上册)

解析

风平浪静,月光和水色交融,湖面就像未经打磨的铜镜一样平滑。远远观望洞庭湖翠绿的山水景物,明月之下,苍翠的君山就像是放在白银盘里的一只青螺。

这首诗用丹青一般的笔墨描绘了一幅月下洞庭的远景图,线条清晰而情致朦胧。开始两句直接写出了秋月之下的洞庭湖静景:第一句描述水月相映的和谐景观,渲染出一种缥缈、宁静的氛围;第二句采用巧妙的比喻,把无风时平静的湖面比喻成未曾打磨的铜镜,有着朦朦胧胧之感。后两句以更广阔的视角来展现月影下的洞庭湖,将君山比作"青螺",生动形象,又给整首诗的意境增添了一种神秘的感觉。

全诗用词质朴,比喻新奇,视野开阔,让人读来心胸也随之变得开阔许多。

◆ 语文小课堂 ◆

洞庭湖，古称云梦、九江或重湖。洞庭湖是古代文人墨客游览的胜地，屈原、李白、杜甫、孟浩然等都写过与洞庭湖有关的诗句，例如"且就洞庭赊月色，将船买酒白云边"（李白）、"昔闻洞庭水，今上岳阳楼"（杜甫）……被贬谪的刘禹锡曾六次到洞庭湖，他写的《望洞庭》是最动人的洞庭诗之一。

客 至

[唐]杜甫

舍南舍北皆春水①，但见群鸥日日来。
花径不曾缘客扫②，蓬门今始为君开③。
盘飧市远无兼味④，樽酒家贫只旧醅⑤。
肯与邻翁相对饮⑥，隔篱呼取尽余杯⑦。

注释

①舍：居舍，住所。②缘客扫：因为有人来做客而清扫。缘，因为。③蓬门：用蓬草做的门，指穷人家。④盘飧（sūn）：用盘子盛的食物。兼味：两种以上的味道。⑤醅（pēi）：没有过滤的酒。⑥肯：乐意。⑦余杯：杯里剩下的酒。

解析

这首叙事诗字里行间洋溢着一种欣喜和兴奋的感情。

首联点明诗人居住的处所和所处的季节：我住在被春江水环绕的溪边，只有群鸥天天来做伴。一个"皆"字，暗示春江水的充沛；"但见"一句既表明了诗人的恬淡安逸，又暗示了其生活的寂寞和单调。

颔联的气氛一转，欢喜之情直接透了出来：一听说有客人要前来拜访，我马上兴高采烈地洒扫花径，打开蓬门。

颈联写客人到来，主人殷勤地招待，并向对方表达歉意：因为住的地方离市集太远，又没有多少积蓄，我只准备了一些平常的菜蔬，还有自己酿的浊酒。这一部分既是主人的自谦，又体现出他对待客人的一片诚挚之情。

尾联主人笑问客人：要不要请邻家的老翁一起来喝几杯？得到客人的同意后，主人隔着篱笆呼唤邻居前来喝一杯。这既展现了宾主之间气氛的融洽，也反映了邻里间的和睦。

闲话家常般的语言贯穿全诗，有客到访后诗人的欢喜之情溢于言表，诗中处处可见诗人待客的真诚与热情，也满含着富于情趣的生活细节。

生查子·元夕

[宋]欧阳修

去年元夜时①,花市灯如昼。月上柳梢头,人约黄昏后。

今年元夜时,月与灯依旧。不见去年人,泪湿春衫袖。

注释

①元夜:元宵节的晚上,也就是农历正月十五的晚上。

解析

上阕写往昔:去年元宵节的晚上,京城的街道上人来人往,在花灯的照耀下就像白天一样。"我"与恋人相约在黄昏之后相见,那时候月亮升上了柳树梢头。下阕写今朝:转眼到了今年的元宵节,月和灯依旧还在,只是再也见不到去年的那个人了。想到这里,"我"的泪水打湿了春衫的衣袖。

这首词通过对"去年"与"今年"的追忆,写出了物是人非之感,今昔对比的手法与唐诗《题都城南庄》有异曲同工之妙。

全词言语浅近,情调哀婉,连接了不同时空的两个场景,通过鲜明的对比表达了相同节日里的不同情思。

作者小传

欧阳修（1007年—1072年），字永叔，号醉翁，晚号六一居士，谥号"文忠"，吉州永丰（今属江西）人。北宋诗文革新运动的领袖，曾与宋祁等合修《新唐书》，并独撰《新五代史》。词以小令见长，多写男女恋情、伤春怨别，也有疏狂豪放之作。唐宋八大家之一，与韩愈、柳宗元和苏轼并称"千古文章四大家"。

◆ 语文小课堂 ◆

元夜是新一年的第一个月圆之夜。西汉时期，汉武帝正月上辛夜在甘泉宫举行祭祀"太一"的活动，被后人认为是正月十五祭神的开始。东汉时期，佛教文化传入，汉明帝为了弘扬佛法，下令正月十五晚上在宫中和寺院里"燃灯表佛"，从此，正月十五夜燃灯、赏灯的习俗逐渐流传开来。

虞美人

[五代] 李煜

春花秋月何时了①，往事知多少。
小楼昨夜又东风，故国不堪回首月明中。

雕栏玉砌应犹在②，只是朱颜改③。
问君能有几多愁，恰似一江春水向东流。

注释

① 了：结束，完结。② 雕栏玉砌：指以前的南唐宫殿。砌，台阶。③ 朱颜改：指人老了。朱颜，红颜。

解析

春花和秋月这样的良辰美景何时才会完结？回首往昔，有多少往事还历历在目？被囚禁的住所昨天晚上又刮起了东风，在明月下回忆故国，才发现故国已经亡了！故国宫殿里雕花的栏杆、玉石砌成的台阶应该还在，只是人们的容颜都变老了。你问我心里有多少哀愁，正像一江春水无尽东流。

上阕中，"春花秋月"代表的是良辰美景，词人却盼着它们赶紧了结。这是因为词人身为阶下囚、亡国奴，良辰美景只会勾起他对往昔的追忆，带来更深的痛苦。"小楼昨夜又东风"中的"又"字表示时间流逝，词人又在对故国的思念中度过了一年，不堪回首却又忍不住回首。下阕又在回忆故国，"雕栏玉砌应犹在"和"朱颜改"，景物与人事的对比都在暗示着江山易主。最后一句用设问和巧妙的比喻引出源源不断的愁绪。

全词以问起，以答结，通过今昔对比，表现出词人无穷的哀怨与悔恨之情。王国维曾评价说："后主之词，真所谓以血书者也。"

作者小传

李煜（937年—978年），初名从嘉，字重光，徐州（今属江苏）人，南唐中主李璟第六子，史称"南唐后主"。宋开宝八年（975年），南唐都城被宋攻破，李煜投降，被囚禁，封为违命侯，后被宋太宗赐毒酒而死。李煜精书法、工绘画、通音律，诗、文、曲、词方面都有一定造诣。词的成就最高，在晚唐五代词中独树一帜，对后世词坛影响深远。

◆ 语文小课堂 ◆

李煜是个天才的艺术家，诗、词、歌、赋、书、画样样精通，同时还是一个玩乐高手。他的前半生极尽奢华，但后期沦为宋朝的阶下囚，国破家亡而身陷囹圄。从那时起，他的词里就有了国仇家恨，从而把词上升到了另外一个境界。人们称他为"千古词帝"。

墨 梅

[元]王冕

我家洗砚池头树①,朵朵花开淡墨痕。
不要人夸好颜色,只留清气满乾坤②。

(收入义务教育教科书人民教育出版社《语文》四年级下册)

注释

① 洗砚池:传说会稽(今浙江绍兴)有晋代大书法家王羲之的洗砚池。由于经常洗笔砚,池塘的水都染黑了。② 乾坤:天地间。

解析

我家洗砚池边有一棵梅树,树上一朵朵盛开的梅花都是用淡淡的墨水点染而成的。它不需要别人来夸赞它有多娇艳好看,只想让梅花的清香之气留在天地之间。

这是一首题画诗,画上是用墨笔勾勒出来的梅花。在诗中,诗人盛赞梅花的高风亮节,实际上是借梅自喻,表达自己淡泊名利的人生态度以及不向世俗屈服的操守。

作者小传

王冕(1300年—1359年),字元章,号煮石山农,诸暨(今属浙江)人,元代著名画家、诗人、书法家、篆刻家。他出身贫寒,幼年替人放牛,全靠自学成才。他尤其擅长画梅花,所画梅花花密枝繁,生机盎然,韵味十足。其诗风格质朴、自然,内容丰富多彩,多写隐逸生活。

◆ **语文小课堂** ◆

王冕小时候家里很穷，只读了三年书就去给人放牛。他一边放牛，一边找书来读。他见到雨后的荷花非常漂亮，就下决心要把它画出来。开始的时候画得不好，但是他没有气馁，练习了很长时间。王冕因为荷花画得好而远近闻名，但他一生最爱的是梅花，称自己是"梅花屋主"。他画梅花是一绝，同时爱写梅花诗，最著名的是《墨梅》。

晓出净慈寺送林子方二首·其二

[宋]杨万里

毕竟西湖六月中，风光不与四时同。
接天莲叶无穷碧，映日荷花别样红①。

（收入义务教育教科书人民教育出版社《语文》二年级下册）

注释

① 别样：宋代俗语，特别、不一样的意思。

解析

这首诗描写了西湖六月的美丽风光，是诗中有画的典型作品之一。

诗的开篇平铺直叙：到底是六月中的西湖风光，跟其他季节比起来完全不一样。那么，是哪里不一样呢？接下来就给出了答案：湖面上一层层碧绿的荷叶伸展开来，与蓝天相连接，一朵朵娇艳的荷花在阳光的照耀下红得更加好看。后两句诗运用了强烈的色彩对比，大片的碧绿色和明丽的红色让画面的空间感得到延伸，也带来了视觉上的冲击。

诗人选取盛夏时节特有的景物展开描写，除了白描以外，还运用了虚实结合的写法，前两句虚写，后两句实写，语言看似平淡，却让人回味无穷。

作者小传

杨万里（1127年—1206年），字廷秀，号诚斋，吉州吉水（今属江西）人，南宋著名诗人。诗风新巧风趣，语言浅近明白、清新自然，诗风被称为"诚斋体"。与尤袤、范成大、陆游并称南宋"中兴四大诗人"。

◆ 语文小课堂 ◆

杨万里作诗既擅于吸取别人的长处，又不满足于单纯的模仿。他一边学习陶渊明、谢灵运、黄庭坚和陈师道的写作技巧，一边立志要超过他们。经过一番努力，他的诗由前期的注重韵律转变为师法自然，再加上不断创新，逐渐形成了自己独特的风格，被称为"诚斋体"。

江畔独步寻花七绝句·其六

[唐]杜甫

黄四娘家花满蹊①，千朵万朵压枝低。
留连戏蝶时时舞，自在娇莺恰恰啼②。

注释

①黄四娘：相传是杜甫居住在成都草堂时的邻居。蹊（xī）：小路。②恰恰：象声词，指莺啼声。

解析

黄四娘家旁边的小路上开满了鲜艳的花朵，千万朵花都把枝条压弯了。蝴蝶在花丛中恋恋不舍地飞来飞去，可爱的小黄莺在自由自在地鸣叫。

《江畔独步寻花》是一组绝句诗,共七首,此诗是其中的第六首。诗人通过描写游春赏景时的所见所感,表达了他对安稳生活的热爱和对自然景物的赞颂。

　　首句交代了诗人寻花的地点是黄四娘家附近的小路,"花"字紧扣主题,"满"字和后一句中的"千朵万朵"形成呼应,互为补充,形象而具体地突出花朵的枝繁叶茂。前两句就是一幅生机勃勃、五光十色的春景图。后两句描写既有形象又有声音,而"时时""恰恰"两组叠字的使用,既描绘出了戏蝶与娇莺可爱生动的形象,又让诗句的对仗更加工整,增添了节奏感和韵律感,读起来朗朗上口,更从侧面显示出诗人轻松闲适、怡然自得的心情。

　　这首诗没有过多的修饰,却有自己独特的风格,前两句正面描写花之多、花之盛,后两句以蝴蝶和黄莺流连花丛来侧面描写花景诱人。整首诗笔调轻快流畅,从头到尾读下来,能很清晰地感觉到诗人闲适的韵致和愉悦的心理状态。

◆ 语文小课堂 ◆

　　"安史之乱"后,杜甫一家饱受战乱的痛苦,流离失所,在公元759年的冬天辗转来到成都。第二年春天,在朋友的帮助下,杜甫选择在成都西郊的浣花溪边建造茅屋定居。一年后,茅屋建成,取名"成都草堂"。在这里,杜甫度过了将近四年难得安稳的时光。

白雪歌送武判官归京

[唐]岑参

北风卷地白草折①,胡天八月即飞雪②。

忽如一夜春风来,千树万树梨花开。

散入珠帘湿罗幕,狐裘不暖锦衾薄③。

将军角弓不得控④,都护铁衣冷难着。

瀚海阑干百丈冰⑤,愁云惨淡万里凝。

中军置酒饮归客⑥,胡琴琵琶与羌笛。

纷纷暮雪下辕门⑦,风掣红旗冻不翻⑧。

轮台东门送君去,去时雪满天山路。

山回路转不见君,雪上空留马行处。

注释

①白草:一种牧草,到了秋天就会干枯变白。②胡天:这里指塞北地区的天空。③衾(qīn):被子。④角弓:一种用兽角装饰的弓。控:拉开。⑤瀚海:沙漠。阑干:纵横交织。⑥中军:指主将。饮归客:宴请要回去的人,即武判官。饮,动词,宴请。⑦辕门:领兵将帅的营门。⑧掣:拉,扯,拽。

解析

这首诗是岑参边塞诗的代表作,在诗中,诗人以一天雪景的变化为线索,描写了西北边塞奇特壮丽的雪景和边塞军营热情送别的场面。

虽然题目是"白雪歌",但是诗的开篇没有提白雪,而是先写北风,"白草折"显出了北风强劲,来势凶猛。"忽如一夜春风来,千树万树梨花开"一句,用梨花盛开来比喻北国雪景,非常独特。"忽如"一词暗示雪下得突然,让人吃惊。接着,诗人从室外写到了室内:雪天寒冷,被子不暖,角弓拉不开,盔甲不好穿。然后又转向室外:广远的沙漠和辽阔的天空也被冰雪覆盖。从"角弓""铁衣"可以看出,尽管天寒地冻,边疆的将士们还是在坚持训练,丝毫没有放松警惕。诗的后半部分主要写送别的场面,中军帐宴饮奏乐,送人出辕门,再送到轮台东门,最后目送人远去,只留下雪地上的马蹄印,在一长串的描写中可以看出战友之间依依惜别的深情。

全诗从白雪忽至写起,以白雪送别作结,诗人用敏锐的观察力和浪漫奔放的笔调,流畅地写出了别前、饯别、临别、别后四个不同画面的雪景,紧扣主题,表现出了诗人和边防战士的爱国热情与战友间的真挚感情。

作者小传

岑参(约715年—770年),江陵(今湖北荆州)人,盛唐边塞诗派代表作家之一。其诗文辞瑰丽,情辞慷慨,气势豪迈,与高适并称"高岑"。

◆ 语文小课堂 ◆

边塞诗是以边塞地区军民生活和风景为题材的诗,又称出塞诗,通常认为发展于汉魏六朝时期,兴盛于隋唐时期。有的边塞诗是诗人根据自己的亲身经历所写的,有的是用乐府旧题来进行翻新创作,多描写边塞的风光、边塞将士的艰苦,抒发报国之志或思乡之情。王昌龄、王之涣被称为"边塞二王",他们又与高适、岑参并称"四大边塞诗人"。

十五夜望月[1]

[唐]王建

中庭地白树栖鸦[2]，冷露无声湿桂花[3]。

今夜月明人尽望，不知秋思落谁家。

(收入义务教育教科书人民教育出版社《语文》六年级下册)

注释

[1]十五夜：农历八月十五中秋节的晚上。[2]中庭：庭院中。地白：月光照在庭院地上的样子。[3]冷露：秋天的露水。

解析

庭院中央的地面被月光照亮，鸟雀在树上栖息。秋天的露水悄悄打湿了树上的桂花。这天晚上的月亮又圆又亮，人们纷纷抬头望月，就是不知道浓浓的秋思究竟会落在谁家。

这首诗以"望月"为主题，先写中秋月色，后写望月怀人，表达诗人的思念之情，语言优美，情感真挚。首句既是写月下景色，又是写人物所处的环境。"地白"二字突出了月光的明亮，给人一种明净、清冷的感觉，"树栖鸦"渲染了一种幽静的氛围。第二句的"冷露无声"也烘托出月夜的寂静，为后面的望月怀人奠定基础。在这样美丽而静谧的夜晚，赏月的人自然生出了思念之情。三四句采取了忽然宕开的写法，从一群人望月联想到全天下的人望月，由赏月升华到思人怀远，意境广大。"落"字化虚为实，给人一种秋思会和盈盈月光一起洒落的感觉，十分新颖。

作者小传

王建（约766年—?），字仲初，颖川（今河南许昌）人。出身寒微，早年曾经入伍当兵。与张籍、韩愈、白居易、刘禹锡等都有交情，诗以乐府诗最为出名。

◆ 语文小课堂 ◆

渲染原是中国画技法的一种，以水墨或淡的颜色涂染画面，用来烘染物象，增强审美效果；后被借用为写作中的一种表现手法，指通过环境、景物或人物的行为和心理等，对所写的对象进行突出的描写、形容和烘托，以加强艺术效果。渲染常用的方法包括反复和烘托两种。在王建的《十五望月》中，前两句便用渲染手法对景色、环境进行了烘托，突出了月夜的寂静。

海

相思怨

[唐]李季兰

人道海水深，不抵相思半。
海水尚有涯，相思渺无畔①。
携琴上高楼②，楼虚月华满③。
弹著相思曲④，弦肠一时断⑤。

> **注释**
>
> ①渺：辽远。无畔：无边。②高：一作"酒"。③月华：月光。④著：虚词，着。一作"得"。⑤一时：同时。

> **解析**
>
> 这是一首表达思念情人之情的五言律诗，前四句用海水作比，形容思念之深；后四句写弹琴高楼，表现出内心的寂寞、悲伤。
>
> 首联是虚写，用海水来与相思对比：人人都说海水深，其实还没有相思的一半深。颔联运用了反比的修辞手法，用物比情：海水再深也有尽头，而相思却无边无际。这样一来，相思变得具体可感，反衬出两个人的情深意长。颈联转为实写：诗人在思念无法排遣的情况下登上了高楼，而这高楼已经空空荡荡，再不见意中人，只随处可见清冷的月光。诗人弹奏着一首相思曲，还没弹完，琴弦就断了，和琴弦一起断的还有她的愁肠。随着弦断和肠断，整首诗达到了

高潮，给读者留下极大的想象空间。全诗没用一个"怨"字，却句句不离思念之苦，让人同情感叹。

作者小传

李季兰（约730年—784年），名冶，字季兰，乌程（今浙江吴兴）人，中唐诗坛上著名的女诗人。她一生中写了很多感情真挚的爱情诗，尤其擅长五言诗。

◆ 语文小课堂 ◆

李季兰在六岁的时候就写出了"经时未架却，心绪乱纵横"的诗句，因为"架却"和"嫁却"谐音，被她的父亲认为太轻浮了。十一岁的时候，她被父母送到玉真观，出家当了女道士。李季兰长大后交游广泛，名气很大，和当时的名士朱放、皎然、"茶圣"陆羽等都是好朋友。

悯农二首·其一

[唐]李绅

春种一粒粟①，秋收万颗子。
四海无闲田②，农夫犹饿死。

（收入义务教育教科书人民教育出版社《语文》二年级下册）

注释

① 粟：泛指谷物的种子。② 四海：天下，全国。闲田：荒废或闲置的田地。

解析

春天种下一粒种子，秋天就能收获很多粮食。全国的土地都被充分利用进行农业生产，却还有农民被饿死的情景出现。

这首诗是《悯农二首》的第一首，前两句用一幅春种秋收图来描写丰收的景象，赞美农民的辛勤劳动。第三句写天下没有荒芜或闲置的土地，暗示今年的收获更多。第四句笔调一转，指出了矛盾之处：土地被充分利用起来，四海之内风调雨顺，获得了大丰收，却还是有农民饿死。这是为什么呢？诗歌戛然而止，留给读者去思索：是不是因为统治者的剥削？

诗人没有用空洞抽象的叙述和议论来说明道理，而是用通俗、质朴的语言描写常见的春种秋收的景象，从大丰收的景象里直指"农夫犹饿死"的残酷现实，这种鲜明的对比更能有力地披露统治者剥削的真相，达到发人深省的目的。

作者小传

李绅（772年—846年），字公垂，亳州（今安徽亳州）人，曾参与过文学史上影响巨大的"新乐府运动"，其诗《悯农二首》被千古传诵。

◆ 语文小课堂 ◆

写出千古名诗《悯农二首》的李绅在当官以后贪污腐败，生活豪奢，对百姓的疾苦却视而不见。对于他的这种品行，同时代的诗人刘禹锡十分不屑，于是在李绅安排的一次豪华宴会上写了一首诗来讽刺他。诗中有一句"司空见惯浑闲事"，其中的"司空"指的就是李绅。而"司空见惯"也在后来成为一个成语，用来指某事常见，不足为奇。李绅死后被定性为酷吏，他的子孙都被禁止当官。

如梦令

[宋]李清照

昨夜雨疏风骤[1]，浓睡不消残酒[2]。试问卷帘人[3]，却道海棠依旧。知否，知否？应是绿肥红瘦[4]。

注释

①疏：稀疏。骤：急。②浓睡：指醉酒后睡得很沉。③卷帘人：指侍女。④绿肥红瘦：绿叶繁多、红花稀少的样子。

解析

昨天夜里，雨点稀疏，晚风急猛，虽然酣睡了一宵，醉意却依然没有消退。试着问那卷帘的侍女，园中的海棠花怎么样了？她却说，海棠花还跟原先一样。你知道吗？知道吗？一夜风雨过后，海棠应该是绿叶繁茂、红花凋零。

这首小令描写的是词人在宿醉酒醒后想起昨夜的风雨，询问侍女关于海棠花的消息的场景，通过与侍女的对话，表达了词人怜花惜春的心情。

首句点出时间、环境和缘由，词人回忆了昨夜的风雨，引出后面的对话。其中"疏"和"骤"采用的是互文的手法，即风雨时大时小，有时疏有时骤。第二句交代词人因为喝了酒而沉睡，所以不知道院子里现在是什么样子。第三句写出了词人的担心，一个"试"字把她惴惴不安的心情体现了出来。她自己心里明白，却又怀着侥幸的心理，希望是自己想错了。面对词人的忐忑不安，侍女却漫不经心地给出了"海棠依旧"的回答。词人急了："知否，知否？应是绿肥红瘦！"这是她对侍女的漫不经心的恼怒和对海棠花经历风雨摧残的疼惜。其中，"绿肥红瘦"运用了对比、拟人、借代等多种修辞手法，是全词的精绝之笔，一直被世人称赞。

全词篇幅虽短，却人物、情节、对白、情绪应有尽有，人物形象鲜明，情节连贯，把词人爱花、惜花、伤春的情绪全部表达了出来。

作者小传

李清照（1084年—约1155年），号易安居士，济南（今属山东）人，婉约派代表词人，有"千古第一才女"之称。精通诗、文、词，擅长书法、绘画，懂音律。其词前期清新自然，后期凄婉沉挚。

◆ 语文小课堂 ◆

互文是古诗词中常用的一种修辞手法，又叫互辞，具体表现为，上下两句话或一句话中的两个部分表面看是在说两件事，实际上两件事相互呼应、相互补充，说的是一件事。所以，在理解句子的时候，要前后兼顾，综合起来理解。比如，"秦时明月汉时关"就要理解为"秦汉时的明月、秦汉时的关"，而不是"秦时的明月和汉时的关"。

登鹳雀楼①

[唐]王之涣

白日依山尽，黄河入海流。
欲穷千里目，更上一层楼。

（收入义务教育教科书人民教育出版社《语文》二年级上册）

注释

① 鹳雀楼：旧址在今山西永济，因为常常有鹳雀停在上面，所以被称为鹳雀楼。楼有三层，对面是中条山，下面是黄河。

解析

日落时分，太阳在巍峨的群山间下沉，直到慢慢消失；滚滚黄河奔腾着东流入海，声势浩大。要想看到更多更远的美景，只有再往上登一层楼，让自己站得更高一点。

这首五言绝句是一首千古绝唱，诗人登高望远，写出了秀丽河山的磅礴气势和壮丽景象，道出了平易而深刻的哲理，表现了自己不凡的胸襟抱负，也反映了盛唐时期人们积极进取的精神。

前两句是对偶句，对仗工整，落日、群山、大河，景观壮阔，境界开阔，显示出诗人宽广的胸怀和不凡的气度。后两句用简练的语言道出一个常见的人生哲理：要想看得更远，就得不断向上，站得更高。整首诗前两句写景，后两句议论，衔接紧密，紧扣主题，仅仅二十字，却蕴含着深刻的人生哲理，让人读来回味无穷。

作者小传

王之涣（688年—742年），字季凌，绛州（今山西绛县）人。他生活在盛唐时期，性格豪放不羁，常击剑悲歌，所写的诗多被当时的乐工制成曲子演唱。他在当时名声很大，常与高适、王昌龄等唱和，尤其擅长描写边塞风光。

◆ 语文小课堂 ◆

鹳雀楼因为王之涣的这首《登鹳雀楼》而声名赫赫，与武昌黄鹤楼（因崔颢的《黄鹤楼》而闻名）、洞庭湖畔岳阳楼（因范仲淹的《岳阳楼记》而闻名）、南昌滕王阁（因王勃的《滕王阁序》而闻名）并称中国古代"四大名楼"。

把酒问月

[唐]李白

青天有月来几时？我今停杯一问之。

人攀明月不可得，月行却与人相随。

皎如飞镜临丹阙①，绿烟灭尽清辉发②。

但见宵从海上来③，宁知晓向云间没④？

白兔捣药秋复春，嫦娥孤栖与谁邻⑤？

今人不见古时月，今月曾经照古人。

古人今人若流水，共看明月皆如此。

唯愿当歌对酒时⑥，月光长照金樽里⑦。

注释

①丹阙：朱红色的宫门。②绿烟：指遮蔽月光的浓重的云雾。③但见：只看见。④宁知：怎知。没：隐没。⑤嫦娥：传说中后羿的妻子，她偷吃了后羿的仙药，成为仙人，飞入月宫中。⑥当歌对酒时：唱歌饮酒的时候。⑦金樽：精美的酒具。

解析

这首咏月诗集诗情与哲理于一体，诗人通过所见的景象来描绘明月的神秘与美好，抒发了对时光流逝、人生苦短的慨叹，展现了诗人旷达的胸襟及潇洒的个性。

首两句以倒装句式统领全篇，用疑问的语气表达诗人的困惑，气势不凡。

"停杯"二字生动地表现出了诗人迷惑的样子。"人攀明月不可得，月行却与人相随"，这两句把明月拟人化，写出它的神秘、奇妙，让人心驰神往，但诗人也因为它的高不可攀而无奈。"皎如"两句极写月色之美：皎洁的月亮高悬在夜空中，犹如明镜，照着朱红色的宫门，清光焕发。"飞镜""丹阙""绿烟"都是明月的陪衬，是为了突出月亮的妩媚动人。紧接着，诗人展开遐想，发出一连串的追问和喟叹，来告诉我们时光易逝、人生苦短。"今人"两句采用了互文、回环的修辞手法，进一步表达出对宇宙和人生的思索和感慨。最后两句化用曹操的"对酒当歌，人生几何"，倡导大家及时行乐。

全诗感情饱满奔放，从酒到月，从月到酒，从空间到时间，由宇宙到人生，落笔随兴，浑然天成，塑造了一个高洁、美好的明月形象，又显示出诗人的脱尘出俗。

◆ 语文小课堂 ◆

玉兔捣药是一个中国神话故事。相传月亮上有一只浑身洁白如玉的兔子，它拿着玉杵跪地捣药，制成服了可以长生成仙的蛤蟆丸。后来，"玉兔"就成了月亮的代名词。关于玉兔的由来，有人说它是嫦娥的化身，嫦娥偷吃灵药，被玉帝惩罚变成玉兔日夜捣药；也有人说它是后羿所化，后羿为了心爱的嫦娥，变成玉兔陪伴在她身边。

南园十三首·其六

[唐]李贺

寻章摘句老雕虫，晓月当帘挂玉弓。
不见年年辽海上，文章何处哭秋风？

解析

这是一首表达怀才不遇之情的悲叹之作。

  第一句写诗人把所有的时间都花费在了推敲文字这样的雕虫小技上，这是自贬的说法，之所以这样说，一方面是为了体现文人的辛苦，另一方面也是抒发不得志的怨恨之情，读来有一种辛酸之感。第二句描写诗人发奋苦读，倾尽心血创作，天都快亮了，他还在窗前苦苦做文章，一弯残月像一把玉弓一样当帘而挂，陪着他。这一句字里行间充满了落寞之感。

  后两句笔法含蓄，在叙事中隐含议论，揭示了诗人辛酸落寞的原因：朝廷连年用兵，重武轻文，致使民生凋敝，文人在这样的社会背景下只能发出悲叹。

作者小传

  李贺（790年—816年），字长吉，福昌（今河南宜阳）人，一生愁苦多病，二十七岁就病死了。作为中唐浪漫主义诗人的典型代表，李贺是中唐到晚唐诗风转变期的重要人物，世称"鬼才""诗鬼"等，与李白、李商隐并称"唐代三李"。

◆ 语文小课堂 ◆

  古代讲究避讳，指说话或写文章的时候遇到君王或尊长的名字不能直接说出或写出，要用另外的字代替，以示尊重。比如，汉文帝时期，为了避讳皇帝刘恒的名字，"姮娥"被改称为"嫦娥"。李贺的父亲叫李晋肃，因为"晋"与"进士"的"进"字同音，忌妒李贺才华的人就以此为借口来攻击他，不让他参加进士考试。李贺只能愤然离开，从此与仕途无缘。

秋夜将晓出篱门迎凉有感二首·其二

[宋]陆游

三万里河东入海^①，五千仞岳上摩天^②。
遗民泪尽胡尘里^③，南望王师又一年^④。

（收入义务教育教科书人民教育出版社《语文》五年级下册）

注释

①三万里河：指黄河。"三万里"形容很长。②五千仞（rèn）岳：指西岳华山。仞，古代一种计算长度的单位。"五千仞"形容很高。摩天：摸到天，形容极高。③遗民：指在金统治地区的原宋朝百姓。胡尘：指金统治地区的风沙，这里借指金政权。④南望：向南眺望。王师：指南宋朝廷的军队。

解析

万里黄河奔腾着向东流入大海，千万尺高的山峰高高耸立，直冲云霄。被胡人统治的中原人民流干了眼泪，一年又一年地向南眺望，希望南宋朝廷的军队北伐。

诗人写这首诗的时候，中原地区已经被金国强占六十多年了。眼看着收复失地的希望越来越小，诗人心中焦虑，难以安睡，在天要亮的时候走出篱门纳凉，缓解焦虑的情绪。

开始两句一横一纵，描绘出了中原的壮丽山河，这么好的河山被人强占，令人愤慨。"河入海""岳摩天"也象征着沦陷区的民众渴望回归朝廷的心情和坚忍不屈的性格。后两句笔锋一转，情绪基调变得沉痛，表面写北地遗民的苦望，实际上是在表露自己的失望之情。"泪尽"一词，饱含酸辛，六十多年了，多少眼泪都流尽了。一年一年，遗民向南眺望，心怀故国，心愿却年年落空。

诗人借这首诗为遗民呼号，希望能唤醒南宋统治者的斗志：想想大好的河山，想想渴望光复的百姓，不要再醉生梦死了。

◆ **语文小课堂** ◆

中国古代对四方的少数民族有特定的称呼，几乎都含有贬义色彩。对东方少数民族称为"夷"，对北方少数民族称为"狄"或"胡"，对西方少数民族称为"戎"，对南方少数民族称为"蛮"。

风

敕勒歌

北朝民歌

敕勒川①，阴山下②，
天似穹庐③，笼盖四野④。
天苍苍，野茫茫，
风吹草低见牛羊⑤。

（收入义务教育教科书人民教育出版社《语文》二年级上册）

注释

①敕勒川：敕勒族游牧的草原，在今山西、内蒙古一带。敕勒，北方一个少数民族的名称，又称高车。②阴山：阴山山脉，在今内蒙古自治区中部。③穹庐：蒙古包，用毡布做的帐篷。④四野：草原的周围。⑤见：同"现"，露出。

解析

敕勒族生活的大草原啊，就在阴山的脚下。敕勒川的天空啊，就像巨大的蒙古包，笼罩着草原的四周。碧蓝的天空啊，无边的草原，北风吹过，牧草低伏的地方，到处是肥壮的牛羊。

这首诗是北朝民歌的代表作，全诗仅仅二十多个字，就展现出了北方草原壮丽的风光和古代牧民生活的场景，语言质朴，境界开阔，具有鲜明的游牧民族色彩。

开头两句交代了敕勒川位于阴山脚下,高山和草原构成了一幅壮阔雄伟的画面。接下来两句写天空就像圆顶的蒙古包一样,盖住了整个大草原,用比喻的手法展现了天野相接、无比壮阔的景象。"天苍苍,野茫茫",又是写天空和四野,涵盖上下四方,场景广阔。到这里,诗歌一直在从宏观着眼,画面有些空洞。所以,最后一句写北风吹过,牧草低伏,有牛羊闪现出来。画面由静态转为动态,被注入了生机。"吹""低""见"三个动词形象生动地写出了整个草原的生机勃勃。

◆ **语文小课堂** ◆

蒙古包是一种非常有名的建筑形式,最早由亚细亚游牧民族发明使用。后来,许多游牧民族都或长或短地使用过蒙古包或类似的住屋。蒙古包用特制的木架做支撑,用两到三层羊毛毡围裹而成。圆形尖顶上开有天窗,上面盖着四方形的羊毛毡,可通风、采光。蒙古包整体上既便于搭建,又便于拆卸移动。

赤 壁

[唐]杜牧

折戟沉沙铁未销[1],自将磨洗认前朝[2]。

东风不与周郎便,铜雀春深锁二乔[3]。

注释

[1]折戟:折断的兵器。戟,古代兵器。销:锈蚀,毁坏。[2]将:拿起。磨洗:磨光洗净。[3]铜雀:即铜雀台,曹操在邺城(今河北临漳西)所筑的高台。二乔:大乔和小乔两位美女,大乔嫁给了孙策,小乔嫁给了周瑜。

解析

诗人由前朝的"折戟"联想到了当年的赤壁之战,进而加以议论,抒发对历史的感叹。

前两句写实叙事,写诗人在赤壁的沉沙中发现了折断的兵器——戟。它还没有完全被铁锈损坏,诗人将它磨光洗净后,经过仔细辨认,发现这是前朝赤壁之战留下来的,为下文抒情和议论做铺垫。

后两句诗人的笔触到了赤壁之战那个时代,他评价当时的战略形势,认为要不是有东风助阵周瑜,只怕战争结果就变成曹操打败东吴、俘虏大乔和小乔了。

这首怀古咏史诗融合了叙事、抒情、说理,以小见大,层层深入,充满了层次感和纵深感。

作者小传

杜牧(803年—852年),字牧之,京兆万年(今陕西西安)人,曾任湖州刺史、中书舍人等,晚年曾居樊川别业,世称杜樊川。他的诗作多抒写理想抱负,关心国计民生,慨叹壮志难酬,在晚唐诗坛上占有重要地位。与李商隐齐名,合称"小李杜"。

◆ 语文小课堂 ◆

赤壁之战是中国历史上以少胜多、以弱胜强的著名战役,战役的结果是孙刘联军以火攻大破曹军,曹操北回,孙、刘各自夺取了荆州的一部分。赤壁之战改变了当时的政治格局,对魏、蜀、吴三足鼎立的局势产生了很大影响。

江上渔者①

[宋]范仲淹

江上往来人，但爱鲈鱼美②。

君看一叶舟，出没风波里。

(收入义务教育教科书人民教育出版社《语文》六年级下册)

注释

①渔者：打鱼的人。②但：单单，只是。

解析

江岸上熙熙攘攘，热闹非凡，来来往往的都是想品尝鲈鱼鲜美滋味的人。但是，请你看看那些像树叶一样漂浮在江面的小船，那些打鱼的人正面临被风浪吞没的危险。

在这首五言绝句中，诗人运用对比的手法点出，当人们饮酒品鱼、欣赏美景的时候，打鱼的人却在与风浪搏命，出生入死。诗人关心民间疾苦，通过这首诗表达了对劳动人民的同情。

前两句写江岸上的热闹景象，来来往往的都是一些饮酒作乐的人，他们是来品尝鲜美的鲈鱼的。后两句通过一个"看"字，把视线聚焦到了打鱼人身上。"一叶舟"形容船很小，在风浪中起伏就显得更加危险。

全诗语言朴实，形象生动，对比强烈，言浅意深，通过写渔民的艰辛，劝导人们关心民间疾苦。

作者小传

范仲淹（989年—1052年），字希文，谥号"文正"，世称"范文正公"，苏州吴县（今江苏苏州）人，北宋著名的政治家、思想家、军事家、文学家。范仲淹文学素养很高，写有著名的《岳阳楼记》。

◆ 语文小课堂 ◆

范仲淹很小的时候就失去了父亲，母亲改嫁后，他和母亲跟着继父搬了家。由于家境贫寒，范仲淹读书时常以两升小米煮粥，待粥凝固后以刀切成四块，早晚各取两块，就一些咸菜、醋汁、少许盐充饥。这便是"断齑划粥"的故事。长大成人后，范仲淹又到应天书院读书。冬天感到疲倦犯困时，他就用冷水洗脸，饿的时候就喝点稀粥。范仲淹从来不叫苦，经过刻苦学习，他在二十六岁那年考中了进士。

卜算子

[宋]严蕊

不是爱风尘①，似被前缘误②。
花落花开自有时，总赖东君主③。

去也终须去④，住也如何住！
若得山花插满头，莫问奴归处⑤。

注释

①风尘：沦落风尘。②前缘：前世的因缘。③东君：神话中掌管春天的神，这里指管歌妓的地方官吏。④终须：终究。⑤奴：古代女子的自称。

解析

严蕊作为歌女，因为与一个叫唐仲友的官员交好，被连累进了监牢。被审问时，她写了这首词来为自己辩解。

上阕是词人的辩白，交代自己并不是生来就喜欢做歌女，大概是因为命运的安排。一个"似"字，体现出词人自己也不能确定，只能这样来解释自己的遭遇，其中包含了她自怨自艾、自伤自怜的复杂情绪。"东君主"是春神，掌控着花的命运，她用花来自喻，表明自己的命运被别人操控，身不由己。

下阕表达了词人对自由的向往和对未来的设想。她期望能够从牢中出去，过上自由的生活，到时候别人就不必来过问她的去处了，词句中透露出一股洒脱和淡然的情绪。

词人在官司缠身的情况下，表现得不卑不亢，用明快、犀利的语言为自己辩白，一个外柔内刚的女子形象跃然纸上。

作者小传

严蕊，生卒年不详，字幼芳，女词人，容貌和才艺都很出众，擅琴棋书画和歌舞。

◆ 语文小课堂 ◆

东君是传说中的太阳神和春神，屈原所作的祭祀辞《九歌·东君》，祭祀的就是太阳神。农历三月十九日被认为是太阳神的生日。早在炎帝时期，就有了拜祭太阳神的典礼，民间也通过祭祀活动来感谢太阳神四季阳光普照的恩泽。

蝉

[唐]虞世南

垂绥饮清露①,流响出疏桐②。
居高声自远,非是藉秋风③。

(收入义务教育教科书人民教育出版社《语文》五年级上册)

> **注释**

①垂绥:古代官帽的带子在下巴处打结垂下的部分,这里指蝉头部下面的触须。②疏:稀疏。③藉:凭借。

> **解析**

蝉饮着清露,清脆的叫声从梧桐树叶间传出。身居高处自然会让声名远远传开,不用借助秋风这些外物。

古人认为蝉餐风饮露,清高自傲,就像两袖清风、遗世独立的君子,所以用蝉来比喻品行高洁的人,也借此表达不与世俗同流合污的情操。这首诗也不例外。

第一句中,"垂绥"指蝉的触须,因为其形状与古代官帽的带子打结后垂下的部分很相似,故得名。这一句写蝉靠吸食清露来维持生命,不愿受到世俗浊物的污染。第二句写蝉栖息在梧桐树上,发出清丽的叫声。这两句用来比喻那些宁可清贫一生,也要坚守高尚的节操,不与坏人同流合污的人。后两句写只要行得正、坐得直,即使不凭借外力,也能声名远播,隐喻做官的人立身要正,德行高洁,才能有好的口碑,流芳百世。

整首诗从蝉的形体、习性和声音入手,看似在写蝉,实则句句都在暗示诗人自己品行高洁，表面咏物，实际上以物自喻。

作者小传

虞世南（558年—638年），字伯施，越州余姚（今浙江慈溪）人，南北朝至隋唐时期书法家、文学家、诗人、政治家，凌烟阁二十四功臣之一。擅长书法，与欧阳询、褚遂良、薛稷并列为"初唐四大家"。

江南逢李龟年

[唐]杜甫

岐王宅里寻常见，崔九堂前几度闻。
正是江南好风景，落花时节又逢君。

解析

当年经常在岐王的府里遇见你，也曾多次在崔九家听到你的演唱。现在，江南风景正好，在这落花的季节，没想到又见到先生了。

李龟年是唐朝开元年间有名的乐工，经常出入王公贵族的宅子进行表演，很受欢迎。多年后，李龟年流落到江南，诗人跟他重逢，就写了这首诗送给他。

前两句追忆往昔，交代诗人和李龟年过去经常在文人聚会时遇到。"岐王宅里"和"崔九堂前"都是当时的名流常常聚集的地方，这里间接点出开元盛世的美好和繁荣。

后两句抚今怀昔，发出感慨。多年后在他乡重逢，繁华不再，两人沧桑流

离，不由得感叹物是人非。"落花"寓意甚多，既有个人身世之悲，也有对一个繁华时代落幕的感叹。"好风景"与"落花时节"对照，让悲情翻倍。

全诗没有一个"哀"字，却字字透露出凄凉之情，读来让人黯然神伤。

◆ 语文小课堂 ◆

李龟（jūn）年是唐朝著名的音乐家，不仅唱歌好，而且擅长吹筚篥、演奏羯鼓，还能作曲。唐玄宗非常喜爱他，当时的王公贵族也经常请他去演唱。他被尊称为"唐代乐圣"。安史之乱后，唐玄宗带领大臣逃到四川成都，而李龟年漂泊到江南，一直期盼能够再见到皇帝。有一天，他演唱起王维写的两首诗，唱完后就晕倒了，四天后才醒过来。最后，李龟年郁郁而终。

竹　石①

[清] 郑板桥

咬定青山不放松，立根原在破岩中②。
千磨万击还坚劲③，任尔东西南北风④。

（收入义务教育教科书人民教育出版社《语文》六年级下册）

注释

①竹石：竹子扎根在石缝中。②立根：扎根，生根。破岩：有裂缝的岩石。③磨：磨炼。击：击打。坚劲：坚强有力。④任：任凭。尔：你。

解析

这既是一首题画诗，也是一首咏物诗，赞美了竹子顽强生长、坚定执着的精神品质。开头两句中，"咬定"一词运用了拟人的修辞手法，体现了竹子顽强的生命力。后两句进一步写扎根在岩石裂缝中的竹子具有坚忍的品格，即使历经磨难，也依然英俊挺拔，毫不畏惧。

这首诗语言简易明快，坚定有力，表面上是赞美长在石缝中的竹子，实际上是赞美具有竹子品格的人，托物言志，表明诗人坚强不屈、决不向任何邪恶势力低头的决心。

作者小传

郑板桥（1693年—1765年），名燮，字克柔，号板桥，江苏兴化人，清代官吏、书画家、文学家，"扬州八怪"之一。其诗、书、画都是当世顶尖，世称"三绝"，擅画兰、竹、石、松、菊等植物，其中画竹的成就最高。

◆ 语文小课堂 ◆

传说郑板桥曾经到山东莱州的云峰山上去观摩郑文公碑，天色晚了，他就借宿在山下一个老人家里。老人给自己起的号是"糊涂老人"，言谈举止很高雅，郑板桥觉得他很不平凡。老人拿出一个精美的大砚台请郑板桥题字，郑板桥就写下了"难得糊涂"四个字，盖上了自己"康熙秀才，雍正举人，乾隆进士"的印章。砚台还有空余，郑板桥就请老人写一段话。老人写完，也盖上了自己的印章，印章上写的是"院试第一，乡试第二，殿试第三"。郑板桥看出老人是一个退隐的官员，很敬佩他。后来，"难得糊涂"这几个字成了郑板桥的座右铭。

沙

绝句二首·其一

[唐]杜甫

迟日江山丽,春风花草香。
泥融飞燕子,<u>沙</u>暖睡鸳鸯。

（收入义务教育教科书人民教育出版社《语文》三年级下册）

解析

秀丽的江山沐浴着春光,春风吹过,送来花草的香气。燕子飞来飞去,衔着湿泥筑巢,成双成对的鸳鸯睡在暖和的沙滩上。

这首五言绝句用短短二十字就描绘出了一幅优美动人的春景图,语言清新,色彩明丽,跟杜甫诗以往的风格大不相同。

开头两句对仗工整,用迟日、江山、春风、花草等意象构建了一幅暖春画面,表达了诗人的轻松闲适之情。后两句用飞来飞去的燕子与静卧沙滩的鸳鸯形成动静的对比,让画面更有情趣。

全诗既有视觉描写——"丽",又有嗅觉描写——"香",还有触觉描写——"暖",画面充满了暖色调,让人读起来仿佛能感受到其中的雅致和闲适。

> ◆ **语文小课堂** ◆
>
> 鸳鸯是经常出现在古代中国神话传说和文学作品中的鸟类，鸳是雄鸟，鸯是雌鸟。由于总是成双出现，鸳鸯被人们看成爱情的象征，常用来比喻男女之间的爱情。在古代，比翼鸟也是爱情的象征。传说比翼鸟只有一只眼睛、一个翅膀，雄性的翅膀在左，雌性的翅膀在右，雌雄并在一起才能飞起来。

从军行七首·其四[1]

[唐]王昌龄

青海长云暗雪山[2]，孤城遥望玉门关。
黄沙百战穿金甲[3]，不破楼兰终不还[4]。

(收入义务教育教科书人民教育出版社《语文》五年级下册)

注释

①从军行：乐府曲名，内容多写边塞情况和战士的生活。②青海：即青海湖，在今青海省西宁市西北。雪山：此处指祁连山脉。③穿：磨破。金甲：金属铠甲。④楼兰：西域古国名，这里泛指西域地区的各部族政权。

解析

从边塞的孤城上远远看过去，青海湖经祁连山再到玉门关的这条边境防线上，上方的天空布满了阴云，烽烟滚滚，就连皑皑的雪山都变得暗淡无光了。将士们在黄沙里历经百战，铁甲已经磨破了，但是他们发誓不消灭敌人绝不归故乡。

这首边塞诗通过描写边疆战士奋勇杀敌的景象，表达了他们精忠报国的决心。前两句介绍西北边疆的自然环境和地理位置。第一句的"暗"字显示出苍凉悲壮之情,第二句的"孤"字暗示了地势险要,战斗环境艰苦,青海湖、长云、雪山、孤城、玉门关构成了一幅壮观的画面。后两句写将士们卫边杀敌,满怀豪情壮志,"百战""穿"等词暗示了战争的紧张、激烈和频繁。

全诗情景结合,气势雄阔,掷地有声,读来让人心潮澎湃、情绪高昂。

作者小传

王昌龄(?—约756年),字少伯,京兆长安(今陕西西安)人,以写边塞题材诗歌著称,作品气势雄浑,格调高昂,充满了积极向上的精神风貌。尤其擅长七言绝句,被称为"七绝圣手"。

◆ 语文小课堂 ◆

玉门关,古关名,俗称小方盘城,故址在今甘肃敦煌西北,始建于汉武帝时期,因西域和田的美玉从此处入关而得名,是重要的军事关隘和丝路交通要道。玉门关经常出现在文人的作品中,因脍炙人口的名句而远近闻名。2014年,玉门关遗址被联合国教科文组织列入《世界文化遗产名录》。

马诗二十三首·其五

[唐]李贺

大漠沙如雪,燕山月似钩。
何当金络脑[1],快走踏清秋。

(收入义务教育教科书人民教育出版社《语文》六年级下册)

注释

[1] 何当:何时将要。金络脑:用黄金装饰的马笼头。

解析

　　无边无际的沙漠如同雪一般，燕山顶上的弯月就像弯钩一样。什么时候马儿才能戴上用黄金装饰的马笼头，轻快地奔驰在这秋天的原野上？

　　诗人选取大漠最典型的场景作为切入点，形象生动地描绘出边疆独特的风光，并且以马自喻，借写战马渴望驰骋疆场，抒发自己渴望受到重用、一展抱负的心情。一二句描写边疆的景色。"大漠"和"燕山"勾勒出了一幅肃杀的场景。"月似钩"一句把月比作钩，钩是古代的一种兵器，从而让人联想到战争。三四句借写马的心声来抒发诗人自己的雄心壮志。"何当"一词用提问的方式来引出下文，"快走"表现出马儿步伐的矫健和轻快，"踏清秋"表示马在适合自己的时机施展本领。

◆ 语文小课堂 ◆

　　李贺七岁的时候就因为诗文名动京城，韩愈等人还夸他是个天才。但是，李贺并没有因此懈怠，反而更加勤奋。他主张从生活中去挖掘题材，经常骑着一匹瘦马，带着一个仆人，一边走一边思考，想出好的句子，就迅速记在纸条上，投入仆人背的袋子里。晚上回到家，李贺就废寝忘食地整理自己白天得到的零散句子，把它们变成一首首好诗。李贺的母亲看到他这样刻苦，很心疼，叹息道："这孩子为了写诗，这是要呕出心来呀！"因为李贺的诗独辟蹊径，有很多关于衰老、死亡和鬼的意象，所以他被称为"诗鬼"。

塞上曲

[唐]王昌龄

蝉鸣空桑林①,八月萧关道②。
出塞入塞寒,处处黄芦草。
从来幽并客③,皆共尘沙老。
莫学游侠儿④,矜夸紫骝好⑤。

注释

①空桑林:叶子凋零后的桑树林。②萧关:古代关中和塞北的交通要冲,位于今宁夏回族自治区固原市东南。③幽并:幽州和并州的简称,在唐代是边防重地。④游侠儿:指自恃勇武而轻视生命的人。⑤矜夸:骄傲自夸。紫骝(liú):指骏马。

解析

这首诗通过描写边塞秋景和长期守卫边塞不能回家的将士,劝告少年们不要学那些游侠儿逞强好斗,也表达了诗人厌恶和反对战争的观点。

前四句写景,寒蝉、桑林、萧关、边塞、秋草等意象都具有悲凉萧瑟的色彩,为下文抒发反对战争的观点埋下了伏笔。后四句写长期守卫边塞不能回家的将士,表达了对他们的深切同情。很多人都希望通过征战沙场来建功立业,可是最后又有几个人能实现愿望呢?诗人对此只能发出"皆共尘沙老"的无奈慨叹,也劝告人们不要学那些游侠儿意气用事。

全诗基调慷慨悲凉,虽然也赞美了那些献身沙场的将士,但更多的是对他们感到惋惜,诗人希望少年们不要仗着自己勇武,就不知天高地厚,同时也深刻地表达了对于战争的厌恶之情。

◆ 语文小课堂 ◆

游侠泛指古代那些性格豪爽、喜好交游和扶助弱小的人,他们轻生死,重仁义,经常很热心地帮助一些有急难和陷于纠纷的人。后来,一部分年轻人整天游手好闲,不务正业,经常仗着自己年轻力壮,惹是生非,他们也被称为游侠。司马迁在《史记》中专门为游侠列传,有"布衣之侠""乡曲之侠""闾巷之侠"。在他的笔下,游侠都是重诺守信、轻生取义的人。比如,汉朝建国以来有朱家、田仲、王公、剧孟、郭解等人,尽管他们时常触犯当时的法律,然而他们守诺、廉洁、谦让,有很多值得称赞的地方。

长干行二首·其一

[唐]李白

妾发初覆额①,折花门前剧②。
郎骑竹马来,绕床弄青梅③。
同居长干里,两小无嫌猜。
十四为君妇,羞颜未尝开。
低头向暗壁,千唤不一回。
十五始展眉④,愿同尘与灰。
常存抱柱信,岂上望夫台⑤。
十六君远行,瞿塘滟滪堆。
五月不可触,猿声天上哀。
门前迟行迹,一一生绿苔。
苔深不能扫,落叶秋风早。
八月蝴蝶黄,双飞西园草。
感此伤妾心,坐愁红颜老。
早晚下三巴⑥,预将书报家。
相迎不道远⑦,直至长风沙。

注释

①妾:古代女子的自称。初覆额:小时候头发刚刚长到能盖住额头。②剧:

玩游戏，过家家。③床：井边护栏。弄青梅：用青梅玩投掷的游戏。④始展眉：稍微懂得一些人情世故，情感开始展露出来。⑤望夫台：传说一位妻子登上高台眺望很久没有回来的丈夫，时间长了变成一块石头，叫望夫石，登上的高台就叫望夫台。⑥早晚：什么时候。三巴：指巴郡、巴东、巴西，在今四川东部。⑦不道远：不嫌远，不觉得辛苦。

解析

记得我的刘海儿刚刚能盖住前额的时候，我们常常折一朵花在门前嬉戏。你总是跨着竹竿当马来骑，我手持青梅绕着栏杆紧追。我俩一起住在长干里，天真无邪，从来不相互猜疑。十四岁那年，我嫁给你为妻，成婚时，我羞得不敢把脸抬起。我低头面向昏暗的墙角，任你千呼万唤，我也不把头回。十五岁时，我才高兴地笑开了双眉，发誓与你白头偕老。你常说要像尾生抱柱一样坚守承诺，今天却让我独自登上了望夫台。十六岁那年，你离开我出了远门，路上要经过瞿塘峡可怕的滟滪堆。五月水涨，行船的人有触礁的危险，猿猴在两岸山头嘶鸣，更让人觉得悲切。门前你慢步离去时留下的脚印，时间一长都长满了青苔。苔藓长得太厚，无法清除，早秋的风吹下的落叶纷纷把它盖住。八月秋高，黄蝴蝶在草丛中轻快飞舞，成双成对地飞过西园，互相嬉戏。此情此景叫我伤心欲绝，整天愁眉不展，以致红颜早衰。有一天你要是离开了三巴，请写一封信寄到家里来告诉我。我不嫌路远，哪怕要走七百里路到长风沙，我也要去接你！

这首诗以女子独白的口吻，叙述了一个爱情故事：两个人一起长大，后来相亲相爱，成为夫妻。丈夫因为要经商，不得不出门远行，留下女子独自在家思念丈夫，承受相思的痛苦。整首诗写景、叙事和抒情巧妙地融合在一起，人物形象饱满，语言婉转，节奏明快，感人至深。

开篇六句是女子在回忆儿时与丈夫一起玩耍的欢乐时光，两个天真可爱的孩童形象跃然纸上。中间八句细腻地刻画了女子和丈夫新婚的甜蜜与婚后的恩爱。接下来四句写女子的丈夫为了经商不得不出远门，留下妻子独自在家中思念和担忧。"门前迟行迹"到"坐愁红颜老"八句通过景物描写，表现出了女子的相思之深、思念之苦，"绿苔""落叶"等意象象征着年华逝去，"蝴蝶""双飞"反衬出女子的形单影只。结尾四句表达女子强烈地渴盼丈夫的音信，思念之情达到了最高点。

◆ **语文小课堂** ◆

相传古代有个叫尾生的人，他和一个女子约好在桥下见面，女子有事没来，洪水却来了。尾生为了信守承诺，没有离开，抱着柱子淹死了。后来，人们就用"尾生抱柱"来比喻人遵守承诺。

钱塘湖春行

[唐]白居易

孤山寺北贾亭西①，水面初平云脚低②。
几处早莺争暖树③，谁家新燕啄春泥④。
乱花渐欲迷人眼⑤，浅草才能没马蹄⑥。
最爱湖东行不足，绿杨阴里白沙堤⑦。

注释

①孤山寺：南朝所建寺庙。贾亭：即贾公亭，是西湖名胜之一，因为由唐朝贾全建造，所以叫贾公亭。②水面初平：春天湖水初涨，水面刚刚与湖岸齐平。③早莺：早春时的黄鹂鸟。争暖树：鸟儿争着飞到朝阳的树枝上。④新燕：刚从南方返回的燕子。啄：衔。⑤乱花：纷繁的花朵。迷人眼：让人眼花缭乱。⑥浅草：刚刚萌生，还没有长太高的小草。⑦白沙堤：即白堤，唐朝以前建造，在西湖东侧。

解析

孤山寺的北面到贾亭的西面，春水涨至与堤齐平，白云低垂，好似和湖面上的波澜连成了一片。几只初春的黄鹂鸟争着飞向朝阳的树木，新飞回的燕子忙着衔泥筑巢。纷繁的花朵逐渐绽放，让人眼花缭乱，还未长大的小草刚好能遮住马蹄。湖东的美景真是看了多少次都不厌烦，一条白色的沙堤穿过杨树的绿荫。

这是一幅精巧的西湖风景图。第一句交代了西湖的地理位置，第二句勾勒出早春西湖的轮廓。"平"字用来形容水面，暗示当时是无风的天气，"云脚低"也暗示了湖水高涨。前两句从远处写西湖之景，远山、山亭、水面、云脚，产生一种辽远的视觉效果。颔联从细处来写，每一处都能体现出"春"。莺是"早莺"，燕是"新燕"，"早"和"新"都带着初春的味道。"争"和"啄"写出了动物们的可爱和鲜活，可以看出到处都生机勃勃。颈联从近处着眼，改写近景，"乱花""浅草""马蹄"以小见大，暗示春意渐渐展开了。尾联的"绿杨"和"白沙堤"构成了一幅色彩明丽的画面，而"行不足"的意思是看不够这美景，表达了诗人的喜爱之情。

全诗有景有人，远近结合，动静搭配，层次分明，淡雅清新。

◆ 语文小课堂 ◆

白居易的名字出自《中庸》的"君子居易以俟命"，意思是君子处于平易而无危险的境地，素位而行以待天命。白居易少年时来到京城长安，拜访了名士顾况。顾况一听白居易的名字，就取笑他说："长安的米价太高，居住可不容易！"等到白居易献上自己写的《赋得古原草送别》，顾况连连称赞，改说："好诗！有这样的才华，住下去不难！"后来，白居易果然名声大噪。

巴陵赠贾舍人①

[唐]李白

贾生西望忆京华,湘浦南迁莫怨嗟。
圣主恩深汉文帝,怜君不遣到长沙。

注释

① 舍人:唐代负责传达诏命的官,是中书舍人的简称。

解析

李白在岳州遇到被贬官的原中书舍人贾至,同情他的遭遇,就写了这首诗安慰他,并委婉地表达了对君主的讽刺之意。

首句诗人把贾至比作"贾生",即贾谊。贾至和贾谊都姓贾,又都是洛阳人,而且都很有文采。"京华"指长安,长安在岳州的西边,所以说是"西望"。"忆"和"望"表明贾至虽然被贬,但是仍然对朝廷念念不忘,期望能再回去。第二句是劝贾至不要哀怨和叹气。"湘浦"指今湖南地区,是被贬的贾至要去的地方。

后两句用了贾谊的典故,汉文帝曾经把贾谊贬到了长沙。诗人安慰贾至,让他不要伤心,他被贬的地方可比贾谊被贬的长沙近多了。"圣主恩深"看似赞美,其实是暗讽皇帝昏庸。

全诗巧用典故,语言朴实却含义深刻。

◆ **语文小课堂** ◆

贾谊，西汉初年文学家，年少时就名声在外，十八岁时因擅长写文章而被乡人赞颂，称为贾生。汉文帝时，贾谊遭人排挤，被贬到长沙，做了长沙王太傅，所以后世也称他为贾长沙、贾太傅。三年后，他被召回京城，任职梁怀王太傅。后梁怀王坠马而死，贾谊深深自责，三十多岁就郁郁而终了。

小

游园不值[1]

[宋]叶绍翁

应怜屐齿印苍苔[2],小扣柴扉久不开[3]。
春色满园关不住,一枝红杏出墙来。

(收入义务教育教科书人民教育出版社《语文》六年级下册)

注释

[1] 不值:没遇到人。值,遇见。[2] 应:大概,表示猜测。[3] 小扣:轻轻地敲。柴扉(fēi):用木柴、树枝编成的院门。

解析

大概是园子的主人担心我的木屐会在青苔上留下印迹吧,任凭我长时间轻轻地敲打柴门,也没有人来开门。满园的春色柴门是关不住的,一枝开得正旺的红杏已经把枝条伸到了墙外。

诗人在春日里去拜访朋友,敲门却没人开。诗人在门外徘徊,看到红杏出墙,春意蓬勃,有感而发,写下此诗。全诗写景生动形象,饱含哲理。

前两句交代了诗人去朋友家拜访,却发现门关着,他没有办法进去观赏。"怜"字表现出诗人对春天的喜爱之情。"柴扉"久不开,多半是因为主人不在家,但诗人故意说成主人不愿意开门,为下文的说理做铺垫。后两句形象鲜明,情景交融,千古流传。"春色""红杏"被赋予人的性格:主人想把春天关在门里，可是春色是关不住的，这不，一枝红杏就伸出墙来，告诉人们春天来了。"一枝红杏"采用了以点带面的写法，一枝就代表了所有的春色。诗人用"关"和"出"阐述了一个道理：美好的新生事物是不可能被封锁住的，任何外力都无法阻止它蓬勃发展。

作者小传

叶绍翁（1194年—1269年），字嗣宗，号靖逸，龙泉（今浙江龙泉）人，南宋中期诗人，擅长写绝句。他的诗语言浅显，含义却很深远。

◆ 语文小课堂 ◆

屐是古代人穿的木鞋，鞋底有前后两个高跟，走起路来吱吱作响，方便在雨天、泥地里行走。屐在隋唐以前，尤其是汉朝很常见，在宋代以后基本上专门做雨鞋用。屐传入日本后，在日本很流行。

回乡偶书二首·其一

[唐]贺知章

少小离家老大回[1]，乡音无改鬓毛衰[2]。
儿童相见不相识，笑问客从何处来。

（收入义务教育教科书人民教育出版社《语文》六年级上册）

注释

[1] 老大：年老的时候。 [2] 鬓毛：鬓边的头发。衰：稀少。

解析

诗人八十六岁辞官回到家乡，这时候距离他少年离家时已经有五十多年了。

看着既熟悉又陌生的家乡景色，他百感交集，写下了两首《回乡偶书》，本诗是其中的第一首。

前两句描写诗人回到家乡时的状态：年少的时候离开，年老了才回来，虽然口音没有变化，但是头发已经白了很多。这两句通过对比描写，营造了一种物是人非的苍凉之感，也为后面的"相见不相识"埋下伏笔。后两句通过问话来展开叙述，因为诗人很多年没有回来了，样子也发生了改变，所以同乡的儿童认不出诗人，只是笑着迎上来问："客人是从哪里来的？""笑"字表现出故乡人的热情和淳朴。

全诗运用了口语化的表述，却有很强的画面感，结尾处有问无答，却动人心弦，千百年来广为流传，老少皆知。

作者小传

贺知章（约659年—约744年），字季真，自号"四明狂客"，越州永兴（今浙江杭州萧山区）人。为人旷达不羁，喜欢喝酒、谈笑，与张旭、包融、张若虚并称"吴中四士"。晚年隐居镜湖。能诗善书，诗风清新明快。

◆ 语文小课堂 ◆

贺知章生性豪放旷达，不拘小节，爱开玩笑，晚年更是放荡不羁，自号"四明狂客"。他喜欢喝酒，喝了酒之后连生死都不放在心上了。相传贺知章遇到李白，两人很快成了好朋友。恰好两人都喜欢酒，所以贺知章请李白喝酒，谁知道忘了带钱，于是贺知章把挂在腰上的金饰龟袋解下来抵账。他的诗风和为人一样狂放，所以有"诗狂"的称号。

新嫁娘词三首·其三

[唐]王建

三日入厨下①,洗手作羹汤。
未谙姑食性②,先遣小姑尝③。

> **注释**

① 三日:古代的俗礼,又称"过三朝"。② 谙(ān):熟悉。姑:婆婆。
③ 小姑:丈夫的妹妹。

> **解析**

新娘出嫁三天后,第一次下厨为全家人做饭,因为不了解婆婆的口味,就招来丈夫的妹妹尝菜。

首句中"三日"表明时间,暗示新娘初来乍到,人地生疏。第二句的"洗手"是新娘做饭之前的准备工作,洗完手就可以开始了,但问题来了。这为下面的情节发展打下了基础。第三句写交代了问题是什么:刚刚过门,还不知道婆婆喜欢什么味道的饭菜。新娘因此感到不安,怎么办呢?最后一句写出了办法:先让小姑子来尝尝。一个细腻、谨慎、聪慧的女子形象跃然纸上。

诗人挑选了一个细节来展现古代女子婚后的生活场景,表现出了浓郁的民俗风情,人物形象生动,语言浅显易懂,让人读起来兴致盎然。

◆ 语文小课堂 ◆

过三朝就是新娘嫁到婆家后的第三天。按照习俗，新娘要在这天亲自下厨给全家准备饭菜，一来表示新媳妇从此以后要孝顺公婆，二来也是夫家对新娘子料理家务能力的一次检验。对于新嫁娘来说，这是婚后的头等大事，因为她要面对的不只是"众口难调"，还有被婆婆刁难的可能。即使她做的饭菜再好吃，婆婆为了显示在家里的话语权和多年的资历，也会挑剔一番。

池 上

[唐]白居易

小娃撑小艇①，偷采白莲回②。
不解藏踪迹③，浮萍一道开。

（收入义务教育教科书人民教育出版社《语文》一年级下册）

注释

①小娃：小孩儿。艇：船。②白莲：白色的荷花。③踪迹：小船划开浮萍后留下的水线。

解析

一个小娃娃撑着一只小船，偷偷地去池中采摘白莲花。回来的路上，他不懂得隐藏痕迹，小船划过水面上的浮萍留下的水痕把他做的事完全暴露了。

这首诗就是一幅儿童偷采白莲图，诗人选取江南水乡生活的一个片段，精准捕捉孩子的行为和心理，用通俗畅快的语言把孩子的可爱、淘气和天真描绘了出来。尤其是一个"偷"字，写出了孩子的顽皮、狡黠，细致逼真，富有情趣。

◆ 语文小课堂 ◆

浮萍是一种一年生草本植物，浮在水面上，叶子扁平，呈椭圆形或倒卵形，叶子下面生须根，夏季开白色花，整株都可入药。文人墨客经常在作品里用浮萍来比喻身世坎坷漂泊或世事无常，如唐代诗人杜甫《又呈窦使君》云："相看万里外，同是一浮萍。"

杨柳枝词九首·其一

[唐]刘禹锡

塞北梅花羌笛吹，淮南桂树小山词。

请君莫奏前朝曲，听唱新翻《杨柳枝》。

解析

还在用羌笛吹奏塞北的《梅花落》，还在用淮南小山写的楚辞《招隐士》。劝你们不要再吹奏以前的老曲子了，还是来听听新创的《杨柳枝》吧。

《杨柳枝词》是诗人晚年所写的一组诗，共九首，这首诗是作为序曲的第一首。在当时，乐坛和诗坛被人反复咏唱的大多是《梅花落》《招隐士》等从西汉流传下来的旧曲子，虽然好听，但有点陈旧，所以诗人劝人们多多去听改编的新曲，表达了他支持文学创作变革创新、开拓进取的精神。

首句中的"梅花"指的是汉乐府的《梅花落》，这首曲子是赞颂梅花的塞北名曲，用羌笛吹奏。第二句引用了西汉时淮南小山写《招隐士》的典故。前两句都是在讲述从前朝传下来流行当世的旧曲子，诗人提到它们，并不是为了评价和赞颂，而是借古喻今，借它们去批评人们保守落后、因循守旧的观念。后两句发表议论，提出诗人自己的看法：请大家别再演奏那些旧曲子了，还是多听一听、唱一唱改编的新曲子吧。

诗人通过古今对比，让议论更有说服力。

山园小梅二首·其一

[宋]林逋

众芳摇落独暄妍①,占尽风情向小园。
疏影横斜水清浅②,暗香浮动月黄昏③。
霜禽欲下先偷眼④,粉蝶如知合断魂⑤。
幸有微吟可相狎⑥,不须檀板共金樽⑦。

注释

①众芳:百花。摇落:被风吹落。暄妍:天气暖和,景物明媚,这里是形容梅花。②疏影横斜:梅花稀疏地盛开,枝干横斜。③暗香浮动:梅花清幽的香味隐隐约约地散发出来。④霜禽:这里指白鹤。⑤合:应该。⑥狎:亲近。⑦檀板:乐器名,用檀木制成的拍板,在歌唱或演奏音乐时用以打节拍。

解析

古代文人雅士认为,梅是最值得观赏的花木,它与兰、竹、菊并称"四君子",与松、竹并称"岁寒三友"。梅花从颜色、香味、姿态到风骨都符合古人所追求的审美。

在这首诗里,林逋把幽静环境下梅花的清影和神韵刻画得淋漓尽致,写出了梅花的高雅不俗,也是用梅来比喻自己,表现出自己高雅超脱的品性。其中,"疏影横斜水清浅,暗香浮动月黄昏"是咏梅的千古绝唱。

首联写梅花不畏严寒,傲立风中。"众"和"独"的对比,让梅花把百花都比了下去。颔联写得最美,"疏影横斜""暗香浮动"写出了梅的轻盈、妩媚、清幽,使梅花形神兼具。颈联由前两联的实写转为虚写,"偷眼""断魂"写出了白鹤和粉蝶的情不自禁，暗示了梅花的美和香所具有的魅力不凡。尾联表明只要有梅花做伴就满足了，其他的都不重要，这正是诗人幽独清高、自甘淡泊的人格写照。

全诗虚实结合，节奏起伏明快，色彩浓淡相宜，环境动静结合，梅在诗人的笔下呈现出了最动人的姿态。

作者小传

林逋（bū）（967年—1028年），字君复，钱塘（今浙江杭州）人，北宋初年著名的隐逸诗人，长期隐居在杭州西湖孤山，不出来做官，也不结婚，没有后代，把种梅养鹤作为乐趣，人称"梅妻鹤子"，后人称为和靖先生。擅长诗词，风格淡远婉丽。

◆ 语文小课堂 ◆

在写作中，对比是一种运用最广泛的手法之一。它通常会把两个相对或相反的事物，或把同一事物的两个不同方面放在一起做比较，从而加强表达的效果和感染力，或者使对立事物之间的矛盾更鲜明。常见的对比有时空对比、状态对比、效果对比等。比如，在林逋的《山园小梅》中，"众芳摇落独暄妍"中的"众"和"独"就是一种状态对比，通过这种对比，突出了梅花的品质。再比如，杜甫的经典名句"朱门酒肉臭，路有冻死骨"也运用了对比的手法。

蝶恋花·春景

[宋]苏轼

花褪残红青杏小①,燕子飞时,绿水人家绕。枝上柳绵吹又少②,天涯何处无芳草!

墙里秋千墙外道,墙外行人,墙里佳人笑。笑渐不闻声渐悄,多情却被无情恼。

注释

①褪:脱去,脱落。②柳绵:柳絮,是柳树的种子,上面有白色绒毛,随风飞散如飘絮,所以称为柳絮。

解析

树上的花朵已经凋谢殆尽,长出了小小的青杏。燕子在天空飞过,清澈的河水绕着村里的人家流淌。柳枝上的柳絮被风吹落,变得越来越少,但是没有关系,哪里都能找到茂盛的花花草草。词的上阕描写的是词人在暮春时节赏游所见,为我们描绘出一幅秀丽的水乡风光图,表达伤春、惜春之情。其中,柳絮飘零也暗示着词人命运坎坷,心中凄凉。

高高的围墙里,有一个女子在荡秋千。围墙外面有行人路过,能听到女子快乐的笑声。渐渐地,笑声没有了,行人感到很失落,就好像多情的自己遭到了女子无情的对待一样。这是词的下阕所写。墙外的行人是独自一人徘徊在围墙之外听墙内女子的欢笑声,对比之下,显出墙外人的孤寂和落寞。最后,行人连听别人笑来排遣心中的抑郁都做不到了。词人的这种安排更能让读者感受到行人内心的凄苦。

全词上阕写景，下阕写人；上阕伤春，下阕伤情，不仅包含着词人感叹春光短暂、佳人难寻的遗憾之情，还暗示了词人怀才不遇、仕途坎坷，"多情"的自己被朝廷"无情"地抛弃的遭遇。

◆ 语文小课堂 ◆

苏轼是一个名副其实的"吃货"，宋代的笔记小说中有很多苏轼与美食的故事。据说，因为苏轼在杭州做官的时候组织疏通了河道，筑造了苏堤，当地人很感激他，就给他送去了猪肉和黄酒。苏轼之前认为人们平时做出来的猪肉菜不合口味，专门研究出了新的做法，这次便指点家人按照自己的方法做出了"东坡肉"（苏轼号"东坡居士"），跟大家分享。东坡肉色泽红亮，松软酥香，咸鲜微甜，肥而不腻，众人吃了都交口称赞。后来，苏轼又研制出了很多用他的名号命名的菜肴，比如"东坡肘子""东坡豆腐""东坡腿""东坡芽脍""东坡饼"等。

草

感遇十二首·其一

[唐]张九龄

兰叶春葳蕤①，桂华秋皎洁②。
欣欣此生意，自尔为佳节③。
谁知林栖者④，闻风坐相悦。
草木有本心⑤，何求美人折！

> **注释**
>
> ①兰：指兰草，花朵清幽芳香。葳（wēi）蕤（ruí）：草木茂盛的样子。②华：同"花"。③自尔：自然而然地。④林栖者：林中的人。⑤本心：本性，天性。

> **解析**
>
> 张九龄曾经当过唐玄宗的尚书右丞相，他性情耿直，经常直言进谏，惹皇帝生气，所以后来被贬为荆州长史。张九龄对自己的人生遭遇有感而发，写下了《感遇十二首》，这首诗是其中的第一首。
>
> 一开篇诗人就用了一个整齐的对偶句，以兰和桂两种植物起兴，赞美了春兰和秋桂的生机勃勃、清雅高洁，同时也是借此来比喻自己坚守本心、不随波逐流的气节。三四句写兰和桂只顾自己好好开花，不在乎外界的评价，不去讨好别人，表达了诗人希望自己像兰桂一样散发芳香、不求别人理解的思想感情。

后四句点明了主旨：兰桂洁身自好，不会为了别人的喜爱而飘香，也不会为了乞求谁的摘取和赞美而改变自己的节操。"林栖者"指那些爱花的人，即像兰桂一样高洁的隐士。

这首诗运用了比兴和互文的手法，语言质朴简练，但寄寓着深刻的生活哲理，余味无穷。

作者小传

张九龄（678年—740年），字子寿，号博物，韶州曲江（今广东韶关）人。七岁就能写文章，最高做到唐玄宗的宰相，后来因为性格正直得罪了人，被贬官。

◆ 语文小课堂 ◆

兴是中国传统诗歌的一种表现手法，"兴"的本义是"起"，因此又称"起兴"。朱熹在《诗集传》中道"兴者，先言他物以引起所咏之辞也"，浅显而准确地解释了起兴的含义。诗歌中的起兴有引起联想、托物寓意、营造气氛、协调韵律等作用，运用起兴手法还可使行文显得轻快、活泼。"兰叶春葳蕤，桂华秋皎洁"就是用"兰"和"桂"起兴，为歌咏诗人坚守本心的高洁品格做铺垫。

春 思

[唐]李白

燕草如碧丝①，秦桑低绿枝②。
当君怀归日③，是妾断肠时④。
春风不相识，何事入罗帏⑤？

注释

①燕：燕地，在今冀北辽西一带，在唐朝属于边防重地。②秦：秦地，在今陕西一带。这里比燕地暖和，花草树木要比燕地更早见到春天。③怀归日：思念家乡时。④断肠：肝肠寸断，形容思念、悲伤到了极点。⑤罗帏：丝织的床帐。

解析

这首五言古诗描写的是春日里的思妇对戍边丈夫的思念之情。

前两句运用起兴的手法，分别描写了燕地和秦地的春日景色，为下文引出相思之情奠定基础。但是，燕地和秦地隔得很远，燕地的草刚发芽，秦地的树枝都很长了，怎么会同时出现？所以，"燕草如碧丝"是思妇的想象，是虚写；"秦桑低绿枝"才是思妇眼前所见，是实写。思妇见到了秦地的绿桑，心中就想到了燕地的春草，思念的感情就自然而然地表现出来了。后两句写女子由春色引起春思。她推断，丈夫在燕地看到碧绿的春草时，也一定会想念家乡，想念自己。两地的春天到来的时间不一样，丈夫在燕地见到春草发芽产生相思的时候，女子在秦地已经相思了很久，到了极点。到这里，思妇的感情又进了一层。最后两句，多情的思妇对无情的春风发问，责怪春风不识相，表明自己对丈夫忠贞不渝，不会被外物吸引而转变感情。

全诗虽然篇幅短小,但层次分明;语言看似平淡,实际上句句耐人寻味;虽然情感抒发得比较委婉,但把闺中思妇的感情发展过程写得丝丝入扣。

> ◆ **语文小课堂** ◆
>
> 闺怨诗是一种古诗题材,多描写弃妇、思妇或少女在闺阁中或悲伤、或悔恨、或惆怅、或思念、或怨恨的心理,有的是女诗人写的,有的是男性诗人模仿女子的口吻写的;有的单纯写闺怨,而有的是借此表达其他复杂的情感,比如怀才不遇的哀怨等。

和张仆射塞下曲六首·其二

[唐]卢纶

林暗草惊风①,将军夜引弓②。
平明寻白羽③,没在石棱中④。

注释

①惊风:风突然吹起来。②引弓:拉开弓箭。③白羽:箭杆尾部装饰的白色羽毛,这里代指射出的箭。④没:没入,进去。石棱:石头的棱角。

解析

卢纶的《和张仆射塞下曲六首》都是五言绝句,大多描写边境风光和战争生活,将边关将士英勇善战、豪情满怀的磅礴气势和英勇无畏的性格体现得淋漓尽致。这首诗是其中的第二首。

首句交代了时间、地点,一个"暗"字点出树林幽深,天色已晚,光线不足,为后文将军以为有猛虎埋下伏笔。一个"惊"字表明事情发生得很突然,渲染了紧张的气氛。第二句写出了将军的机警和果敢。他以为幽暗的树林中出现了猛虎，临危不乱，果断搭弓射箭。后两句交代了故事的后续：天亮的时候去找射出的箭，原来箭已经深深地射入了一块大石头中。"没"字暗示将军射得准、力气大。

《史记》记载过这个典故，故事的主人公是西汉名将李广。诗人对典故进行了创新，塑造了一个射技超群、有勇有谋的将军形象，赞扬了边关将士的英勇善战。

作者小传

卢纶（739年—799年），字允言，河中蒲州（今山西永济）人，唐代"大历十才子"之一。多写送别赠答的诗，边塞诗写得慷慨雄浑，十分出色。

◆ 语文小课堂 ◆

李广是西汉时期的名将。他带领军队的时候，和普通士兵同甘共苦，获得的赏赐也都分给下属。打仗的时候，他更是身先士卒，冲在最前面，因此深受官兵和百姓的爱戴。李广去世的时候，不管是认识还是不认识他的人，都为他感到伤心。史学家司马迁在《史记》中为他列传，并评价他说："桃李不言，下自成蹊。"意思是说，桃李开花结果，虽然不会说话，但仍然会吸引人们来赏花尝果，树下自会出现一条小路。司马迁以这句话赞扬李广用自己高尚的品格赢得了大家的崇敬。

滁州西涧

[唐]韦应物

独怜幽草涧边生①，上有黄鹂深树鸣。
春潮带雨晚来急，野渡无人舟自横②。

（收入义务教育教科书人民教育出版社《语文》三年级下册）

注释

①独怜：独爱。②野渡：荒郊野外无人管理的渡口。

解析

我独独喜爱滁州西涧的小草，草丛上方有黄鹂在林深的地方鸣叫。傍晚的时候，潮水伴着春雨，来得又大又急。郊野的渡口没有行人，只有一只小船随着波浪来回漂浮。

这是韦应物作品中有名的写景佳作。当时他在滁州做刺史，经常步行到郊外游览。有一天，他见到滁州西涧清幽的景色，心里喜欢，就写下了这首小诗。

开篇诗人直接写出对西涧的偏爱，"独怜"就是偏爱的意思。诗人因为喜爱，所以观察得很仔细，描绘的场景形声并茂，情景交融。诗人用了"幽草""黄鹂"两种意象，动静相结合，清新的色彩与悦耳的声音相互交织，产生了独特的视觉和听觉效果。后两句写的野渡口是比较大的画面，而画面里只有一叶孤舟，对比强烈，让境界变得开阔，充满野趣，也体现出诗人恬淡的胸怀。

全诗只用了几个简单的意象，就把西涧的幽静景象描绘得淋漓尽致，用语清新，有动有静，画面感极强，是古代山水诗中的佳作。

作者小传

韦应物，生卒年不详，京兆长安（今陕西西安）人，出身关中望族，却清高淡泊，不看重名利。诗以山水田园诗最有名，诗风淡远清雅，世人都说他有陶渊明的风范。

小儿垂钓

[唐]胡令能

蓬头稚子学垂纶①，侧坐莓苔草映身②。
路人借问遥招手，怕得鱼惊不应人。

（收入义务教育教科书人民教育出版社《语文》二年级上册）

注释

①纶：钓鱼用的丝线。②莓苔：本意是苔，这里泛指草丛。

解析

一个头发乱蓬蓬的小孩在河边学钓鱼，侧着身子坐着，被草丛掩盖住身影。过路的人想问路，他却远远地摆手拒绝，原来是怕惊了鱼，所以不愿意回应问路的人。

这首七言绝句是胡令能的代表作品，用通俗易懂的语言和白描的手法写出了一个小孩初学钓鱼的有趣故事，充满了乡间生活的情趣。

首句总起，描写垂钓小儿的形象。"蓬头"二字很有意思，描绘出了小孩不经粉饰的可爱面貌。"学"字点明小孩的认真谨慎，煞有其事，为后面他对待路人的态度做了铺垫。第二句描写垂钓小儿的姿势和所处位置。"侧坐"表明小孩的状态是闲适和放松的，"草映身"暗示环境幽静。后两句路人的出现打破了前面安静的画面。"遥招手"表现出了小孩的机灵，用这个动作，他可以不用出声,同时又能制止路人再次大声问路。这首诗的描写生动传神,用形貌描写、动作描写和心理描写,惟妙惟肖地刻画出了一个自然活泼的孩童形象。

作者小传

胡令能(785年—826年),唐代诗人。他的诗浅显易懂,构思精巧细致,富有生活情趣。

绿

三衢道中①

[宋] 曾几

梅子黄时日日晴②,小溪泛尽却山行③。
绿阴不减来时路④,添得黄鹂四五声。

（收入义务教育教科书人民教育出版社《语文》三年级下册）

注释

①三衢：地名，在今浙江衢州一带。②梅子黄时：指梅子成熟的农历五月。③泛：乘船。却山行：再走山间的道路。④阴：树荫。

解析

梅子熟透的农历五月，每天都是晴朗的好天气。坐着小船顺溪前行，到达小溪的尽头，再走山间的道路前进。树荫和来的时候相比并没有减少，只是比原来多了黄鹂的叫声。

这首诗描写了初夏时幽静的景色和诗人在三衢山道中行走时的愉快心情，节奏明快，语言清新，很有生活韵味。首句点明了时间，这时候正是江南的梅雨时节，却难得天天都是晴天，这不能不让人感到惊喜。第二句写诗人坐小船出游，沿着溪水走到了尽头，兴致却更加浓厚，于是从水路转到山路，步行前进。三、四句接着写山路上的所见所闻。绿荫没有减少，行走在其中的诗人感到凉爽舒适，加上黄鹂的悦耳叫声，更让诗人感到舒畅愉快。

全诗全用景语,浑然天成,诗人没有明写自己很高兴,却在诗句中融入了情感。他把以前阴雨连绵的黄梅天和现在的晴天相对比,把来的时候和回去的时候景物的变化相对比,相较之下,一切都变得更好了,诗人的心情自然也变得更美妙了。

作者小传

曾几(1084年—1166年),字吉甫,自号茶山居士,祖籍赣州(今属江西),后来搬到了河南府(今河南洛阳)。他学识渊博,勤于政事,是南宋著名诗人陆游的老师。他被归入江西诗派,写的诗多用来抒情遣兴、唱酬题赠,诗风清新流畅,恬淡雅洁。

◆ 语文小课堂 ◆

每年的六七月份(公历),由于东南季风带来太平洋暖湿气流,中国的长江中下游地区会出现持续的阴天多雨天气,此时正是江南梅子成熟的季节,所以叫"梅雨"天气。这段时间空气湿度大,气温高,衣物等东西容易发霉,所以也叫"霉雨"时节。

杭州春望

[唐]白居易

望海楼明照曙霞，护江堤白踏晴沙。
涛声夜入伍员庙，柳色春藏苏小家。
红袖织绫夸柿蒂，青旗沽酒趁梨花。
谁开湖寺西南路，草绿裙腰一道斜。

解析

此诗对杭州春日的美景做了全面的描写，一个"望"字把七处景色连在一起，构成了一幅完整的画面。这幅画面中包含了红、绿、青、白等多种色彩，显得春意盎然。整首诗多处用典，写景的同时怀古，让景物更加富有诗意，诗人的赞美之情自然地流露出来。

首联总领全篇，写登上望海楼看到的雄伟壮丽的景色。诗人登上望海楼远眺，看到太阳升起，霞光万道，钱塘江的护江长堤在阳光的照耀下闪着银光。颔联把视线转到城内：半夜寂静的时候，钱塘江江潮的声音传入伍子胥的庙中，柳树上的春色藏在苏小小居住的秦楼楚馆里。这里分别用了伍子胥和苏小小的典故：伍子胥被杀后，因为怨恨吴王，就驱动江水来报仇，所以钱塘潮又叫"子胥涛"；苏小小是南齐时钱塘名妓，诗人用她来指代歌妓舞女，让人联想到杭州昔日的繁华。颈联写风物人情：妇女织绫，游人饮酒，诗意浓，色彩美。"红袖"指代织绫的女子，"柿蒂"指代绫的花纹，"青旗"指代酒家，"梨花"指代酒。尾联又把视线放远，写杭州美景的代表——西湖。其中，"裙腰"的比喻十分恰当，描绘出了春天里白堤的迷人姿态。

语文小课堂

青旗就是酒旗，又称酒幌、酒望、酒帘、锦旆，是中国古代酒店悬挂于路边、用于招揽生意的锦旗。酒旗作为一种最古老的广告形式，在中国有着悠久的历史，战国时期就有了相关的文字记载。常见的酒旗一般会在布帘上写一个大大的、醒目的"酒"字，然后挂在高处。也有一些酒旗书写的内容比较特别，让人印象深刻，比如《水浒传》中的"三碗不过冈"。

天净沙·秋

[元]白朴

孤村落日残霞，轻烟老树寒鸦，一点飞鸿影下。青山绿水，白草红叶黄花。

解析

孤零零的村庄被笼罩在夕阳的余晖中，天边还有一点残霞。炊烟轻轻地上升，饱经风雨的老树上栖息着寒鸦。鸿雁飞过的一点影子从天空飘下。天地之间，山青水绿，有白色的芦苇花纷飞，还有红色的枫叶和金黄的菊花。

这首曲子用白描的手法描绘了秋日不同景物的色彩美，构成了一幅色彩丰富、极具秋季特色的风景画。前两句写冷秋时节村落苍凉的景色，孤零零的村庄在落日残霞的映照下，在轻烟、老树、寒鸦的衬托下，在视觉和听觉两方面给人一种悲寒的感觉。第三句"飞鸿影下"给前面描写的静景增添了动感，但是，"一点"两字，又显得悲凉和孤单。如果说前面几句描绘的几乎都是黑白的景物，那么后面两句便转成了彩色。"青山绿水"点出了鲜艳的色彩，"白草红叶黄花"更进一步用白、红、黄三种颜色丰富了画面，让视觉得到了极大的满足。

作者小传

白朴（1226年—约1306年），原名恒，字仁甫，后改名朴，字太素，号兰谷，隩州（今山西河曲）人。元代著名的文学家、杂剧家，"元曲四大家"之一，杂剧代表作是《梧桐雨》。

◆ 语文小课堂 ◆

元曲四大家指关汉卿、白朴、马致远、郑光祖四位元代杂剧作家，他们最能代表元代不同时期、不同流派杂剧创作的成就。但历史上也曾有一部分人认为元曲四大家是关汉卿、王实甫、马致远和白朴。

泊船瓜洲①

[宋]王安石

京口瓜洲一水间②，钟山只隔数重山③。
春风又绿江南岸，明月何时照我还。

（收入义务教育教科书人民教育出版社《语文》六年级下册）

注释

① 泊船：停船靠岸。瓜洲：镇名，在今江苏扬州一带，在长江北岸。② 京口：古城名，在今江苏镇江，位于长江南岸。一水：这里指长江。③ 钟山：今江苏南京紫金山。

解析

京口和瓜洲只隔着一条江水，钟山也只相隔几座青山。春风吹来，江南的岸上又变得春意盎然，天上的明月什么时候才能照见我回家呢？

这是一首抒情诗，诗人眺望江南，抒发自己思念家乡的感情；同时，也暗含着他期望能够重回政坛、一展抱负的愿望。首句中，诗人指出京口与瓜洲很近，中间只隔着一条江水。"一水间"在空间上拉近了距离。第二句中的"数重山"用了反语，表面说间隔不远，实际上是说，钟山被重重青山阻碍。第三句描绘了江南岸边的美丽春色。其中，"绿"字是形容词用作动词，把春风拟人化，极富表现力。第四句抒写乡愁，情感抒发水到渠成。

作者小传

王安石（1021年—1086年），字介甫，号半山，江西临川（今江西抚州）人，北宋著名政治家、思想家和文学家。在宋神宗时期曾两次担任宰相，实行变法，被列宁誉为"中国十一世纪最伟大的改革家"。一开始被封为舒国公，后来改封为荆国公。死后获赠太傅，赐谥号为"文"。文章和诗词都写得很好，凭借文章被列为唐宋八大家之一。他的诗对确立宋诗风格有重要的影响，他的词风格豪迈，感慨深沉，独具特色。

◆ 语文小课堂 ◆

相传，王安石在写这首诗的时候，第三句一开始是"春风又到江南岸"。他觉得不好，就把"到"改成了"过"，还是觉得不好，又改成了"入"，后又改成"满"，改了十几次才确定用"绿"，就成了"春风又绿江南岸"。

江南春

[唐]杜牧

千里莺啼绿映红,水村山郭酒旗风。
南朝四百八十寺,多少楼台烟雨中。

(收入义务教育教科书人民教育出版社《语文》六年级上册)

注释

① 山郭:山城,山村。② 南朝:公元420年—589年先后建都于建康(今江苏南京)的宋、齐、梁、陈四个朝代的总称。四百八十寺:此处是虚指,形容寺院很多。③ 楼台:指寺庙。

解析

整个江南春光明媚,到处都有鸟的鸣叫声,绿树红花绚烂多姿,一派姹紫嫣红的热闹景象。水边的村庄、山城里到处都能看见酒铺的酒帘迎风招展。南朝遗留下来许多古老的寺庙,数不清的楼阁都被笼罩在烟雾雨雾中,显得格外迷离。

这首诗虽然只有二十八个字,但是选取的意象十分精巧,以点带面地描绘了整个江南的春天。首句中"千里"是概数,概括地写江南地域广大。"莺啼"二字起到先声夺人的效果,让春天能够被听见,显得春意盎然。第二句选取了水村、山郭、酒旗等代表人的意象,让整首诗瞬间充满了欣欣向荣的生活气息。三四句把视角转到人文景观,抒发了历史感慨。"四百八十"也是概数,强调数量之多。"烟雨"既指自然界的烟雨,又指历史的烟雨,吊古的同时伤今,让全诗的主旨得到了升华。

> ◆ **语文小课堂** ◆
>
> 南朝梁武帝萧衍晚年非常痴迷佛教,到处修建寺院,不遗余力地弘扬佛法,使南梁几乎变成了佛国。大肆兴建寺院耗费了大量的民力和钱财,导致百姓生活困苦。梁武帝带头学佛守戒,曾四次出家当和尚,每次都要大臣们花费重金把他赎回来。他疏于朝政,荒废国事,最后使得国力衰退,他自己也在侯景之乱中活活饿死。

赠刘景文

[宋]苏轼

荷尽已无擎雨盖①,菊残犹有傲霜枝②。
一年好景君须记,最是橙黄橘绿时。

(收入义务教育教科书人民教育出版社《语文》三年级上册)

注释

①荷尽:荷花凋谢。擎:向上托,举。雨盖:旧时对雨伞的称呼,此处指荷叶。②菊残:菊花凋谢。犹:仍然。

解析

以前映日的荷花凋零了,就连曾经接天的碧绿荷叶也枯萎了。但是,菊花即使开败了,仍然留有挺拔的枝干面对风霜。一年之中最美好的风光,莫过于这橙黄橘绿的初冬景色了。

这首诗是诗人写给好友刘景文的,全诗融写景、咏物、赞人于一炉,通过描写秋冬季节菊花傲霜斗寒,橙子、橘子成熟丰收的景象,来劝好友珍惜时光、乐观向上,也含蓄地赞扬了刘景文的品格和秉性。

前两句写景,"荷尽""菊残"点明时间是秋末冬初,"已无"和"犹有"形成强烈对比,突出了菊花的坚忍不屈。后两句议论,阐述虽然冬天寒冷萧瑟,有的植物却在这时成熟丰收,借此劝诫朋友不要意志消沉、妄自菲薄,应该抓住这大好时光,努力向上,做出一番成就。诗人不同于其他人,觉得秋冬季节是萧瑟严寒的,而是赞美它是"一年好景",有橙黄橘绿的勃勃生机,给人以昂扬之感。同时,诗人用橘树来赞颂具有坚贞不屈品格的好友。

◆ **语文小课堂** ◆

苏轼不但是伟大的诗人、词人,同时还是散文大家,有很多传世散文名作。明初的朱右把韩愈、柳宗元、欧阳修、苏洵、曾巩、王安石、苏轼、苏辙这八个最负盛名的作家的散文作品编选成集,取名《八先生文集》,而后人也大都选录这八个人的作品作为散文代表,所以,"唐宋八大家"的称呼就流传下来了。

哀江头

[唐]杜甫

少陵野老吞声哭①,春日潜行曲江曲②。
江头宫殿锁千门,细柳新蒲为谁绿?
忆昔霓旌下南苑③,苑中万物生颜色。
昭阳殿里第一人④,同辇随君侍君侧⑤。
辇前才人带弓箭⑥,白马嚼啮黄金勒。
翻身向天仰射云,一笑正坠双飞翼。
明眸皓齿今何在⑦?血污游魂归不得。
清渭东流剑阁深⑧,去住彼此无消息。
人生有情泪沾臆,江水江花岂终极!
黄昏胡骑尘满城⑨,欲往城南望城北。

注释

①少陵野老:杜甫的自号。吞声:哭的时候不敢出声。②潜:偷偷。曲江曲:曲江拐弯的地方。③霓旌:指皇帝仪仗中的彩旗。④昭阳殿:汉时赵飞燕姊妹住的宫殿,这里指唐玄宗的后宫。⑤辇:皇帝的座驾。⑥才人:宫中女官的称呼。⑦明眸皓齿:指杨贵妃。⑧清渭:指渭水。⑨胡骑:指安禄山率领的军队。

解析

这首诗写于安史之乱时期,当时,都城长安早就被叛军占领了,诗人被叛军抓住,带到了长安。第二年春天,诗人在长安城的曲江边行走,触景伤情,写下了这首诗。

一个"哀"字贯穿全篇，描写从眼前的景物到回忆，再从回忆回到现实，"哀"情层层递进，深沉复杂，读来让人断肠。

第一联中，"吞声哭"意为想哭又不敢哭出声来，渲染出了极其哀伤的氛围。曲江是长安有名的景点，诗人故地重游，心中悲痛。第二联写眼前之景，用春天和往常一样按时来到，衬托出此时大门紧锁的悲凉之感。三、四、五、六联由眼前的景色回忆起当年的繁华，描写记忆里唐玄宗和杨贵妃一起出游的情景。然后一句"今何在"，由回忆转到现实，今昔对比强烈，有物是人非、乐极生悲之感。后面几联发出感慨：现在去的去、死的死，就像水东流、花落下，悲伤没有尽头。胡人到处作乱，诗人想去城南，却望着北边，这一举动体现出诗人迷茫、惊慌、悲伤的复杂情绪。

◆ **语文小课堂** ◆

借代是一种修辞手法，指不直接把所要表达的人或事物的名称说出来，而是借用跟它有密切关系的人或事物来代替。被替代的叫"本体"，替代的叫"借体"，本体不出现，用借体来代替。恰当地运用借代可以引人联想，使语句拥有形象突出、特点鲜明、文笔精练、以小见大的效果。诗歌中常用借代手法，比如，《哀江头》中就用"昭阳殿"来代替唐玄宗的后宫。再比如，《望天门山》中"孤帆一片日边来"，是用船的一部分"帆"代替了船。

泉

小 池

[宋]杨万里

泉眼无声惜细流[1],树阴照水爱晴柔[2]。
小荷才露尖尖角,早有蜻蜓立上头。

（收入义务教育教科书人民教育出版社《语文》一年级下册）

注释

[1] 惜:吝惜,舍不得。[2] 照水:倒映在水中。晴柔:晴天里柔和的景色。

解析

泉眼没有一丝声响,是因为舍不得涓细的水流;树荫倒映下来,遮住水面,是因为珍爱晴天里柔和的景色。稚嫩的荷花刚刚从水面露出含苞待放的花蕾,就有一只蜻蜓早早地立在了上头。

这是一首描写初夏池塘美丽风光的诗,诗人用清新活泼的笔调、平易通俗的语言,描绘了太阳、树木、小荷、小池等日常所见的平凡景物,却显得情趣盎然,如画一般。

◆ 语文小课堂 ◆

杨万里十分擅于发现生活中的细节之美，总是用新奇的眼光来观察周围的一切，捕捉那些稍纵即逝的美好景物。越是别人容易忽略的最细微的美，越时常出现在他的诗句中，比如泉眼的无声、水流的细、晴天的柔、荷花的小等等。

西江月

[宋]朱敦儒

日日深杯酒满，朝朝小圃花开。
自歌自舞自开怀，且喜无拘无碍。

青史几番春梦，黄泉多少奇才。
不须计较与安排，领取而今现在。

解析

每天都有美酒做伴，终日都有鲜花相陪。闲着没事的时候随意哼哼小调，挥动长袖摆出几个舞姿，自娱自乐，享受其中。朝代演变就像一场场不尽相同的梦，从古至今又有多少将相之才终归黄泉。一切都不用再去计较了，也不用为了得失而去刻意安排，只要活在当下，享受眼前的每一天。

上阕中，词人描绘了自己一派悠闲自在的隐居生活，语言明白晓畅，却又意味悠远。"日日""朝朝"对仗工整，"自""无"叠用，韵律感、节奏感十足。下阕中，词人通过对世人的归宿和历史轮回的评价，在感叹、惋惜的同时，抒发了自己珍惜眼下、旷达闲逸的情怀。整首词语言浅显流畅，音韵和谐优美，读来令人振奋。

作者小传

朱敦儒（1081年—1159年），字希真，洛阳（今属河南）人。曾在南宋朝廷当官，晚年隐居嘉禾。他的词语言清新流畅，句法灵活自由。

琵琶行

[唐]白居易

浔阳江头夜送客，枫叶荻花秋瑟瑟。
主人下马客在船，举酒欲饮无管弦。
醉不成欢惨将别，别时茫茫江浸月。
忽闻水上琵琶声，主人忘归客不发。
寻声暗问弹者谁，琵琶声停欲语迟。
移船相近邀相见，添酒回灯重开宴。
千呼万唤始出来，犹抱琵琶半遮面。
转轴拨弦三两声，未成曲调先有情。
弦弦掩抑声声思，似诉平生不得志。
低眉信手续续弹，说尽心中无限事。
轻拢慢捻抹复挑，初为《霓裳》后《六幺》。
大弦嘈嘈如急雨，小弦切切如私语。
嘈嘈切切错杂弹，大珠小珠落玉盘。
间关莺语花底滑，幽咽泉流冰下难。
冰泉冷涩弦凝绝，凝绝不通声暂歇。

别有幽愁暗恨生，此时无声胜有声。
银瓶乍破水浆迸，铁骑突出刀枪鸣。
曲终收拨当心画，四弦一声如裂帛。
东船西舫悄无言，唯见江心秋月白。
沉吟放拨插弦中，整顿衣裳起敛容。
自言本是京城女，家在虾蟆陵下住。
十三学得琵琶成，名属教坊第一部。
曲罢曾教善才服，妆成每被秋娘妒。
五陵年少争缠头，一曲红绡不知数。
钿头银篦击节碎，血色罗裙翻酒污。
今年欢笑复明年，秋月春风等闲度。
弟走从军阿姨死，暮去朝来颜色故。
门前冷落鞍马稀，老大嫁作商人妇。
商人重利轻别离，前月浮梁买茶去。
去来江口守空船，绕船月明江水寒。
夜深忽梦少年事，梦啼妆泪红阑干。
我闻琵琶已叹息，又闻此语重唧唧。
同是天涯沦落人，相逢何必曾相识！
我从去年辞帝京，谪居卧病浔阳城。
浔阳地僻无音乐，终岁不闻丝竹声。
住近湓江地低湿，黄芦苦竹绕宅生。
其间旦暮闻何物？杜鹃啼血猿哀鸣。
春江花朝秋月夜，往往取酒还独倾。

岂无山歌与村笛，呕哑嘲哳难为听⑩。

今夜闻君琵琶语，如听仙乐耳暂明。

莫辞更坐弹一曲，为君翻作《琵琶行》。

感我此言良久立，却坐促弦弦转急。

凄凄不似向前声，满座重闻皆掩泣。

座中泣下谁最多？江州司马青衫湿。

注释

① 欲语迟：欲说还休的样子。② 《霓裳》：即《霓裳羽衣曲》，唐代乐曲名。《六幺》：即《六幺令》，唐代乐曲名。③ 私语：小声说话。④ 间关：象声词，形容鸟叫的声音。⑤ 拨：拨弦的用具。当心画：用拨在琵琶的中心用力划。⑥ 善才：擅长弹奏的人。⑦ 秋娘：代指歌伎。⑧ 缠头：唐代艺伎表演节目后，会有观众赠送绫帛当礼物，称为缠头。⑨ 独倾：独自喝。⑩ 呕哑嘲（zhāo）哳（zhā）：形容声音杂乱刺耳。

解析

这是一首长篇叙事诗。诗人从长安被贬官到九江做江州司马后，秋天的晚上送客人，在船上听一位商妇弹奏琵琶并诉说身世，联想到自己被贬官的经历，感到同病相怜，写下了这首诗。

前六句交代时间、地点和写作背景：一个枫叶变红、荻花变黄、秋风瑟瑟的夜晚，在浔阳江头送别朋友。"主人下马客在船"运用了互文的手法，解释为：主人和客人下了马，上了船。离别的时候没有音乐调节气氛，诗人和朋友相对而坐，更觉得伤感。"别时茫茫江浸月"，用哀景来烘托哀情。接下来的八句，事情出现了转折，先是听到了琵琶声，后来见到了琵琶女。"转轴拨弦三两声"到"唯见江心秋月白"，写琵琶女高超的弹奏技艺，让人读来有如临其境、如闻其声的感觉。"如急雨""如私语""水浆迸""刀枪鸣""珠落玉盘""莺语花底"等一连串比喻形象生动，让人回味无穷。接下来，琵琶女叙述自己的身世遭遇，勾起了诗人的伤心事，引起了情感共鸣："同是天涯沦落人，相逢何必曾相识！"接着，诗人叙述自己的遭遇，抒发悲愤的情绪。诗人的叙述触动了琵琶女，她又一次弹奏起琵琶，声音更加悲凄，感人泪下。

整首诗在叙述的过程中加入了很多对环境的描写，比如"江浸月""悄无言""江心秋月白"，侧面烘托悲伤的氛围，语言生动形象，语句凝练优美，十分打动人心。

♦ **语文小课堂** ♦

唐代官员按品级的高低穿不同颜色的官服，三品以上穿紫色，四品穿深绯色，五品穿浅绯色，六品穿深绿色，七品穿浅绿色，八品穿深青色，九品穿浅青色。所以，青色是品级最低的官员所穿官服的颜色。创作这首诗时，白居易已经被贬为江州司马两年。年老被抛弃的琵琶女让诗人联想到自己的仕途遭遇，悲从中来，以致"座中泣下谁最多？江州司马青衫湿"。

醉翁操

[宋]苏轼

琅然[1]，清圜，谁弹？响空山。无言，惟翁醉中知其天。月明风露娟娟[2]，人未眠。荷蒉过山前，曰有心也哉此贤。

醉翁啸咏[3]，声和流泉。醉翁去后，空有朝吟夜怨。山有时而童巅[4]，水有时而回川。思翁无岁年，翁今为飞仙。此意在人间，试听徽外三两弦[5]。

注释

[1] 琅然：美玉碰撞的声音，形容声音清脆响亮。[2] 娟娟：优美的样子。[3] 醉翁：指词人的老师欧阳修，他曾写过一篇《醉翁亭记》，广为流传。[4] 童巅：指光秃秃的山上没有植物，就好像小孩子的脑袋。[5] 徽：琴徽，原来指弦绳，后来也指七弦琴面十三指示音节的标识。

解析

这是词人为《醉翁操》的曲子填写的词，全词节奏和韵脚鲜明，读来朗朗上口，而且很有画面感，特别适合搭配乐曲演奏，是不可多得的佳作。

上阕开篇写弹奏的声音很美好，让人听了心生愉快之感。"琅然，清圜，谁弹？响空山"，节奏强烈，韵脚自然。其中"清圜"本来是形容月亮的，这里被借来形容声音，让人感受更加具体。"谁弹"表明词人急切地想知道这么好听的声音是谁弹奏出来的。"无言"是对"谁弹"的回答，前后呼应。后面的句子是说，像这样的天籁之音，也只有老师欧阳修喝醉后人们才能听到，就像大自然的声音一样美好。最后两句引用《论语》中荷蒉者赞美孔子击磬的典故，给予老师的琴曲最高的赞美。

下阕词人回味了《醉翁亭记》中的句子，感叹自从老师离开后，自然的乐曲没有了知音，而时光易逝，所有的东西都不是永恒的，需要把美文与妙曲记录下来。结尾两句写老师虽然离开了，却留下了这样美妙的乐曲，它依然在回响，并将一直流传，表达了词人对老师的怀念和对乐曲的赞美之情。

◆ **语文小课堂** ◆

孔子周游列国，一次到了卫国，住在子路的大舅家里。有一天，孔子在房间里击磬演奏，声音悦耳动听。一个背着草筐的农夫（荷蒉者）停在他的门口，说："这个击磬的声音很美妙，藏着很深的心思！"过了一会儿，他又说，"磬声好像在抱怨不被人理解。既然没有人理解，就不要去管它。就好像过河一样，水深就穿着衣服蹚过去，水浅就撩起衣服蹚过去。"孔子听后，叹息着说："这个人真是干脆，让我无言以对。"

长相思三首·其二

[唐]李白

日色欲尽花含烟①，月明如素②愁不眠。

赵瑟③初停凤凰柱，蜀琴欲奏鸳鸯弦。

此曲有意无人传，愿随春风寄燕然。

忆君迢迢隔青天，昔时横波目，今作流泪泉。

不信妾肠断，归来看取明镜前。

注释

① 花含烟：形容花朵被暮色中的雾气笼罩。② 素：洁白的绢。③ 赵瑟：传

说古代的赵国人都擅长弹瑟。④蜀琴：蜀地盛产好琴，人们就用"蜀琴"来指代好琴。⑤燕然：燕然山。此处指边疆。⑥横波：形容眼波流动。

解析

《长相思》是乐府旧题，诗人用它来描写妻子对守卫边疆的丈夫的思念之情，写得缠绵悱恻。

这首诗歌是以女子的口吻写的。开篇两句先描绘了春天夜里的美景，"花"象征着独守空闺的女子。三四句写寂寞的女子睡不着，就对着美景抚琴奏瑟。琴瑟是夫妻感情和谐的象征，而"凤凰柱""鸳鸯弦"更是在暗示男女应该成双成对，这就更触动了思妇满怀的愁绪。所以，在五六句中，她希望这首曲子能跟着春风，传到远在边疆的丈夫那里。接着，她想到丈夫与自己隔着遥遥的青天，愿望实现不了，不禁流下了眼泪。"昔时横波目，今作流泪泉"两句运用了夸张的写法。最后写红颜憔悴，如果丈夫不信，归来后可以亲眼看一看。

送国棋王逢

[唐]杜牧

玉子纹楸一路饶，最宜檐雨竹萧萧。
羸形暗去春泉长，拔势横来野火烧。
守道还如周伏柱，鏖兵不羡霍嫖姚。
得年七十更万日，与子期于局上销。

解析

这首诗是诗人送别王逢时所写的，赞颂了王逢高超的围棋造诣，也表达了自己想要潜心学棋的决心，描写细致，感情真切。

首联是场景描写。"玉子纹楸"指围棋棋盘；"一路饶"是说让一个子，王逢在下棋时让一个子，侧面反映了他的棋艺比诗人要高。第二句写两人对弈时窗外的景色，雨打屋檐，风吹竹叶，渲染出悠闲自在的氛围。颔联描写对弈的局势，王逢即使是在棋势羸弱、危险的情况下，也能起死回生，转危为安，可见棋艺的高超。颈联化用了老子和霍去病的典故。老子曾做过周代藏书室的长官，即柱下史，所以用周伏柱来称呼他；霍去病曾做过嫖姚校尉，所以用霍嫖姚来称呼他。老子是道家代表，主张无为，即以守为主；霍去病是战场上的利刃，攻无不克，战无不胜。用这两个人来打比方，是为了赞颂王逢攻守得当，棋艺出神入化。尾联是说，诗人现在四十多岁，要是能活到七十岁，还有差不多万日的时间，他打算用剩下的时间来练习棋艺。看到朋友棋艺高超，诗人心中充满敬佩和羡慕之情，从而产生了练习棋艺的想法，这也是一种高超的赞美手法。

◆ **语文小课堂** ◆

霍去病是汉朝名将卫青的外甥，擅长骑射和用兵。他一心保卫国家，建功立业，曾在十七岁首次领兵的时候带领八百人，骑马深入敌境数百里，大胜而回。汉武帝曾经为霍去病修建了一座豪华的住宅，却被他拒绝道："匈奴还没有消灭，怎么能成家？"其后，他领兵多次，一次都没有打过败仗，只可惜年纪轻轻就因病去世了。

饮中八仙歌

[唐]杜甫

知章骑马似乘船①,眼花落井水底眠。汝阳三斗始朝天②,道逢曲车口流涎③,恨不移封向酒泉④。左相日兴费万钱⑤,饮如长鲸吸百川,衔杯乐圣称避贤⑥。宗之潇洒美少年⑦,举觞白眼望青天⑧,皎如玉树临风前。苏晋长斋绣佛前⑨,醉中往往爱逃禅⑩。李白斗酒诗百篇,长安市上酒家眠,天子呼来不上船,自称臣是酒中仙。张旭三杯草圣传,脱帽露顶王公前,挥毫落纸如云烟。焦遂五斗方卓然⑪,高谈雄辩惊四筵。

注释

①知章:贺知章。②汝阳:汝阳王李琎,唐玄宗的侄子。朝天:拜见皇帝。③曲车:酒车。④移封:改变封地。酒泉:郡名,在今甘肃酒泉市。⑤左相:指左丞相李适之。⑥避贤:给贤人让路。⑦宗之:崔宗之,李白的朋友。⑧觞:大酒杯。⑨长斋:长期斋戒。绣佛:画的佛像。⑩逃禅:指不守佛门的清规戒律。⑪卓然:神采焕发。

解析

唐朝时，李白、贺知章、李适之、李琎、崔宗之、苏晋、张旭和焦遂等八个在长安定居过的文人都嗜酒如命，被称为"饮中八仙"，诗人杜甫就写了这首《饮中八仙歌》来为这八个人画像，表达了对这八人的敬佩和羡慕之情。这首诗语言诙谐幽默、生动传神，诗中每个人物自成一章，每个人都有各自的特点。整首诗一气呵成，旋律轻快，主次分明。

第一个出场的人是贺知章，他喝醉后骑马好像坐船一样，摇摇晃晃。醉酒后眼睛花了，他不小心掉入井里，也不呼救，就在井中入睡。虽然描述比较夸张，却生动形象，写出了贺知章豁达的性格。第二个是汝阳王李琎，他看淡权势，热爱美酒，作为皇亲，在拜见皇帝的路上遇见酒车，还会当街流口水，恨不得把自己的封地改到酒泉去。第三个是左相李适之，他为酒花再多钱也不在乎，喝酒就像鲸鱼吸水，还嚷嚷着要给贤能的人让位子。第四个是崔宗之，他即使喝醉了也玉树临风。第五个是苏晋，他是个修禅的人，却摆脱不了对酒的偏爱。第六个是李白，他斗酒赋诗，自称酒中仙，放荡不羁。第七个是张旭，他喝醉后写出了草书佳作。第八个是焦遂，他是一个平民，在喝醉后显露出高超的辩论才能，震惊了在座所有人。

◆ 语文小课堂 ◆

饮中八仙又称为酒中八仙或醉八仙。其实，这八个人互相并没有很深的交情，他们喝酒的场合不是同一个，喝酒的原因也各有各的不同。但是，他们很具有代表性，既有亲王、宰相，又有诗人、画家，还有僧人、道士，他们真实地反映了当时的知识分子的生活。

晨

归园田居·其三

[晋]陶渊明

种豆南山下,草盛豆苗稀。
晨兴理荒秽,带月荷锄归。
道狭草木长,夕露沾我衣。
衣沾不足惜,但使愿无违。

解析

在这首诗中,诗人选取种豆这一日常生活片断,描写了隐居之后躬耕田园的情景,表达了再苦再累也要坚持本心、不与世俗同流合污的决心。

开篇写在南山下种豆子,野草茂盛,豆苗稀少,就像一个普通的农夫在闲谈一样,语气平淡,给人以亲切感,也为引出下文做了铺垫。野草多就得清理,所以第三句说要"理荒秽"。三四句中,诗人从早上干到晚上,身体应该很疲惫,他的描述却是很美的,充满了诗情画意,说明他的心情很好。后面四句写道路狭隘,草木长得高,露水沾湿了衣裳,但这并不要紧,只要过着自己想要的生活就好了。"但使愿无违"是比较含蓄的描写,也是全诗的主旨。

诗人用浅显的文字、平缓的语调,把劳动写得富有诗意,同时表达了深刻的思想,独具特色。

作者小传

陶渊明（约365年—427年），一名潜，字元亮，自号五柳先生，世称靖节先生，浔阳柴桑（今江西九江）人，东晋末期伟大的诗人、辞赋家。担任彭泽县令时，因为不愿对黑暗现实妥协，辞官归隐。他是中国第一位田园诗人，被称为"古今隐逸诗人之宗"。

◆ 语文小课堂 ◆

田园诗是主要描写田园生活的诗歌，一般以自然风光、农村景物和农民的劳作等为主要题材，表达自己不愿意投身官场、热爱自然、淡泊名利的情感，主要代表诗人有东晋的陶渊明，唐代的王维、孟浩然等。

题破山寺后禅院

[唐]常建

清晨入古寺，初日照高林。
曲径通幽处，禅房花木深。
山光悦鸟性①，潭影空人心。
万籁此都寂②，但余钟磬音③。

注释

①悦：形容词用作动词，使愉悦。②万籁：自然界的所有声音。籁，一切能发出声音的孔穴都称为"籁"。③钟磬（qìng）：寺院诵经，敲钟开始，敲磬停歇。磬，古代的打击乐器，形状像曲尺，用玉或石制成，可悬挂。

解析

清晨来到破山寺，初升的旭日照着高高的山林。竹林小径通向幽静的地方，禅房就掩映在花木深处。山光秀丽，让鸟儿怡然自得；潭影清澈，让人心无杂念。一切声响都在此消失，只听到寺院的钟磬之音。

这首诗描写了诗人清晨游破山寺后禅院的所见所感，抒发了诗人寄情山水、向往隐逸的思想感情。开篇点明时间、地点，写清晨寺院的全景，突出寺院的清幽和宁静，意蕴深厚。后面六句是诗人一路前行的所见所闻，描写的环境越到后面越幽静。"曲径通幽处，禅房花木深"两句把读者带入了一个清幽美妙、充满禅意的世界。"悦"字写出了鸟鸣的欢快，"空"字写出了诗人心境的空灵。看上去是山光使飞鸟愉悦，实际上是诗人自己心情愉悦，因景生情，含蓄隽永。尾联从听觉来写山寺的幽静，运用了以动衬静的写法。

全诗笔法古朴，遣词清幽，意境空灵，集画面美、音乐美于一身，被认为是有唐以来山水诗的佳作。

作者小传

常建（708年—765年），开元十五年（727年）进士，仕途并不如意，一生浪迹山水，以琴酒自娱，最后移家隐居鄂渚。其诗多写山水田园，意境深远，盛唐文人对其诗评价甚高。

新婚别

[唐]杜甫

兔丝附蓬麻[1]，引蔓故不长。嫁女与征夫，不如弃路旁。结发为君妻，席不暖君床。暮婚晨告别，无乃太匆忙[2]。君行虽不远，守边赴河阳。妾身未分明[3]，何以拜姑嫜[4]？父母养我时，日夜令我藏[5]。生女有所归[6]，鸡狗亦得将[7]。君今往死地，沉痛迫中肠[8]。誓欲随君去，形势反苍黄[9]。勿为新婚念，努力事戎行[10]！妇人在军中，兵气恐不扬。

自嗟贫家女，久致罗襦裳。罗襦不复施⑪，对君洗红妆。仰视百鸟飞，大小必双翔。人事多错迕⑫，与君永相望⑬。

注释

①兔丝：菟丝花，一种依附在其他植物枝干上生长的蔓生植物。②无乃：岂不是。③身：身份，指女子在婆家的名分和地位。④姑嫜：古代女子对婆婆、公公的称呼。⑤藏：避着外人。⑥归：古代女子出嫁。⑦将：跟随。⑧迫：煎熬。中肠：内心。⑨苍黄：仓皇，指麻烦、不方便。⑩事戎行：从军打仗。⑪不复施：不再穿。⑫错迕：差错，不如意。⑬永相望：永远期盼团聚，对丈夫永远不变心。

解析

这首诗是杜甫所写的新题乐府组诗"三别"中的一首，采用独白的形式描写了一对新婚夫妻的离别，塑造了一个深明大义、对感情忠贞不渝的女子形象，写出了当时的百姓对战争的复杂感情，深刻地揭示了战争给人民带来的深重灾难，语言典雅质朴，读起来朗朗上口，顺畅自然。

◆ 语文小课堂 ◆

"三吏三别"是唐代诗人杜甫的代表作品，即《新安吏》《石壕吏》《潼关吏》《新婚别》《无家别》和《垂老别》。这些作品以"安史之乱"为背景，深刻地描写了普通百姓在乱世中的悲惨遭遇，揭示了战争给人民带来的不幸和痛苦，也表达了诗人对百姓的同情。

橡媪叹

[唐]皮日休

秋深橡子熟,散落榛芜冈。
伛偻黄发媪,拾之践晨霜。
移时始盈掬,尽日方满筐。
几曝复几蒸,用作三冬粮。
山前有熟稻,紫穗袭人香。
细获又精舂,粒粒如玉珰。
持之纳于官,私室无仓箱。
如何一石余,只作五斗量!
狡吏不畏刑,贪官不避赃。
农时作私债,农毕归官仓。
自冬及于春,橡实诳饥肠。
吾闻田成子,诈仁犹自王。
吁嗟逢橡媪,不觉泪沾裳。

解析

这首诗描写了晚唐时期的社会现实,诗人通过刻画一个靠橡子充饥的老妇人形象,深刻地反映了当时百姓的悲惨生活和统治者的贪得无厌。全诗分为四层,第一层写老妇人深秋去捡橡子作为冬天的粮食的悲惨生活。第二层写山下丰收的场景,和老妇人的生活形成对比,引人产生疑惑。第三层叙述了老妇人生活贫苦的原因:赋税太重,官吏贪污,官府盘剥。第四层抒发诗人对统治者的谴责之情和对劳动人民的同情。四层各有侧重，层层递进，逐步将此诗的主题揭露出来，情感自然流露，真挚动人。

作者小传

皮日休（约834年—约883年），字袭美，复州竟陵（今湖北天门）人，信奉道教，道号鹿门子，晚唐时期著名诗人、文学家，与陆龟蒙并称"皮陆"。他的诗文多为关心民间疾苦之作。

杂诗十二首·其一

[晋]陶渊明

人生无根蒂，飘如陌上尘。

分散逐风转，此已非常身。

落地为兄弟，何必骨肉亲！

得欢当作乐，斗酒聚比邻。

盛年不重来，一日难再晨。

及时当勉励，岁月不待人。

解析

陶渊明写的《杂诗》共有十二首，这是第一首。写这组诗时的陶渊明已经五十岁了，开始慨叹人生无常，感喟生命短暂。

前四句写人生在世就像无根之木、无蒂之花，像大路上随风飘转的尘土，命运的变化让每个人都不是最初的自己了。中间四句写人们应该摒除彼此之间的隔阂、成见，聚在一起，把握现在。最后四句鼓励人们要及时行乐，因为快乐难得，后来常常被用来勉励年轻人要珍惜时光，努力学习，奋发向上。

全诗用语朴实无华，却内涵丰富，发人深省。

◆ 语文小课堂 ◆

陶渊明身处的那个年代动乱不堪,社会黑暗,人民痛苦。他怀抱着救世的理想出来做官,可是,因为与当时的官场格格不入,他几次辞官归隐。四十一岁时,陶渊明再次出仕,担任彭泽县令,俸禄是五斗米。这次,他还是不能认同黑暗腐败的官场,自称"不愿为五斗米折腰",又辞了官,之后再也没有出来做过官了。

富平少侯[1]

[唐]李商隐

七国三边未到忧[2],十三身袭富平侯。
不收金弹抛林外,却惜银床在井头。
彩树转灯珠错落,绣檀回枕玉雕锼[3]。
当关不报侵晨客[4],新得佳人字莫愁。

注释

[1]富平少侯:汉代的富平侯是张安世,这里指他的继承人张放。汉成帝刘骜骄奢享乐、荒废政事,他与张放有交情,称自己是"富平侯家人"。[2]七国:汉景帝时,分封的七个诸侯国发生叛变,这里指藩镇叛乱。三边:指汉代幽州、并州和凉州三个边疆,这里借指边疆不太平。[3]雕锼:雕刻。[4]当关:看门的人。

解析

在这首政治讽喻诗中,诗人借写汉代富平侯的故事,揭露和批判了当时的贵族纨绔子弟放浪形骸的行为,并讽刺了当时皇帝的荒淫无道。

首联介绍了主人公富平侯的身世和地位，指出他是一个十三岁就继承了先祖爵位的无能之人。颔联写富平侯的骄奢淫逸，他为了一时高兴，黄金弹子都能到处乱扔，却看重水井上用银做的辘轳架，鲜明的对比显示出贵族纨绔子弟的无知，充满讽刺意味。颈联描述了富平侯的住所内极其奢华的陈设。尾联写守门的人不搭理一早就来拜访的客人，因为富平侯在陪一个叫"莫愁"的美人，这表面上是说富平侯好色，实际上是说他不知道现在的生活暗藏着祸患。

作者小传

李商隐（约813年—约858年），字义山，号玉谿生，怀州河内（今河南沁阳）人，晚唐著名诗人。其诗构思新奇，风格秾丽，尤其是一些爱情诗和无题诗写得缠绵悱恻，优美动人，被广为传诵。与杜牧合称"小李杜"，与温庭筠合称"温李"。

◆ 语文小课堂 ◆

讽喻诗是诗歌题材的一种，它是诗人对时局、世态和人生等进行批判性探索而创作的诗篇，有的是从正面做出批判，有的是从侧面进行讽刺。讽喻诗一般采用第一句的内容做题目，在末尾几句点出主题，语言直白，感情激烈，所写内容大多都有史料可考。李商隐创作了很多讽喻诗，除了《富平少侯》，还有《贾生》《龙池》等。

咏史诗·八公山

[唐]胡曾

苻坚举国出西秦,东晋危如累卵晨。
谁料此山诸草木,尽能排难化为人。

解析

在这首咏史诗中,诗人登上了八公山,追忆往昔,缅怀历史,讲述了曾在这里发生的淝水之战。

首句写淝水之战的起因和背景。"举国"即全国。公元383年,前秦苻坚率领八十多万大军讨伐东晋,再加上先锋军的二十五万人,可以说是举全国之力。第二句陈述东晋的形势危急。当时的东晋朝廷由谢氏和桓氏分别手握大权,两大家族经常有矛盾冲突。即使谢安尽力说服了两家为顾全大局进行合作,东晋的军队也只有八万人。所以,"危如累卵"的形容很恰当。前两句合起来,形成对比,营造了一种紧张的气氛,第一句也为第二句做了铺垫。后两句话锋一转,描写了当时的战争场面,也暗示了战争的结果,其中包含了"草木皆兵"的典故。苻坚一开始根本没把力量悬殊的敌人放在眼里,后来,因为先锋部队战败,他才慌张起来。他见晋军阵容严整,士气高昂,又看到八公山上的草木影影绰绰,好像满山遍野的士兵,就吓得半死。在逃跑的时候,他听到风吹草木的声音,也以为是追兵来了。

作者小传

胡曾(约840年—?),号秋田,邵州邵阳(今湖南邵阳)人,唐代诗人,爱好游历,以关心民生疾苦、针砭暴政权臣闻名。他以七绝咏史诗著称,一共写有一百五十首咏史诗,每一首都以地名为题,描写当地的历史人物和历史事件。

◆ 语文小课堂 ◆

咏史诗是中国古代诗歌的一种,以历史为题材,对历史人物或历史事件进行叙述、评价、凭吊,或借国家兴亡,抒发个人的思想感情,内容可分为述古、怀古、史论史评三类。现存最早的咏史诗是东汉班固的《咏史》。唐代的咏史诗大多借古讽今,借史抒情,风格悲凉沉郁;而宋代的咏史诗则加入了较多的议论,富有哲理,立意新颖。

歌

龟虽寿

[汉]曹操

神龟虽寿①,犹有竟时②；

腾蛇乘雾,终为土灰。

老骥伏枥③,志在千里；

烈士暮年④,壮心不已⑤。

盈缩之期⑥,不但在天；

养怡之福,可得永年⑦。

幸甚至哉,歌以咏志。

注释

①寿:长寿。②竟:终结,这里指死去。③骥:千里马。伏枥:卧在马槽边,形容马生病衰老。枥,马槽。④暮年:晚年。⑤已:停止。⑥盈缩之期:指人寿命的长短。盈,满。缩,短。⑦永年:长寿。

解析

神龟虽然长寿,但也有生命到头的时候；腾蛇即使能够腾云驾雾,最终也会死去,化为尘土。年老病弱的千里马躺在马槽边,它的雄心壮志依旧可以奔驰千里；有远大抱负的人年纪大了,也不会停止奋进的雄心。人生命的长短,并不是仅仅取决于上天的安排；只要自己保持身心健康，就能够活得很久。啊，我很庆幸，所以用诗歌来表达内心的志向。

　　这首《龟虽寿》是曹操的乐府组诗《步出夏门行》四章中的最后一章，是诗人在平定乌桓叛乱之后在回师的路上写的。当时他已经五十三岁了，但依然满怀雄心壮志，自强不息。全诗把哲理思考、慷慨激情和艺术形象相结合，表达出诗人老当益壮、积极进取的人生态度。

　　诗歌一开始就发出议论，用神龟和腾蛇这两个形象的比喻说明没有什么东西能够永恒。但这并不意味着人们就要消极悲观，正因为生命有限，所以更要锐意进取，有所作为。接着，诗人用老骥和烈士来自比，表现出自己老当益壮、自强不息的积极精神与豪迈气概。最后，诗人说，要注意修养身心，来达到长寿的目的。但是，这并不意味着无所事事，还是得有乐观向上的精神状态。

作者小传

　　曹操（155年—220年），字孟德，小名阿瞒，沛国谯县（今安徽亳州）人，东汉末年杰出的政治家、军事家、文学家、书法家。他精通兵法，擅长写诗，诗风气魄雄伟，慷慨悲凉；所写的散文清峻整洁，为建安文学的开创和发展做出了贡献。

◆ 语文小课堂 ◆

　　曹操带领军队经过一片麦田时，命令属下不得践踏庄稼，否则就要砍头。结果，曹操自己的马受惊跑到了田里，踏坏了麦田。曹操让执法官给他定罪，遭到了拒绝，于是要自刎谢罪，被大家劝阻。最后，曹操就割断自己的头发来代替砍头的刑罚。这就是割发代首的故事。

辋川闲居赠裴秀才迪

[唐]王维

寒山转苍翠，秋水日潺湲①。
倚杖柴门外，临风听暮蝉。
渡头余落日，墟里上孤烟②。
复值接舆醉③，狂歌五柳前④。

注释

① 潺湲（yuán）：缓缓流淌。② 墟里：村里。③ 复值：又遇到。接舆：春秋时楚国的隐士，这里指裴迪。④ 五柳：东晋的陶渊明号"五柳先生"，这里指诗人自己。

解析

寒秋中的山变得苍翠，溪水每天都缓缓流淌。我拄着拐杖站在门口，黄昏时在风中听蝉的鸣叫声。渡口处只剩下残阳的时候，村落里就有炊烟升起来。又遇到裴秀才喝醉酒，来到我面前狂歌高唱。

王维晚年的时候，和裴迪一起隐居在辋川。在诗中，诗人描绘了自己的日常生活，就如同一幅静谧恬适的山水田园风景画。"倚杖柴门外，临风听暮蝉"写出了他的潇洒安逸和超然物外，"渡头余落日，墟里上孤烟"更是充满了诗情画意，让整首诗达到了物我一体、情景交融的艺术境界。

作者小传

王维（约701年—761年），字摩诘，河东（治所在今山西永济西）人，祖籍太原祁县（今属山西），自号"摩诘居士"。因做过尚书右丞，世人又称"王右丞"。其作品主要为山水田园诗，体物精细，状写传神，与孟浩然合称"王孟"。宋代文学家苏轼评价他说："味摩诘之诗，诗中有画；观摩诘之画，画中有诗。"

◆ **语文小课堂** ◆

王维出身于一个信奉佛教的家庭，这从他的名"维"和字"摩诘"中就可以明显看出来。他少年成名，精通诗、书、画、音乐等，早年曾有过积极的政治抱负，希望能成就一番事业，后来逐渐失去雄心壮志，过上了半官半隐的生活。他喜欢参禅悟理，后期的诗画创作中充满了禅意，人们认为他是"当代诗匠，又精禅上理"，在他死后给了他一个"诗佛"的称号。

瑶 池

[唐]李商隐

瑶池阿母绮窗开，黄竹歌声动地哀。
八骏日行三万里①，穆王何事不重来？

注释

① 八骏：秦穆王所乘的八匹骏马，据说可以日行三万里。

解析

瑶池的西王母打开绮窗，顿时，《黄竹》曲的歌声让天地间充满悲哀的情绪。八骏马一天能跑三万里，周穆王因为什么事没有再回来？

《穆天子传》曾记载，周穆王坐着八骏马拉的车去拜访西王母，他有事要离开了，两人约定三年后再相聚。西王母送给周穆王一首歌谣，其中有一句意思是：如果你不死，还要再回来。周穆王回答说："差不多三年后，我就来了。"但是最后周穆王没有出现。

诗人在诗中描写了这个神话传说，开篇写西王母倚窗盼望周穆王的到来，第二句的"黄竹歌声"暗示周穆王已死。后两句提出疑问，引发人们深思：长生不老只是妄想。诗人用这首诗讽刺当时的帝王为求长生，做出了很多荒唐事，言辞犀利尖锐，直指痛处。

◆ **语文小课堂** ◆

西王母是传说中由混沌道气中的西华至妙之气凝聚而成的女神，掌管灾疫和刑罚。根据《山海经》的描述，她长着豹子一样的尾巴、老虎一样的牙齿，喜欢长啸，蓬散着头发，头上戴着首饰，住在昆仑仙山上。后来，人们渐渐把她的形象变得更加慈祥与温和。

自 遣

[唐]罗隐

得即高歌失即休，多愁多恨亦悠悠。
今朝有酒今朝醉，明日愁来明日愁。

解析

罗隐由于仕途不顺，产生了消极颓废的情绪，就写了这首诗来表达自己的愤世嫉俗之情。全诗采用了重叠往复、回环变化的写法，有一唱三叹、意犹未尽的效果。

第一句看起来很洒脱：考中功名就高歌庆祝，考不中就算了，不再纠缠。第二句告诫人们，想得太多只会让人觉得苦难没完没了。后两句劝告人们要及时行乐，活在当下。这听起来很旷达，却有一股凄凉无奈的情绪暗藏其中，让人心情沉重。

作者小传

罗隐（833年—910年），字昭谏，新城（今属浙江杭州）人，唐末五代时期诗人、文学家。他是有名的才子，却考了十多年都没有考中进士。

代悲白头翁

[唐]刘希夷

洛阳城东桃李花，飞来飞去落谁家？
洛阳女儿好颜色，坐见落花长叹息。
今年花落颜色改，明年花开复谁在？
已见松柏摧为薪，更闻桑田变成海。
古人无复洛城东，今人还对落花风。
年年岁岁花相似，岁岁年年人不同。
寄言全盛红颜子，应怜半死白头翁。
此翁白头真可怜，伊昔红颜美少年。
公子王孙芳树下，清歌妙舞落花前。
光禄池台文锦绣，将军楼阁画神仙。
一朝卧病无相识，三春行乐在谁边？
宛转蛾眉能几时，须臾鹤发乱如丝。
但看古来歌舞地，惟有黄昏鸟雀悲。

解析

《代悲白头翁》又叫《白头吟》，这首诗通过描写洛阳女儿对落花的叹息和白头翁的遭遇，感叹年华易逝、红颜易老、富贵无常，抒发了浓烈的感伤之情。

开始两句起兴，写洛阳城东暮春时的景色，引出下文洛阳女儿看到落花后的感叹，也为后面赞美大好春光、感伤青春易逝做了铺垫。然后诗人叙述了松柏被砍伐做柴火、桑田变成沧海的现象，阐述时光易逝、生命无常的观点。"年年岁岁花相似，岁岁年年人不同"是千古传诵的名句，"年年岁岁"和"岁岁年年"的颠倒重复，造就了回环排沓的效果，音韵美，感情真。此后开始写白头翁的遭遇，他以前是翩翩美少年，也曾生活得潇洒快活，但现在老了、病了，没有人怜悯。诗人借此抒发了面对无情的现实时伤感又无奈的感情。

诗人借鉴了乐府诗夹叙夹议的写法，也运用了借事抒情的写法，以及对比、对偶、用典等技巧，使全诗情景交融，语言清丽婉转，绵长悠远。

作者小传

刘希夷（约651年—约680年），字延之（一作庭芝），汝州（今河南汝州）人。他为人放荡不羁，不喜欢被常规束缚，所以过得很落魄。他擅长弹琵琶，写的诗多为歌行体。

◆ **语文小课堂** ◆

相传，刘希夷所写的《代悲白头翁》中"年年岁岁花相似，岁岁年年人不同"一句被他的舅舅宋之问看中，想占为己有，刘希夷不同意，就被舅舅害死了，死的时候才二十多岁。

赠汪伦

[唐]李白

李白乘舟将欲行,忽闻岸上踏歌声。
桃花潭水深千尺,不及汪伦送我情。

(收入义务教育教科书人民教育出版社《语文》一年级下册)

解析

我乘船正要离开的时候,忽然听见岸上传来有节奏的歌声。就算桃花潭水有千尺那么深,也比不上汪伦对我的深情厚谊。

据说,李白到桃花潭游览时,是当地人汪伦热情地招待了他。李白离开时,汪伦来送行,李白就写了这首赠别诗给他。诗人用明白畅达的口语直接叙事、抒情,天真自然,也表现出诗人豪放不羁的个性。

第一句交代了事情发生的背景,向人们展示出一幅离别的画面。"乘舟"表明诗人准备走水路离开,地点在水上。第二句从水上转移到了岸边,未见其人,先闻其声。"忽"字显示出诗人的意外。第三句采用了夸张的手法,既描绘了桃花潭的特点,又引出了下一句。最后一句用比物手法赞颂了汪伦与诗人的深厚友情。"深千尺""不及"把无形的情谊变得具体可感,形象生动,构思巧妙。

◆ 语文小课堂 ◆

传说,汪伦十分崇拜李白,很想邀请他来自己的家里做客。他知道李白喜欢饮酒,爱好游玩,就给李白写了一封信,说自己的家乡有十里桃花、万家酒楼。李白听后,欣然前往,到了才知道,十里桃花原来是十里外的桃花渡口,万家酒楼原来是姓万的人开的酒楼。但是,李白还是被汪伦所感动,跟他成了好朋友。

堤上行三首·其二

[唐]刘禹锡

江南江北望烟波,入夜行人相应歌。

桃叶传情竹枝怨,水流无限月明多。

解析

刘禹锡被贬到和州担任刺史,学习了当地的巴蜀民歌,并试着加入作品中,《堤上行三首》就是他学习的成果。此诗是其中的第二首,语言清新明丽,声调婉转,画面唯美,具有浓郁的地方特色。

首句是对自然景物的描写,夜晚的时候,隔江相望,只见烟波缥缈,一片朦胧。"烟波"二字酝酿出一丝淡淡的愁绪。接着转为对人文景观的描写,行人相互唱和,唱出自己的心事,夜里的黑暗和冷清被打破,增添了一抹温暖、热闹的气息。前两句都是从视觉角度来写的。后两句中,"桃叶"是民间表达爱情的歌曲《桃叶歌》,"竹枝"是表达愁怨的民歌《竹枝词》,诗人借民歌的幽怨衬托自己内心深处被贬官的幽怨,自然贴切,耐人寻味。

◆ 语文小课堂 ◆

对歌是一种特殊的艺术形式,不仅题材广泛,而且不限体裁,唱歌的人凭着自己的才华,迅速编出美妙的词句,来表达自己的心意。对歌要求必须通俗、押韵,字字明白,声声入耳,唱起来好懂、好听,能抓住听者的心。

过华清宫绝句三首·其二

[唐]杜牧

新丰绿树起黄埃,数骑渔阳探使回。
霓裳一曲千峰上,舞破中原始下来。

解析

诗人路过华清宫,看到眼前的断壁残垣,想起之前的歌舞升平,有感而发,写下了《过华清宫绝句三首》,这首诗是其中的第二首。

此诗的背景是"安史之乱",当时唐玄宗派使节去探察安禄山的实际情况,使节风尘仆仆、快马加鞭地赶回来报告。一二两句写绿树林中,使节骑马而过,扬起了黄色的尘埃。绿色的树林和黄色的尘埃构建了一幅色彩鲜明的画面,给读者留下了想象的空间,黄尘滚滚也暗示着战争的硝烟即将来临。三四句转开了视角,写华清宫里的歌舞升平,统治者醉生梦死,这和宫外的紧张气氛形成了鲜明的对比。"霓裳"指唐玄宗改编的《霓裳羽衣曲》,"千峰"指骊山。这首曲子一直在演奏,直到中原被叛军占领才停下来,可见统治者一直处在昏庸麻木的状态中。

诗人吊古伤今,由眼前所见产生了历史兴亡之感,借诗句对晚年的唐玄宗进行了讽刺,同时也是告诫晚唐统治者,不要再重蹈覆辙。

◆ 语文小课堂 ◆

在唐朝,《霓裳羽衣曲》是很有名的宫廷乐曲。传说唐玄宗梦见自己游月宫,听到了天上演奏的仙乐,又看见了身穿霓裳羽衣的仙子翩翩起舞。醒来后,他把梦中的乐曲记录下来,这便是《霓裳羽衣曲》。唐玄宗酷爱音律,又擅长作曲,特地设立了训练乐工的机构,名为梨园。后来,"梨园"一词逐渐成为戏曲班子的别称,戏曲演员则被叫作"梨园弟子"。

月下独酌四首·其一①

[唐]李白

花间一壶酒,独酌无相亲。
举杯邀明月,对影成三人。
月既不解饮,影徒随我身。
暂伴月将影②,行乐须及春③。
我歌月徘徊,我舞影零乱。
醒时同交欢,醉后各分散。
永结无情游④,相期邈云汉⑤。

注释

①独酌:一个人喝酒。②将:和。③及:趁着。④无情:忘情。⑤云汉:天河,银河。

解析

花丛中只有一壶美酒,我没有亲友陪伴,独自饮酒。我举起酒杯邀请明月,明月、影子和我自己就成了三个人。明月没有办法一起饮酒，影子也只是徒然地陪在我身边。暂且伴随着月亮与影子，要趁着春光及时行乐。我高歌，明月缓缓跟随；我跳舞，影子随之乱晃。清醒时共同把酒言欢，喝醉后各自分开。我们一直做忘情之交，约定在遥远的天河见面。

李白担任的翰林一职是虚职，没有施展抱负的机会，再加上被人忌妒、诽谤，他感到很失落，常常自己一个人借酒浇愁，并写下了《月下独酌四首》，这首诗是其中的第一首。

在诗中，"独酌""无相亲"烘托出诗人的孤寂。于是，诗人"举杯邀明月，对影成三人"，把明月和影子拟人化，又从"花"想到"春"，从"酌"想到"歌""舞"，把原本寂寞的环境渲染得热闹非凡，这很符合诗人豪放旷达的性格。但是，热闹只是表面、暂时的，最终诗人还是只剩自己，一种无奈、寂寞之感油然而生。最后，他和明月、影子约定一直做朋友，表现出他的豁达和真诚。

本诗把月亮和影子拟人化，构思巧妙，想象奇特，情感真挚，体现出了李白诗歌飘逸浪漫的独特风格。

◆ 语文小课堂 ◆

关于李白的死有很多说法：有人说他是饮酒过度引发疾病而死的；也有一种具有浪漫色彩的说法，说他是醉酒后到水里捞月，溺水而死。李白写过很多关于月亮的诗，认为月是高尚皎洁的象征，他酒后出现幻觉，坐船的时候俯身去捞月亮，这也是有可能的。而且，从李白浪漫、豪放、豁达的性格来说，人们也更愿意相信这个说法。

天净沙·春

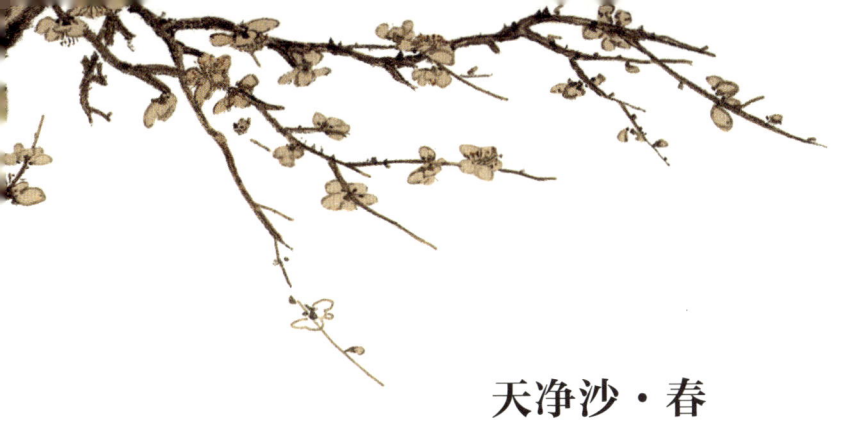

[元]白朴

春山暖日和风①,阑干楼阁帘栊②,杨柳秋千院中。啼莺舞燕,小桥流水飞红③。

注释

①和风:温暖的风,多指柔和的春风。②帘栊:挂在窗户前的帘子。③飞红:指飘舞的落花。

解析

这首元曲把许多具有春天特征的意象堆叠在一起,从不同的角度、用不同的视野绘制了一幅明媚和暖、生机勃勃的春日图,语言清新自然,描写错落有致。

第一句从整体上描写春天的温暖和煦,青翠的春山、暖暖的阳光、柔和的春风,处处洋溢着春天的气息。第二三句则转写比较具体的事物,是静景。阑干、楼阁、帘栊容易让人联想到登高凭栏远眺,杨柳、秋千多与闺中女子或闺怨有关。最后两句描写啼叫的黄莺、起舞的燕子,还有小桥、流水和落花,从院内转向院外,从静景转为动景,也暗示了此时春天已接近尾声,表达出惜春之情。

在这首元曲中,作者没有直抒胸臆,而是把自己的思想感情融入了各种自然景物之中,运用动静结合的手法,让画面流转,构思精巧,意趣盎然。

从军行七首·其二

[唐] 王昌龄

琵琶起舞换新声，总是关山旧别情[1]。

撩乱边愁听不尽，高高秋月照长城。

注释

① 关山：边塞。

解析

诗人通过描写军中宴乐的场面，表现出边疆士卒丰富的内心，表达戍边者的思乡之情。

首两句写军中置酒作乐、众将士狂欢的场面。琵琶具有异域情调，尽管已经换成了新的曲子，但对中原的戍边战士来说，还是能听出离别之情。第二句中，"关山"是一语双关，既指地理上从长安西去的要道，又指抒发离别伤感之情的曲子《关山月》。前两句用热闹的歌舞场面反衬将士们浓重的思乡哀愁。第三句写将士们既想听曲子又怕听，因为听曲是在边关唯一能纾解愁绪的娱乐方式，却越听越愁。这里的描写笔触细腻，刻画入微，生动而逼真。最后一句是景物描写，寓情于景，言有尽而意味无穷。

◆ 语文小课堂 ◆

琵琶最早大概出现在秦朝时期，一开始是一种圆形、带有长柄的乐器。因为弹奏的时候主要有两个方法，一个是向前弹出去，叫"批"；一个是向后挑起来，叫"把"，所以叫"批把"。后来，为了与当时的琴、瑟等乐器在书写上统一起来，就改称琵琶。

青玉案·元夕

[宋]辛弃疾

东风夜放花千树①,更吹落,星如雨②。宝马雕车香满路③。凤箫声动④,玉壶光转⑤,一夜鱼龙舞⑥。

蛾儿雪柳黄金缕⑦,笑语盈盈暗香去⑧。众里寻他千百度,蓦然回首,那人却在,灯火阑珊处⑨。

注释

①花千树:形容灯火数量多,就像千万棵树开花。②星如雨:比喻灯火多。③宝马雕车:装饰华美的马车。④凤箫声动:指演奏音乐。凤箫,暗含了神话传说中弄玉吹箫引凤的典故。⑤玉壶:一种花灯的名字,一说为月亮。⑥鱼龙舞:指耍鱼灯、龙灯等娱乐活动。⑦蛾儿雪柳:古代妇女元宵节戴在头上的饰品。⑧盈盈:形容举止、仪态美好。暗香:清幽的香气。⑨阑珊:黯淡,零落。

解析

在东风的吹拂下,黑夜中摆放出千万盏灯,就像火树开了花。焰火既像是被风吹散的繁花,又仿佛星星化成雨点落下。装饰华美的马车经过的地方,到处都弥漫着香气。凤箫声悠悠响起,玉壶灯光芒流转,鱼形和龙形灯彻夜舞动。

姑娘们插着蛾儿,戴着雪柳,佩着黄金缕,姿态优美地谈笑着,带着清幽的香气离去。我在人群之中千百遍地寻找,忽然回过头,发现要找的那个人就站在灯火零落的地方。

词人通过描写元宵节观灯的热闹场景,塑造了一个不与世俗为伍的女子形象,寄托了自甘淡泊的孤高情怀。上阕中,"花千树""星如雨""玉壶光转""鱼龙舞"都是形容灯火的多和美，从视觉上渲染气氛。"凤箫声""暗香"分别通过听觉和嗅觉来渲染气氛。下阕从写景转向写人。观灯的女子个个盛装打扮，笑语盈盈，暗香浮动，却都不是词人要找的人。原来那个人一直站在清冷的地方。这个远离喧闹、甘于寂寞的女子实际上是词人理想的寄托。

作者小传

辛弃疾（1140年—1207年），字幼安，号稼轩，历城（今山东济南）人。他早年曾参加抗金义军，多次上书力主抗金复国，都没有得到重视。后来，经过几次的任用和免职，他到死也没有实现愿望。词风豪放，与苏轼齐名，并称"苏辛"。存词六百多首，是宋代作品最多的词人。

◆ 语文小课堂 ◆

作为词人的辛弃疾创作了很多首脍炙人口、让人惊艳的词，但实际上，他还是一个横刀立马、冲锋陷阵的武将，只是当时的朝廷一味求和，他收复山河、建功立业的壮志难以实现。经受了官场的挫折后，他选择归隐，把对国家的感情和对战场的留恋写入词作中。

柳

[唐]李商隐

曾逐东风拂舞筵,乐游春苑断肠天[1]。

如何肯到清秋日,已带斜阳又带蝉。

注释

① 乐游春苑:即乐游原,是唐朝时有名的景点,在长安的东南方向。

解析

这首诗表面是一首咏物诗,实际上是诗人托物言志、自伤身世之作。诗人曾经意气风发,但后来受到党争的牵连,仕途不顺,长期漂泊在外。妻子早逝,孩子还小,为了生活,他不得不离开孩子去远方工作,所以内心非常痛苦。

开篇是虚写,回忆了春天柳树的样子:柳树曾经随着春风轻轻摇摆,就像在宴席上翩翩起舞的曼妙女子。"舞"字生动形象地展现出了春柳的动人姿态。"逐"字运用了拟人的手法,赋予柳条人格,就好像它们不是被风吹动的,而是主动追逐东风,显出一片生机盎然的景象。第二句交代地点在乐游原,"断肠天"是说明媚灿烂的春景让游人销魂。前两句勾勒出了繁华、热闹的场面,为后文做出强烈的对比做铺垫。三四句转到实写,描述现在的秋景,"秋日""斜阳""蝉"三个代表冷清的意象是为了衬托秋天柳树的萧瑟之态,从视觉和听觉上加重渲染,与前面的春日之柳形成强烈的对比。"如何"与"肯到"连用,反问的语气加重了情感。

题目为"柳",全诗句句写柳,却没有带一个"柳"字,又融合了拟人、对比、象征等多种手法,语含比兴,含义深远。诗人以柳喻人,借柳的春荣秋枯来感伤自己的遭遇。

观祈雨

[唐]李约

桑条无叶土生烟,箫管迎龙水庙前。
朱门几处看歌舞,犹恐春阴咽管弦。

解析

这首诗通过庄稼干旱和贵族阶级求雨还不忘享乐的强烈对比,谴责了统治阶级的骄奢淫逸,表达了对百姓困苦的关心和同情。

第一句从细节描写旱情严重。因为干旱,桑树连叶子都没长出来,路上的土被烤得冒烟,暗示了农民对雨的渴盼。第二句描写盛大隆重的祈雨仪式。龙王庙前,管乐齐奏,人潮涌动,热闹非凡。第三句写豪门贵族也参与了求雨,甚至还有歌舞表演,十分隆重。第四句却话锋一转,点出了贵族的真实心理:他们心里担忧,天气阴下来后,加重的湿气会影响管弦乐器的音色,耽误他们享乐。

作者小传

李约,字在博,一作存博,自号萧斋,宋州宋城(今河南商丘)人,是唐朝宗室的后代。他擅长楷书和隶书,对画很痴迷,梅花画得好。他做过一段时间官,后来选择了归隐。

◆ **语文小课堂** ◆

　　中国古代等级分明，各种颜色代表着各种不同的等级。最初，朱红色是最高的等级，是皇帝专用的。所以，朱红色的大门代表着至尊至贵，只有那些得到皇帝恩准的人家才能把大门漆成朱红色，"朱门"就成了身份尊贵的象征。后来，人们便用"朱门"泛指富贵人家，如唐代诗人杜甫在《自京赴奉先县咏怀五百字》中道："朱门酒肉臭，路有冻死骨。"

藏在小学
语文课本里的
飞花令

②

林姝 编著

北京联合出版公司
Beijing United Publishing Co.,Ltd.

图书在版编目（CIP）数据

藏在小学语文课本里的飞花令.2 / 林姝编著. —北京：北京联合出版公司，2022.7
ISBN 978-7-5596-6252-1

Ⅰ.①藏… Ⅱ.①林… Ⅲ.①古典诗歌—中国—小学—教学参考资料 Ⅳ.①G624.203

中国版本图书馆CIP数据核字（2022）第113449号

藏在小学语文课本里的飞花令.2

编　　著：林　姝　　　　　　出版监制：辛海峰　陈　江
出品人：赵红仕　　　　　　责任编辑：牛炜征
产品经理：于海娣　　　　　　特约编辑：王周林
封面设计：有志度设计工作室 联系方式qq461084　　内文排版：任尚洁

北京联合出版公司出版
（北京市西城区德外大街83号楼9层　100088）
北京联合天畅文化传播公司发行
天津丰富彩艺印刷有限公司印刷　新华书店经销
字数 438千字　710毫米×1000毫米　1/16　28.75印张
2022年7月第1版　2022年7月第1次印刷
ISBN 978-7-5596-6252-1
定价：99.00元（全3册）

版权所有，侵权必究
未经许可，不得以任何方式复制或抄袭本书部分或全部内容
如发现图书质量问题，可联系调换。质量投诉电话：010-88843286/64258472-800

目录

夏

夏莺千啭弄蔷薇　齐安郡后池绝句 [唐] 杜牧　　1

长夏江村事事幽　江　村 [唐] 杜甫　　2

阴阴夏木啭黄鹂　积雨辋川庄作 [唐] 王维　　3

天山冬夏雪　结客少年场行 [唐] 虞世南　　5

绿树阴浓夏日长　山亭夏日 [唐] 高骈　　6

无事过这一夏　丑奴儿近·博山道中效李易安体 [宋] 辛弃疾　　8

柳

柳阴直　兰陵王·柳 [宋] 周邦彦　　9

梅柳渡江春　和晋陵陆丞《早春游望》[唐] 杜审言　　11

风吹柳花满店香　金陵酒肆留别 [唐] 李白　　12

绝胜烟柳满皇都　早春呈水部张十八员外二首·其一 [唐] 韩愈　　13

客舍青青柳色新　送元二使安西 [唐] 王维　　15

忽见陌头杨柳色　闺　怨 [唐] 王昌龄　　16

满城春色宫墙柳　钗头凤 [宋] 陆游　　17

蝉

蝉噪林逾静　入若耶溪 [南朝] 王籍　　19

钿蝉金雁今零落　弹筝人 [唐] 温庭筠　　20

西陆蝉声唱　在狱咏蝉 [唐] 骆宾王　　21

今听玄蝉我却回　始闻秋风 [唐] 刘禹锡　　22

意欲捕鸣蝉　所　见 [清] 袁枚　　23

清风半夜鸣蝉　西江月·夜行黄沙道中 [宋] 辛弃疾　　25

— I —

云

云中谁寄锦书来	一剪梅 [宋]李清照	26
孤云独去闲	独坐敬亭山 [唐]李白	27
天光云影共徘徊	观书有感二首·其一 [宋]朱熹	28
千里黄云白日曛	别董大二首·其一 [唐]高适	30
金沙水拍云崖暖	七律·长征（毛泽东）	32
黄河远上白云间	凉州词二首·其一 [唐]王之涣	33
除却巫山不是云	离思五首·其四 [唐]元稹	35

雨

雨打风吹去	永遇乐·京口北固亭怀古 [宋]辛弃疾	36
寒雨连江夜入吴	芙蓉楼送辛渐二首·其一 [唐]王昌龄	38
潇潇雨歇	满江红 [宋]岳飞	39
怪生无雨都张伞	舟过安仁 [宋]杨万里	41
清明时节雨纷纷	清 明 [唐]杜牧	42
梧桐更兼细雨	声声慢 [宋]李清照	43
东边日出西边雨	竹枝词二首·其一 [唐]刘禹锡	45

竹

竹杖芒鞋轻胜马	定风波 [宋]苏轼	46
入竹万竿斜	风 [唐]李峤	47
谁知竹西路	题扬州禅智寺 [唐]杜牧	48
旧山松竹老	小重山 [宋]岳飞	49
日暮倚修竹	佳 人 [唐]杜甫	51
坐来声喷霜竹	念奴娇 [宋]黄庭坚	52
晓汲清湘燃楚竹	渔 翁 [唐]柳宗元	54

树

树头花落未成阴	宿新市徐公店二首·其二 [宋]杨万里	55
绿树村边合	过故人庄 [唐]孟浩然	56
朝见树头繁	卜算子 [宋]刘克庄	57

— II —

	故穿庭树作飞花　春　雪[唐]韩愈	58
	野旷天低树　宿建德江[唐]孟浩然	59
	碧玉妆成一树高　咏　柳[唐]贺知章	60
	落月摇情满江树　春江花月夜[唐]张若虚	61

石	石破天惊逗秋雨　李凭箜篌引[唐]李贺	63
	移石动云根　题李凝幽居[唐]贾岛	64
	江流石不转　八阵图[唐]杜甫	65
	迷花倚石忽已暝　梦游天姥吟留别[唐]李白	66
	远上寒山石径斜　山　行[唐]杜牧	68

山	山寺桃花始盛开　大林寺桃花[唐]白居易	70
	空山不见人　鹿　柴[唐]王维	71
	西塞山前白鹭飞　渔歌子[唐]张志和	72
	不识庐山真面目　题西林壁[宋]苏轼	73
	装点此关山　菩萨蛮·大柏地（毛泽东）	75
	不论平地与山尖　蜂[唐]罗隐	76
	千锤万凿出深山　石灰吟[明]于谦	77

星	星沉海底当窗见　碧城三首·其一[唐]李商隐	79
	飞星传恨　鹊桥仙[宋]秦观	80
	鬓已星星也　虞美人·听雨[宋]蒋捷	81
	北斗七星高　哥舒歌[唐]西鄙人	82
	迢迢牵牛星　迢迢牵牛星[汉]佚名	84
	长河渐落晓星沉　嫦　娥[唐]李商隐	86
	干戈寥落四周星　过零丁洋[宋]文天祥	87

- III -

火

火透波穿不计春	题木居士二首·其一 [唐]韩愈	88
烽火城西百尺楼	从军行七首·其一 [唐]王昌龄	89
江船火独明	春夜喜雨 [唐]杜甫	90
红泥小火炉	问刘十九 [唐]白居易	91
篱落隔烟火	田家三首·其二 [唐]柳宗元	93
夜惜衰红把火看	惜牡丹花 [唐]白居易	95
白日登山望烽火	古从军行 [唐]李颀	96

欢

欢笑情如旧	淮上喜会梁州故人 [唐]韦应物	98
合欢桃核终堪恨	新添声杨柳枝词二首·其一 [唐]温庭筠	99
君王欢爱尽	铜雀妓二首·其二 [唐]王勃	100
咽泪装欢	钗头凤 [宋]唐琬	101
唱尽新词欢不见	踏歌词四首·其一 [唐]刘禹锡	102

喜

喜气迎冤气	喜赦 [唐]沈佺期	104
最喜小儿无赖	清平乐·村居 [宋]辛弃疾	105
魑魅喜人过	天末怀李白 [唐]杜甫	107
酒阑更喜团茶苦	鹧鸪天 [宋]李清照	108
漫卷诗书喜欲狂	闻官军收河南河北 [唐]杜甫	109
不道愁人不喜听	长相思·雨 [宋]万俟咏	110

秋

秋尽江南草未凋	寄扬州韩绰判官 [唐]杜牧	112
千秋尚凛然	蜀先主庙 [唐]刘禹锡	113
沙场秋点兵	破阵子·为陈同甫赋壮词以寄之 [宋]辛弃疾	115
自古逢秋悲寂寥	秋词二首·其一 [唐]刘禹锡	116
天气晚来秋	山居秋暝 [唐]王维	117

窗含西岭千秋雪	绝句四首·其三 [唐]杜甫	118
却道"天凉好个秋"	丑奴儿·书博山道中壁 [宋]辛弃疾	119

月

月黑见渔灯	舟夜书所见 [清]查慎行	121
明月来相照	竹里馆 [唐]王维	122
沧海月明珠有泪	锦　瑟 [唐]李商隐	123
卷帷望月空长叹	长相思三首·其一 [唐]李白	125
会向瑶台月下逢	清平调词三首·其一 [唐]李白	126
蓬莱宫中日月长	长恨歌 [唐]白居易	127
家家乞巧望秋月	乞　巧 [唐]林杰	131

白

白头宫女在	行　宫 [唐]元稹	132
头白鸳鸯失伴飞	半死桐 [宋]贺铸	133
天寒白屋贫	逢雪宿芙蓉山主人 [唐]刘长卿	134
渚清沙白鸟飞回	登　高 [唐]杜甫	136
绿遍山原白满川	乡村四月 [宋]翁卷	137
数纸尚可博白鹅	石鼓歌 [唐]韩愈	139
梅须逊雪三分白	雪梅二首·其一 [宋]卢钺	142

夏

齐安郡后池绝句

[唐]杜牧

菱透浮萍绿锦池^①，夏莺千啭弄蔷薇。
尽日无人看微雨^②，鸳鸯相对浴红衣。

注释

①绿：形容词用作动词，使之绿。②尽日：整天。

解析

碧绿的菱叶和青翠的浮萍长满了整个池塘，让池水变得翠绿。黄莺唱着婉转的歌，在蔷薇花丛中跳跃。整天都没有人来观赏这蒙蒙细雨的景色，只有成双成对的鸳鸯在水中栖息。

在这首七绝诗中，诗人描绘了一幅齐安郡后池细雨图，把明丽的色彩协调地搭配在一起，展现出夏日午后池塘的寂静幽深，如梦如幻。首句描写整个池塘长满了菱叶和浮萍，绿色填充了大部分画面。第二句诗人的视线从池塘转移到岸上。黄莺的叫声是听觉描写，以动衬静，反衬出环境的寂静。"弄蔷薇"看上去活泼热闹，实际上更能反衬出后文没有人赏景的孤单寂寞。而且，黄色又增添了画面的色彩。第三句写没有人赏景，却没有算上诗人自己，暗示了诗人得不到重用的失意和落寞，"尽日"更能表现出诗人的百无聊赖。最后一句的"红衣"与前面的绿色、黄色相衬，协调地搭配在一起，层次分明，色彩丰富。

◆ 语文小课堂 ◆

衬托也叫映衬，是指为了突出主要事物，用类似的事物或反面的、有差别的事物做陪衬的一种修饰手法。运用衬托手法，能达到一种"烘云托月"的效果，突出主体或渲染主体，使之形象鲜明，给人以深刻的感受。按主要事物和衬托事物之间所呈现出来的不同关系，衬托可分为正衬与反衬两种。正衬是指用类似的事物衬托所描绘的事物，比如"桃花潭水深千尺，不及汪伦送我情"，是以桃花潭的水深衬托出跟汪伦的友情更深。反衬则是用相反或相异的事物衬托所描绘的事物，比如"蝉噪林逾静，鸟鸣山更幽"，是用"蝉噪"和"鸟鸣"来反衬林静山幽。

江 村

[唐]杜甫

清江一曲抱村流，长夏江村事事幽。
自去自来梁上燕，相亲相近水中鸥。
老妻画纸为棋局，稚子敲针作钓钩。
但有故人供禄米，微躯此外更何求？

解析

这首诗是诗人结束了长期漂泊的生活后写的，通过描写一幅恬静幽雅的田园景象，来抒发轻松愉快的心情。

前两联描写幽静的自然环境，突出人与自然的和谐。清江流水曲折，燕子飞来飞去，鸥鸟相亲相近，营造出一种自由自在、悠然自得的氛围。颈联写生活的轻松惬意，妻子为棋局画纸，小儿子敲针做钓钩，构成了一幅天伦之乐图。看到这样的生活场景，诗人感到欣慰和满足。但是，他想到这样的生活背后的隐患，又觉得有点悲苦：只要能一直这样，我还求别的什么呢？这里可以看出诗人对仕途已经看淡，却担心以后不会一直得到资助，读起来又有一点心酸。

积雨辋川庄作

[唐]王维

积雨空林烟火迟①，蒸藜炊黍饷东菑②。
漠漠水田飞白鹭，阴阴夏木啭黄鹂。
山中习静观朝槿③，松下清斋折露葵④。
野老与人争席罢⑤，海鸥何事更相疑。

注释

①空林：稀疏的树林。②藜（lí）：一种野菜。黍（shǔ）：指饭。饷（xiǎng）：送饭。菑（zī）：刚开垦的田地。③朝槿（jǐn）：早上开花、晚上花谢的木槿。④清斋：吃素。葵：葵菜。⑤野老：指诗人自己。

解析

连续的雨天让山林潮湿，炊烟上升迟缓。做菜煮饭是为了送给村东开垦田地的人。广阔苍茫的水田上有白鹭飞过，夏日浓密的树荫中传来黄鹂鸣叫的声音。在山中修养身心，看木槿朝开暮谢；在松下吃的斋菜是早上采摘的沾露的葵菜。我已经过了跟人争锋的年岁，海鸥为什么就是不相信呢？

王维晚年在终南山的辋川山庄隐居，在那里写了很多山水诗。这首诗描写了辋川山庄恬静优美的田园风光和诗人淡泊闲适的禅修生活。首联写诗人所见的农家生活。颔联写田间风光，白鹭和黄鹂色彩鲜明，相得益彰。后两联写诗人的禅修生活和与世无争的心态，其中，"海鸥何事更相疑"一句化用了鸥鹭忘机的典故。整首诗构建了一幅开阔深邃、富有境界感的画面，清新明净，形象鲜明。

◆ 语文小课堂 ◆

鸥鹭忘机的典故出自《列子·黄帝》：有个很喜欢鸥鸟的人，他每天早晨都到海边和鸥鸟玩，鸟儿会成群结队地飞过来，落在他身边。后来，这个人的父亲跟他说："我听说，鸥鸟喜欢跟你一起玩，你捉几只来给我，我也玩一玩。"第二天，这个人再到海边的时候，心里始终想着要捉住鸥鸟，鸥鸟们就只是在空中飞舞盘旋，再也不肯落下来了。这个故事告诉我们，当人没有奸诈的心思时，连异类都愿意亲近他。后来就用"鸥鹭忘机"来比喻人淡泊隐逸，不被俗事困扰。

结客少年场行

[唐]虞世南

韩魏多奇节,倜傥遗声利。

共矜然诺心,各负纵横志。

结交一言重,相期千里至。

绿沉明月弦,金络浮云辔。

吹箫入吴市,击筑游燕肆。

寻源博望侯,结客远相求。

少年怀一顾,长驱背陇头。

焰焰戈霜动,耿耿剑虹浮。

天山冬夏雪,交河南北流。

云起龙沙暗,木落雁门秋。

轻生殉知己,非是为身谋。

解析

《结客少年场行》是内容描写游侠的乐府旧题。在这首诗中,诗人首先叙述了游侠的精神在于一个"奇"字;然后引用典故,叙述历史上有名的少年侠士的丰姿;最后感慨游侠都是为知己者死,而不是为自己谋名利。

开篇四句概括全诗的主旨,表明侠的精神之"奇"在于他们轻身重义,在于士为知己者死,在于不为私利。后面引用典故,展开叙述"奇"的具体表现:"殉知己""一言重""怀一顾""千里至""远相求"。"吹箫入吴市"引用了伍子胥在逃往吴国的路上吹箫乞讨遇到公子光，帮助公子光谋刺吴王僚的典故；"击筑游燕肆"引用了高渐离击筑刺秦王的典故。这两个人都在落魄的时候忍辱负重，坚持兑现自己的承诺。"寻源博望侯"引用了张骞杀敌立功的典故，引出后面游侠儿慷慨立边功的内容。最后八句写游侠儿并没有被艰苦的边关生活吓住，而是奋勇杀敌、报效国家，并引发"士为知己者死"的感慨，呼应开头。

◆ 语文小课堂 ◆

"士为知己者死"出自《战国策》，讲的是豫让的故事，指甘愿为赏识自己、栽培自己的人牺牲生命。春秋战国时期，晋国的大臣智伯瑶被赵、韩、魏三家联手打败身死，家臣豫让为了报答智伯瑶的知遇之恩，用漆涂黑身体，吞下炭火弄哑嗓子，埋伏在桥下刺杀赵氏家族的首领赵襄子，结果失败了，被赵襄子抓住。赵襄子被他的忠诚和执着感动，想招揽他。豫让拒绝了，只要求用剑刺三下赵襄子的衣服，表示自己为主人报了仇，然后就挥剑自杀了。

山亭夏日

[唐]高骈

绿树阴浓夏日长[①]，楼台倒影入池塘。
水精帘动微风起[②]，满架蔷薇一院香。

注释

①浓：指树影浓密。②水精帘：即水晶帘，精美又晶莹剔透。

解析

夏天的时候，绿色的树荫繁茂，白天要比其他季节的更长。亭台楼阁的影子倒映在池塘里。池水像水晶帘一样轻轻摆动，是因为微风吹拂。满架的蔷薇盛开，整个院子里都飘着沁人心脾的芳香。诗人描绘了一幅色彩鲜艳、情调雅致的山亭夏日风景图，表达了对乡村宁静风光的热爱与赞美之情。

首句点明了季节和诗人的感受。"浓"字既暗示了树木繁茂，又暗示了时间是夏日午后。"长"是诗人在炎热的天气下觉得白天似乎格外漫长。第二句中，"入"字让倒影拥有了生命，就好像楼台也害怕夏日的炎热，所以躲进了池塘避暑一样，读起来让人觉得很轻快活泼。第三句运用了比喻的修辞手法，把阳光照耀下的平静水面比喻成水晶帘，微风吹来，水面波光粼粼，就像水晶帘在晃动一样。最后一句从嗅觉入手，写院子里的野蔷薇随着风吹散发出浓郁的香气。"一院"既暗示了蔷薇花的芬芳，又照应了前面提到的"微风起"。三四句从细节来展现夏日山亭的清幽，也衬托出诗人悠然自得的闲情逸致。

作者小传

高骈（821年—887年），字千里，晚唐名将。他出身禁军世家，曾在咸通七年（866年）率军收复交趾，破敌兵二十余万，后担任过五镇的节度使。

◆ 语文小课堂 ◆

高骈年轻的时候曾经在禁军中任职。有一天，他看见天上有两只雕并排飞过，就许愿说："如果我以后能够飞黄腾达，就让我同时射中这两只雕吧。"然后他一箭射去，果然同时射中了两只雕。其他的人见了都很吃惊，从此给他起了个绰号叫"落雕侍御"（侍御的意思是侍奉皇帝的人）。

丑奴儿近·博山道中效李易安体

[宋]辛弃疾

千峰云起,骤雨一霎儿价。
更远树斜阳,风景怎生图画?
青旗卖酒,山那畔别有人家。
只消山水光中,无事过这一夏。
午醉醒时,松窗竹户,万千潇洒。
野鸟飞来,又是一般闲暇。
却怪白鸥,觑着人欲下未下。
旧盟都在,新来莫是,别有说话?

解析

写这首词时,辛弃疾被排挤罢官,到了今江西上饶的带湖隐居。他用浅俗幽默的语言描绘了自己闲云野鹤般的隐居生活。词题中的"效李易安体",意思是学李清照的词"用浅俗之语,发清新之思"的特点。

上阕写雨后风景。千山被乌云笼罩,一场大雨来得快、去得快,很快就雨过天晴。斜阳挂在远处翠绿的树上,这样美丽的风景连画家都画不出来。酒店的门口挂着卖酒的幌子,山那边应该也有人家居住。在这么美的山水风景中,没有什么事来烦人,就这样舒服地度过这个夏天。词人借景抒情,情中有景,闲适的心情融入了这一幅优美的图画。

下阕写词人午睡醒来后的所见所感。窗外的翠竹、野鸟和词人一样自由自在,清净悠闲,环境的幽静反衬出词人心里的不平静。结尾词人向白鸥发问,在幽默中显出孤独之感。

兰陵王·柳

[宋]周邦彦

柳阴直，烟里丝丝弄碧。隋堤上[1]、曾见几番，拂水飘绵送行色。登临望故国[2]，谁识京华倦客？长亭路，年去年来，应折柔条过千尺[3]。

闲寻旧踪迹，又酒趁哀弦，灯照离席。梨花榆火催寒食[4]。愁一箭风快，半篙波暖，回头迢递便数驿[5]。望人在天北。

凄恻，恨堆积！渐别浦萦回[6]，津堠岑寂[7]。斜阳冉冉春无极。念月榭携手，露桥闻笛。沉思前事，似梦里，泪暗滴。

注释

[1]隋堤：隋炀帝时所建的汴河之堤，是北宋时到京城必走的路。[2]故国：指故乡。[3]柔条：指送别的柳枝。[4]榆火：寒食节在清明节的前一天，旧俗寒食禁火。唐代时清明节皇帝要取榆、柳之火赐给大臣。[5]迢递：遥远。[6]别

浦：指送别之处的水边。⑦津堠（hòu）：渡口守望的高台。岑寂：清冷寂寥。

解析

柳荫连成一条线，柳丝在轻烟中摆动。在隋堤上，见过多少次柳条拂水、柳絮纷飞、依依惜别？登高眺望故乡，谁认得我这个长期漂泊在京都的人？在十里长亭，一年又一年，折下的柳条应该有上千根了吧。

我趁着有空去寻找以前的痕迹，又在哀怨的音乐中饮酒，灯光照耀着离别的宴席。寒食节在梨花和榆柳的催促中来到。我怀着愁绪看着船像风中的箭一样离开，一半竹篙插进温暖的水里。等船上的人回头再看，船已经过了好几个驿站，而送别之人已经远在天边。

我心中痛苦，离恨聚积。送别的河岸迂回曲折，渡口的土堡渐渐沉寂。夕阳悠悠地照着，仿佛春天没有尽头。我怀想以前我们在月光下的水榭携手游玩，在飘露的桥头听人吹笛。回想往事，就像在梦中，泪水暗暗流下来。

这首词是周邦彦自创的新声，全词以柳起兴，从不同的视角观察和描绘了柳树之景，寓情于景，抒发自己的离愁别恨。

作者小传

周邦彦（1057年—1121年），字美成，自号清真居士，钱塘（今浙江杭州）人。他年纪还小的时候就展露出才华，精通音律，能自己创作曲调。他写的词在北宋婉约词派里占据着重要的地位，词风富丽精工，被认为是词坛正宗，对后世影响很大。

◆ 语文小课堂 ◆

周邦彦是宋朝有名的才子。相传，他因为写了一首词，得罪了当时的皇帝宋徽宗，宋徽宗就要把他贬出京城。周邦彦在即将离开的时候写了这首《兰陵王·柳》。有人把这首词唱给宋徽宗听，宋徽宗听后，觉得周邦彦确实是个人才，就赦免了他，还让他做了大晟府乐正（主管朝廷礼乐事务的官员）。

和晋陵陆丞《早春游望》

[唐]杜审言

独有宦游人①,偏惊物候新②。
云霞出海曙③,梅柳渡江春。
淑气催黄鸟④,晴光转绿蘋。
忽闻歌古调⑤,归思欲沾巾。

注释

①宦游人:在外做官的人,这里指陆丞和诗人自己。②物候:景物变化的特征。③曙:天刚亮。④淑气:暖和的气候。黄鸟:黄莺。⑤古调:指陆丞所写的《早春游望》。

解析

诗人在江阴县做官的时候,有一个叫陆丞的晋陵人写了一首《早春游望》,诗人就作了这首诗来唱和。在诗中,诗人抒发了自己宦游江南的感慨和思归的感情。

首联就发出感慨:只有在外做官的人,才会对异乡自然物候的变换感到惊奇。"独有""偏惊"已经暗含了思乡的感情。颔联和颈联描写诗人在江南所见的春景,"出""渡""催""转"四个字具体描绘了物候的变化。尾联提到陆丞的《早春游望》触发了诗人心中的思乡之情,与首联呼应,点明诗人思乡的主旨。全诗结构严谨,对仗工整,用字讲究。

作者小传

杜审言(约646年—708年),字必简,襄州襄阳(今湖北襄阳)人,"诗圣"杜甫的爷爷，与李峤、崔融、苏味道齐名，合称"文章四友"。他擅长写五律，是唐代近体诗的奠基人之一。

> ◆ **语文小课堂** ◆
>
> 唱和诗是旧体诗的一种。"唱"是指吟咏歌唱，"和"是回应，就是一个人先写一首诗，另一个人根据第一个人的诗回一首诗。第二个人所写的诗要在内容、体裁、韵脚上都与前一首一致，这对写作功底的要求很高。

金陵酒肆留别

[唐] 李白

风吹柳花满店香，吴姬压酒劝客尝①。
金陵子弟来相送②，欲行不行各尽觞③。
请君试问东流水，别意与之谁短长？

注释

① 吴姬：指吴地酒店卖酒的侍女。压酒：新酒酿好后需要压糟取酒汁。② 子弟：年轻人，指李白的朋友。③ 欲行不行：要走的人和不走的人。尽觞（shāng）：喝尽杯中的酒。觞，酒杯。

解析

风吹着柳絮，满店都是香气。吴地卖酒的侍女压好了酒后邀请客人来尝。金陵的年轻朋友都来送我，要走的人和留下的人都频频举起酒杯一饮而尽。请你们问问这向东的流水，离别的情绪和它相比到底谁短谁长？

李白离开金陵去扬州时，写下这首诗赠送给来送行的朋友。全诗虽然篇幅短小，但内涵丰富，表现出诗人与朋友之间的深厚情谊。前四句点明送别的时间、地点，言辞恳切地述说离别之情。"柳花"说明时间在暮春，"金陵"点明地点在江南。一个"香"字串联起店内和店外。风吹柳花，吴姬压酒，香气满店，好友送行，景美、酒好、人好，让人不禁产生留恋之情。

结尾两句把离别之情与东流的江水相比，化抽象为具体，以问句来融情于景，构思独特，让人觉得余韵无穷。

◆ **语文小课堂** ◆

在唐代，特别是唐代中后期，饮酒之风盛行，几乎各个阶层都喜欢饮酒，酒在人们的日常生活中起到了举足轻重的作用。唐代的酒文化在唐诗中得到了充分的体现，并且形成了我国独具特色的文化现象——诗酒文化。诗酒文化最好的代言人就是李白，杜甫曾写诗称："李白斗酒诗百篇，长安市上酒家眠。"

早春呈水部张十八员外二首·其一

[唐] 韩愈

天街小雨润如酥，草色遥看近却无。
最是一年春好处，绝胜烟柳满皇都。

（收入义务教育教科书人民教育出版社《语文》六年级下册）

解析

街上细密的春雨滋润细腻得如同酥油一样，远远看去，一片草色若隐若现，近看时却好像没有。一年之中最美的时光就是早春了，远远超出了绿柳满城的盛春时节。

这首诗是诗人赠给水部员外郎张籍的，因为张籍在同族兄弟中排行第十八，所以叫张十八。这首诗就像是一幅淡雅朴素的早春图，画中有浅浅的嫩草和蒙蒙的细雨，空灵传神。

  首句中的"天街"指的是洛阳城内的定鼎门大街。因为是"早春"，还没有出现百花争艳的盛景，所有的事物在春雨的笼罩下显得朦朦胧胧，有一种静谧的美。诗人把春雨比喻成滋润细腻的酥油，突出了雨丝的细、雨势的小。第二句写雨中小草：早春的小草刚刚萌发，在雨雾的遮掩下若隐若现，形成一种似幻似真的视觉效果。三四句中，诗人用盛春时候的景色与早春的景色对比，赞美早春是一年中最好的时光。春寒料峭、乍暖还寒的时候，即便是一抹淡淡的春意也会让人觉得振奋，诗人在这里准确地表达出了早春给人们带来的欣喜之情。

作者小传

  韩愈（768年—824年），字退之，河阳（今河南孟州）人，自谓郡望昌黎，世称"韩昌黎"。他主张"以文为诗"，作诗讲究新奇，并多发议论。他大力倡导古文运动，散文被列为唐宋八大家之首，与柳宗元并称"韩柳"。

◆ 语文小课堂 ◆

  韩愈比张籍小几岁，却是张籍的良师益友。他引荐张籍进士及第，后来又推荐张籍为国子博士等，在张籍穷困潦倒的时候多次伸出援手。但是，韩愈并不认为自己是张籍的恩人和老师，而是和他平等地交往。《早春呈水部张十八员外》中的"呈"字意思是"恭敬地送给"，从中就可以看出韩愈对张籍的态度。

送元二使安西

[唐]王维

渭城朝雨浥轻尘①,客舍青青柳色新。
劝君更尽一杯酒,西出阳关无故人②。

(收入义务教育教科书人民教育出版社《语文》六年级下册)

注释

①渭城:在今陕西咸阳东北,位于渭水北岸,是秦时的咸阳城,汉时改名叫渭城。浥(yì):润湿。②阳关:古关名,故址在今甘肃敦煌西南。

解析

渭城的早上下了一场雨,润湿了路上的尘土。驿站前面的柳树在春天的时候格外清新。请你再干了这一杯酒,向西出了阳关,可就再也见不到老朋友了。

这是一首极负盛名的送别诗,后被编入乐府,又叫《渭城曲》《阳关曲》或《阳关三叠》,被人们广为传唱。唐代在安西设立了统辖西域地区的都护府,有人要离开长安去安西的时候,人们大多在渭城送行。

前两句点明送别的时间、地点和周围的环境。"柳"象征离别,古人讲究折柳送别。"浥轻尘""柳色新",描绘的画面清新明朗、素朴清雅,具有诗情画意。后两句写离情,"更尽"二字承载了送行的人惜别、劝慰、体贴、关怀之情,情感真挚深厚。全诗用词简单,意象常见,但读起来朗朗上口,所以能千古传诵,久唱不衰。

◆ 语文小课堂 ◆

阳关位于河西走廊西头,北面相对的是玉门关。从汉代开始,阳关就成为从内地通往西域的通道。唐朝时期因为国力强盛,内地与西域往来比较密切,从军或出使阳关以外的地方都被盛唐人认为是壮举。

闺 怨

[唐]王昌龄

闺中少妇不知愁,春日凝妆上翠楼①。
忽见陌头杨柳色②,悔教夫婿觅封侯。

注释

①凝妆:盛装。②陌头:路边。

解析

闺中的年轻女子不知道什么是忧愁,在一个春日里,她盛装打扮去登翠楼。忽然看到路旁的杨柳变成了新绿色,她才生出后悔之意,觉得当初不该叫丈夫去参军谋功名。

在这首诗中,诗人选取了闺中少妇的一个生活小片断,描写了少妇从"不知愁"到"悔"之间细微的心理变化。前两句交代时间是"春日",闺中少妇"不知愁",盛装打扮出游,暗示了女子轻松愉快的心情,刻画出一个天真烂漫的年轻女子形象。第三句写登楼后所见,"忽见"一词暗示了转变的突然,春日里有很多景色,抓住少妇眼光的却出乎意料。"杨柳"在古代象征着离别,为后面写离思做了铺垫。最后一句中,"悔"字画龙点睛,与前面的"不知愁"形成强烈的对比,突出了此时少妇的愁很深、很重,刻画细腻、精准。

钗头凤

[宋]陆游

红酥手①,黄縢酒②。满城春色宫墙柳。东风恶,欢情薄。一怀愁绪③,几年离索④,错、错、错!

春如旧,人空瘦。泪痕红浥鲛绡透⑤。桃花落,闲池阁。山盟虽在,锦书难托,莫、莫、莫!

注释

①红酥手:红润白皙的玉手。②黄縢酒:宋代官酿之酒,因用黄纸或黄罗帕封口,故名。③一怀:满怀。④离索:离别,分散。⑤鲛(jiāo)绡:指丝帕。

解析

红润白皙的玉手,送来黄縢酒。满城春意盎然,宫墙旁边柳条飘动。东风太可恶了,把两情相悦的欢情吹散。我满怀愁绪,分开的这几年一直感到萧索,只是后悔曾经的决定:错!错!错!

眼前的春色跟以前一样,人却消瘦了很多。胭脂被泪水化开,浸湿了手中的丝帕。桃花凋落,池塘阁楼也空了。从前许下的山盟海誓还在耳边,却连想给她送封信都很难,只能痛苦叹息:莫!莫!莫!

这首词是陆游在沈园邂逅前妻唐琬时,有感而发,在沈园的墙壁上写下的,词中满含着对前妻的思念之情,感叹自己与她分离后十分痛苦,感情真挚动人。词的上阕追忆两人曾经度过的美好生活,悔恨做出了分开的决定。"东风"是一种比喻,暗示词人与爱人是被迫分离的,结尾连续三个"错"字把沉痛的感情表达得淋漓尽致。下阕回到现实生活，抒写自己对前妻的深切思念和痛苦的心情，结尾连用三个"莫"字，写出了词人的无可奈何。

◆ 语文小课堂 ◆

唐婉曾经是陆游的妻子，两个人感情非常好，但是陆游的母亲不喜欢唐婉，迫使他们分开了。陆游另外娶妻生子，唐婉改嫁赵士程。几年后，陆游在沈园偶然遇到了前妻唐婉，心里痛苦不堪，就在墙壁上写了这首《钗头凤》。

蝉

入若耶溪

[南朝]王籍

艅艎何泛泛①,空水共悠悠②。
阴霞生远岫③,阳景逐回流④。
蝉噪林逾静⑤,鸟鸣山更幽⑥。
此地动归念⑦,长年悲倦游⑧。

注释

①艅(yú)艎(huáng):一种大船。泛泛:船畅通无阻。②空:天空。水:若耶溪水。③阴霞:山北面的云霞。阴,山北水南。远岫(xiù):远处的高山。④阳景:太阳在水中的影子。景,同"影"。回流:船向上走,划开的水往下流。⑤噪:吵闹,乱叫。逾:同"愈",更加。⑥幽:安静。⑦归念:回归的想法。⑧倦游:常年漂泊在外,感到厌倦。

解析

大船在若耶溪中畅行无阻,远远看去,溪水和天是相连的。远处山的北面出现层层云霞,阳光照在水里的影子跟着回流的水晃动。蝉在一声声地吵闹,而林间显得更加寂静。鸟一声声地乱叫,山中显得更加安静。在这么好的地方,我产生了归隐的念头,后悔自己这么多年来厌倦了在外漂泊却没想到归隐这件事。

这首诗描写了诗人泛舟若耶溪上的所见所闻所感,表达了诗人对长期在外做官的厌倦和思归的感情。全诗借景抒情,既有远景又有近景,以动写静,自然和谐。开头两句中,"何"字透露出一种喜悦的感情,"悠悠"写出溪水的辽阔,"共"写出天地之间的和谐自然。三四句写远处的景色,"生"字把云霞动态化,"逐"字把太阳光拟人化,写得情趣盎然。五六句是千古名句,采用了以动衬静的手法,极力渲染山林的幽静。最后两句表达诗人的思归之意。

弹筝人

[唐]温庭筠

天宝年中事玉皇,曾将新曲教宁王。
钿蝉金雁今零落,一曲伊州泪万行。

解析

本诗通过对比弹筝人的今昔处境,抒发了对人生无常、世事变幻的慨叹。一二句写弹筝人曾经的辉煌,他为唐玄宗李隆基献过艺,还教过唐玄宗的哥哥宁王弹奏新曲。唐朝时,诗词音律非常发达,唐玄宗和宁王都是出了名的通晓乐理、精通乐器的人,能得到他们的认同,可见弹筝人技艺的高超。第三句写弹筝人现在的穷困潦倒,但诗人并没有直接写,而是通过描写配饰、乐器的残败来暗示弹筝人的落魄。"钿蝉"指代弹筝人的首饰,"金雁"指代乐器的零件。最后一句营造了悲伤的氛围。"伊州"指商调大曲,一曲还没弹完,弹筝人就已经泪流满面了。这泪水体现了弹筝人对沧桑变化、世态炎凉的怨愤之情,也暗含着诗人对怀才不遇、命运多舛之人的同情。

作者小传

温庭筠(约801年—866年),本名岐,字飞卿,太原祁(今山西祁县)人。他生性骄傲不屈,喜欢讽刺权贵,所以毕生只当过一些小官。他的诗与李商隐齐名,并称"温李";词与韦庄齐名,并称"温韦"。

在狱咏蝉

[唐]骆宾王

西陆蝉声唱①,南冠客思深②。
不堪玄鬓影③,来对白头吟。
露重飞难进,风多响易沉。
无人信高洁,谁为表予心。

注释

①西陆:指秋天。②南冠:指囚犯。客思:漂泊在外的游子的思绪。③玄鬓:即黑色的蝉翼。

解析

这首诗是诗人骆宾王被关到牢里时写的,借高洁的秋蝉来比喻自己,抒发幽愤的心情,表达自己的志向。首联以蝉声起兴,深秋季节,寒蝉的鸣叫声勾起了游子的思绪。颔联借卓文君遭背叛,吟诵哀怨的《白头吟》的典故,指出自己被皇帝抛弃,心里哀伤。颈联多处用比喻,"露重""风多"比喻政治环境的险恶,"飞难进"比喻官场难行,"响易沉"比喻自己的言论受到压制。尾联用蝉的高洁来比喻自己的气节,希望自己的冤屈能够得到昭雪。

作者小传

骆宾王(约623年—约684年),婺州义乌(今浙江义乌)人。他在唐高宗时担任过很多官职,当御史时因为上奏章得罪了武则天而被关到牢里。后随徐敬业讨伐武则天,兵败后下落不明,可能被杀了,也可能逃亡了。他是"初唐四杰"之一，特别擅长七言诗，写的诗笔调宏肆，风格雄放。

> ◆ **语文小课堂** ◆
>
> 武则天废掉中宗，自立为皇帝，英国公徐世勣之孙徐敬业在扬州起兵反对武则天。骆宾王为徐敬业效力，掌管文书机要。他起草的一篇《为徐敬业讨武曌檄》写得慷慨激昂，被天下人广为传诵。武则天也读了这篇文章，当她读到"一抔之土未干，六尺之孤何托"时，曾紧张地询问是谁写的。有人回答是骆宾王，武则天叹息道："这样的人才不用，是宰相的错呀！"

始闻秋风

[唐]刘禹锡

昔看黄菊与君别，今听玄蝉我却回。

五夜飕飗枕前觉①，一年颜状镜中来。

马思边草拳毛动，雕眄青云睡眼开②。

天地肃清堪四望，为君扶病上高台。

注释

① 飕飗（sōu liú）：形容风声。② 眄（miǎn）：斜着眼看。

解析

这首诗是刘禹锡晚年的时候写的，是一首"悲秋"之作，但是"悲"中还有一种"老骥伏枥，志在千里；烈士暮年，壮心不已"的感觉，欲扬先抑，悲中有喜，可以说独具魅力。首联采用拟人的修辞手法，把"秋风"比作人。"黄菊""玄蝉"都是时光短暂的象征，暗喻时光容易流逝。颔联也是写时间过得太快，秋风吹起，诗人觉察到一年已经过去了，自己的容颜也渐渐老了。秋风还是那么强劲，人却老了，一种"物是人非"的感觉油然而生。颈联话锋一转，写骏马和大雕志向高远。马和雕都是健朗有活力的动物，诗人借它们暗喻自己虽然容颜衰老，但精神不老，仍然有一颗拳拳报国之心，有自强不息的志气，一股蓬勃的生机暗藏其中。尾联直抒胸臆，写自己即使抱着老病的身体，也要赞叹秋风的豪迈和雄劲。"扶病"和前面的"一年颜状"呼应，与豪情壮志形成对比，更显出诗人有一颗蓬勃昂扬之心。

所 见

[清]袁枚

牧童骑黄牛，歌声振林樾①。
意欲捕鸣蝉，忽然闭口立。

（收入义务教育教科书人民教育出版社《语文》三年级上册）

注释

① 振：回荡。林樾（yuè）：道旁的树荫。

解析

牧童骑着黄牛，响亮的歌声在树荫间回荡。他想要捕捉树上鸣叫的知了，就一下子停止了唱歌，一声不响地站在那里。

这首诗描写的是诗人在旅途中所见到的景象，赞美了小牧童的机灵可爱，语言质朴，创意新颖，描写生动，富有童趣。

一二句描写小牧童高坐牛背、大声唱歌的动作，"骑"字写出了他的散漫和悠闲，"振"字写出了他的轻松、无忧无虑。第三句写小牧童的心理，为后面的动作描写做铺垫。第四句是由动到静、由行到停的变化，写得既突然又自然，把孩子的贪玩和机灵写得活灵活现。诗句到这里戛然而止，后面牧童有没有捉到蝉、怎么捉的，都不再叙述，留给读者想象的空间。

全诗纯用白描手法，语言明白如话，格律自由，形象自然生动，情节有起有伏，让人如临其境。

作者小传

袁枚（1716年—1798年），字子才，号简斋，晚年自号仓山居士、随园主人、随园老人，钱塘（今浙江杭州）人，清代诗人、散文家、美食评论家。他是乾隆时期的官员，四十岁就告老还乡，收了很多徒弟，倡导妇女也要学习。与赵翼、蒋士铨合称"乾隆三大家"。文与纪晓岚齐名，时称"南袁北纪"。

◆ 语文小课堂 ◆

有"乾隆才子""诗坛盟主"之称的袁枚是一个大美食家，他特意用文言随笔的形式，记录了乾隆年间江浙地区的饮食状况和烹饪技术，其中有326种南北菜肴、饭点、名酒等，起名《随园食单》。

西江月·夜行黄沙道中

[宋]辛弃疾

明月别枝惊鹊,清风半夜鸣蝉。
稻花香里说丰年,听取蛙声一片。

七八个星天外,两三点雨山前。
旧时茅店社林边①,路转溪桥忽见②。

（收入义务教育教科书人民教育出版社《语文》六年级上册）

注释

① 社林：土地庙旁边的树林。社，土地庙。古代村子会在祭祀的庙旁种上社树，称"社林"。② 见：同"现"。

解析

明亮的月亮升起，惊飞了枝头的乌鹊，半夜的时候，清风吹得蝉一声声叫起来。人们在稻花的清香中谈论丰收的前景，听到青蛙的叫声连成一片。七八个星星点缀在天空中，两三点雨滴落在山前。曾经落过脚、位于社林边的茅店，在转过小路的溪桥边突然映入眼帘。

这首词描写了词人夜里赶路时在乡村中的所见所感，语言轻松活泼，笔调清新明快。上阕描绘了一幅夏季乡间月夜图，把农村夏夜的热闹气氛和农民的欢乐心情写得鲜活可见。下阕把时间转移到了下半夜，星星没剩下几个了，表明天要亮了。这时候开始下起雨来，下雨对半夜赶路的人来说是个糟糕的事，最后两句却让事情出现了转机："旧时茅店社林边，路转溪桥忽见。"这里用了倒装的手法，"忽见"表现出词人的惊喜。

整首词简短清新，明月、清风、惊鹊、鸣蝉、稻香、蛙声动静结合，匠心独运。

一剪梅

[宋]李清照

红藕香残玉簟秋①,轻解罗裳②,独上兰舟。云中谁寄锦书来③?雁字回时,月满西楼。

花自飘零水自流,一种相思,两处闲愁。此情无计可消除,才下眉头,却上心头。

注释

①红藕:红色的荷花。玉簟(diàn):竹席的美称。②裳(cháng):古人穿的下衣,也泛指衣服。③锦书:泛指书信。

解析

在荷花凋零、竹席变凉的秋天,我轻轻解开罗衣换上外出的衣服,一个人登上小船。我看到了天空中南归的大雁,猜测白云中是否有人寄来了书信。中秋节就要来了,月亮的光辉满满地照在西楼。花儿空自凋落,流水一去不回,分离后的相思牵动着两地的离愁。这种感情是没有办法去除的,刚从眉间消失,又爬上了心头。

这首词是词人因为思念远方的丈夫而写的,笔调清新,风格细腻,融情于景,情景交融,耐人寻味。上阕点明时间,写词人看到秋天来临,大雁南归,月满西楼，思念的愁绪无法排解，就自己一个人去乘舟散心。词人把景色描绘得清幽寂寥，景中含情，营造出凄凉的氛围。下阕写词人对丈夫的深切思念怎么都无法消除。"花自飘零""水自流"呼应前面的"红藕香残""独上兰舟"。"眉头"与"心头"对应，"才下"与"却上"对应，对仗工整，妙笔生花，把两地两个人的相思之情描绘得惟妙惟肖，感人肺腑。

◆ 语文小课堂 ◆

鸿雁传书的典故最早见于苏武牧羊的故事。汉武帝时，苏武奉命出使匈奴，被单于流放到北海去放羊，说什么时候公羊生了小羊再把他放走。十九年后，汉朝与匈奴交好，苏武却没有被放回去。出使匈奴的汉朝大臣听说了苏武的事，就跟单于说，汉朝皇帝在打猎时射下来一只腿上绑着书信的大雁，信上写着苏武在北海牧羊。单于没办法，只好让苏武回到汉朝。

独坐敬亭山

[唐]李白

众鸟高飞尽①，孤云独去闲②。
相看两不厌③，只有敬亭山。

（收入义务教育教科书人民教育出版社《语文》四年级下册）

注释

①尽：没有了。②孤云：单独飘浮的云。独去闲：形容孤单的云彩飘来飘去，悠闲自在的样子。③厌：满足。

解析

李白因为仕途不顺，选择寄情于山水，这首诗就是他内心孤独的真实写照。

前两句写诗人所见。"众鸟"和"孤云"既表明了诗人所处的寂静环境，也暗示了他不愿与世俗同流合污，是孤单的人。"闲"字表现了云的悠闲自在，也表明了诗人的漂泊无依、内心孤独。后两句运用了拟人的修辞手法，鸟飞光了，云飘走了，只有敬亭山安然不动，似乎选择留下来陪诗人。"相看"表明了诗人和山的互动，两者亲密无间，用了拟人的修辞手法。"只有"表现了诗人对敬亭山的喜爱，也反衬出世间的冷酷无情，渲染了寂寞凄凉的心情。

全诗通过众鸟、孤云、敬亭山等意象，营造了一个寂静的环境，"静"贯穿全诗，突出诗人的孤独，意境悠远。

◆ **语文小课堂** ◆

比拟是一种修辞手法，意思是把一个事物当作另一个事物来描述、说明。其中，把物当作人来写，赋予物以人的动作行为或思想感情，这就叫拟人。把人当作物来写，或把甲事物当作乙事物来写，这就叫拟物。恰当运用比拟，不仅能让读者对所描绘的事物产生鲜明的印象，而且能够感受到作者对该事物强烈的感情，从而引起共鸣。

观书有感二首·其一

[宋]朱熹

半亩方塘一鉴开①，天光云影共徘徊。
问渠那得清如许②？为有源头活水来。

（收入义务教育教科书人民教育出版社《语文》五年级上册）

注释

①方塘：又称半亩塘，在今福建尤溪城南郑义斋馆舍里。鉴：镜子。②渠：指方塘里的水。那（nǎ）得：怎么会。那，通"哪"，怎么。清如许：这么清澈。

解析

半亩大小的方塘就像一面镜子一样在眼前打开,天空的光和浮云的影倒映在池塘里,就像在镜子中一起移动。要问方塘的水为什么会这么清澈,那是因为有永不枯竭的源头不断地输送活水。这是一首借景说理的诗,诗人用方塘需要活水打比方,形象地阐述了知识要不断更新、学习要不断进步的道理,寓意深刻,内涵丰富。

◆ **语文小课堂** ◆

朱熹的父亲朱松因为得罪了秦桧,被赶出朝廷,就闲居在家教导朱熹读书。朱熹十分刻苦,经常是别人晚上睡觉的时候他还点着灯学习,早上别人还没起床的时候他已经梳洗好准备读书了,几乎没有跟其他孩子一起玩耍的机会。后来朱熹曾写诗说"五年不出门庭荒"。

别董大二首·其一

[唐]高适

千里黄云白日曛①，北风吹雁雪纷纷。
莫愁前路无知己，天下谁人不识君？

(收入义务教育教科书人民教育出版社《语文》四年级上册)

注释

① 曛：昏暗。白日曛，太阳暗淡无光。

解析

在这首赠别诗中，诗人用真挚的情感表达了对友人的鼓励和祝福。前两句写和朋友分别的时候看到的景色。黄昏时分，太阳慢慢向西边落下，远远望去，茫茫千里的天空中有黄色的云彩飘浮着。北方的冬天寒风吹雁，白雪纷飞。这样的景象渲染了一种凄凉悲壮的氛围。"千里"一词还暗示了前途茫茫。后两句气势突然变得昂扬：不要担心漫漫前路没有理解你的人，全天下的人谁不知道你高洁的品行？这两句写得气势磅礴，是劝慰友人，也是给自己加油打气，表现出诗人广阔的胸襟。

全诗语言质朴豪放，境界开阔大气，情感真挚动人，堪称佳作。

作者小传

高适（704年—765年），字达夫，渤海蓨（今河北景县）人，曾任谏议大夫、淮南节度使、彭州刺史、蜀州刺史、左散骑常侍等，后封渤海县侯。他是唐代边塞诗的代表人物，诗风雄健苍凉、气势奔放，与岑参并称"高岑"，与岑参、王昌龄、王之涣合称"边塞四诗人"。

♦ **语文小课堂** ♦

这首诗中的董大是唐朝著名乐师董庭兰，他在青年时代学的是七弦琴，懂得欣赏的人很少，所以他很难找到知音。而高适对音乐比较擅长，他很欣赏董庭兰，两个人建立了很深的友谊。董庭兰刻苦钻研筚篥的演奏艺术，又吸取了其他艺术的营养，成为当时最负盛名的演奏家。后来，他被迫离开长安流浪，高适就写了这首诗送给他，来安慰和鼓励他。

七律·长征[1]

毛泽东

红军不怕远征难，万水千山只等闲[2]。
五岭逶迤腾细浪[3]，乌蒙磅礴走泥丸[4]。
金沙水拍云崖暖[5]，大渡桥横铁索寒。
更喜岷山千里雪，三军过后尽开颜[6]。

（收入义务教育教科书人民教育出版社《语文》六年级上册）

注释

[1]长征：1934年10月到1935年10月，中央红军主力从中央革命根据地出发，行军二万五千里，到达陕北革命根据地，终于完成战略性转移。[2]等闲：寻常，平常。[3]逶迤：形容山脉等弯弯曲曲，连绵不绝。[4]泥丸：小泥球。[5]云崖：高耸入云的山崖。[6]三军：这里指红军队伍。

解析

红军不畏惧长征路上的艰难险阻，重重山水关隘在他们眼中是很平常的事物。绵延弯曲的五岭就好似细微的波浪，气势磅礴的乌蒙山就像脚下的小泥丸。金沙江的水拍打着高耸入云的山崖，溅起的水雾就像热蒸汽，大渡桥凌空横贯的铁索散发着寒冷的气息。更让人惊喜的是岷山上的千里积雪，三军将士翻越过去后露出开心的笑脸。

这首记录中国红军二万五千里长征的历史事件的革命史诗按照红军长征的路线，选取了五岭、乌蒙山、金沙江、大渡桥、岷山等地理天险，用精练概括的笔法进行描述，突出了红军战士英勇顽强、乐观向前的精神和气概。全诗意境雄浑，气势磅礴，感情奔放。

首联中，"远征难""万水千山"的客观环境与红军战士"不怕""等闲"的主观心理形成强烈的对比，奠定了全诗赞美革命战士英勇无畏的基调。后面三联紧扣首联，具体展开写红军遇到的艰难险阻和他们的革命态度。随着长征路线的展开，空间距离加大，强调了红军的迅猛和不可阻挡。尾联的"更喜"呼应首联的"不怕"，升华了主题。

凉州词二首·其一

[唐] 王之涣

黄河远上白云间①，一片孤城万仞山②。
羌笛何须怨杨柳③，春风不度玉门关④。

(收入义务教育教科书人民教育出版社《语文》五年级下册)

注释

①远上：向上远远而去。②孤城：孤零零地戍边的城堡。③羌笛：羌族乐器，属于横吹式管乐。何须：何必。杨柳：即《折杨柳》曲。④度：吹到。

解析

向着黄河的源头远远望去，滔滔的河水就像是从白云之中而来。在万仞高的群山之间，孤独地耸立着一座孤城。没有必要用羌笛哀怨地吹奏《折杨柳》这首曲子，因为和煦的春风还没有吹到玉门关呢。

《凉州词》又名《出塞》，是给流行于当世的著名曲子《凉州》所配的唱词。在这首诗中，诗人运用双关的手法，写出了戍边将士的艰苦悲凉和朝廷对他们的漠不关心，格调苍凉，意境悲壮。前两句是视觉描写，视角由下向上、由近及远，在黄河、白云映衬下的一座孤城让画面显得更加辽阔壮美。"孤城"为后

— 33 —

面描写戍边将士的心理埋下伏笔。第三句由视觉描写转为听觉描写。《折杨柳》的曲子突然响起，戍边将士顿生思乡之情，"怨"字写出了他们心中的悲凉和幽怨。最后一句既写边关天气寒冷，春天来得晚，也暗含着朝廷对边关战士漠不关心，恩泽不会到达这里，更显凄凉。

◆ 语文小课堂 ◆

相传，有一天，诗人王昌龄、高适和王之涣三人到长安的一个酒楼喝酒。酒楼里流行请梨园班子演唱，这时，有四个漂亮姑娘出来演唱当时著名诗人的名作。高适提议三人打赌，看这四个姑娘唱谁的诗多，就算谁赢。结果第一个姑娘唱的是王昌龄的《芙蓉楼送辛渐》，第二个姑娘唱的是高适的《哭单父梁九少府》，第三个姑娘唱的是王昌龄的《长信怨》。前三首都没有自己的诗，王之涣面子有些挂不住了，赌气说道："如果最后一个姑娘唱的不是我的诗，那我就再也不写诗了！"结果，第四个姑娘开口就唱道"黄河远上白云间……"，正是王之涣的《凉州词》。大家都哈哈大笑起来。

离思五首·其四

[唐]元稹

曾经沧海难为水①，除却巫山不是云②。
取次花丛懒回顾③，半缘修道半缘君④。

注释

①曾经：曾经经历。②除却：除了。③取次：随意经过。④半缘：一半是因为。

解析

曾经经历过沧海的壮阔，就不会再在意别处的水；见过了巫山，别处的云就不再算是云。随意地从花丛中走过，懒得再回头留恋一朵花，一半是因为修道要清心寡欲，一半是因为曾经与你相遇。

这是唐代诗人元稹为悼念亡妻而写的一首诗。全诗只是写景，没有一个"情"字，却运用强烈的对比写出了诗人对妻子的深情不渝。

作者小传

元稹（779年—831年），字微之，河南洛阳人，与白居易诗风相近，两人并称"元白"，诗体并称"元白体"。他写的传奇《莺莺传》对后世产生了深远的影响。

◆ 语文小课堂 ◆

相传，元稹在年轻的时候曾经和一个姓崔的女子相恋，但是为了前途，娶了韦氏。后来，他怀念之前的恋人，就写了一本传奇，起名《莺莺传》，其中的崔莺莺就是之前恋人的化身，而故事里的张生就是元稹自己。元代王实甫的《西厢记》就是以《莺莺传》为蓝本写成的。

永遇乐·京口北固亭怀古

[宋]辛弃疾

千古江山，英雄无觅，孙仲谋处^①。舞榭歌台，风流总被，雨打风吹去。斜阳草树，寻常巷陌，人道寄奴曾住^②。想当年，金戈铁马，气吞万里如虎。

元嘉草草^③，封狼居胥^④，赢得仓皇北顾。四十三年^⑤，望中犹记，烽火扬州路。可堪回首，佛狸祠下^⑥，一片神鸦社鼓^⑦。凭谁问：廉颇老矣，尚能饭否^⑧？

注释

①孙仲谋：三国时东吴的国主孙权，字仲谋，曹操曾称赞地说过："生子当如孙仲谋。"孙权曾在京口建立都城。②寄奴：南朝宋武帝刘裕的小名。他的祖先移居京口，他在这里起事，晚年推翻东晋做了皇帝。③元嘉：宋文帝刘义隆的年号（424年—453年）。草草：草率。刘义隆好大喜功，仓促北伐，结果惨败。④封狼居胥：汉武帝元狩四年（公元前119年），霍去病率军远征匈奴，大胜，在狼居胥山筑坛祭天。⑤四十三年：从词人南归到写这首词时正好经过了四十三年。⑥佛（bì）狸祠：北魏太武帝拓跋焘的小名叫佛狸。公元450年，他攻打刘宋政权，只用了两个月，就从黄河北岸打到了长江北岸，并在长

江北岸瓜步山上建立行宫，这就是后来的佛狸祠。⑦神鸦：在庙里吃祭品的乌鸦。社鼓：祭祀用的鼓。⑧廉颇：战国时赵国名将。

解析

千年的江山长存，却再也找不到像孙仲谋那样的英雄了。舞榭歌台依旧在，风流繁华却被历史的风雨吹散了。夕阳照在草丛和树木上，看上去很平常的街巷，人们说这是南朝宋武帝曾经住过的地方。那时候，他率领金戈铁马，气势如猛虎下山。

宋文帝刘义隆草率地带着军队进攻，想要像霍去病一样登狼居胥山筑坛祭天，宣告自己建立奇功，最后却只能仓皇南逃，还不停地回头向北望。我南归到现在已经有四十三年了，眺望着对岸，依旧清楚地记得扬州路上的烽火连天。怎么忍心回忆往事呢？可看到那佛狸祠下，乌鸦在吃着祭品，祭祀的鼓声响着。有谁会问：廉颇老了，饭量还可以吗？

辛弃疾一心北伐，到了六十六岁还是看不到希望，给朝廷提的意见也得不到采纳。这一天，他登上京口北固亭，追昔抚今，写下了这首词。词中多处用典，增强了说服力和感染力。词中包含的感情复杂，既有进取抗金、收复中原的雄心壮志，又有对朝廷的深切担忧，还有即使年老也愿意为国效力的耿耿忠心。

◆ 语文小课堂 ◆

"廉颇老矣，尚能饭否？"典出自《史记·廉颇蔺相如列传》。赵王想再次派老将廉颇去打仗，就派使者去看他的身体情况。廉颇当着使者的面吃了一斗米做的饭和十斤肉，然后披上铠甲跨上马，证明自己还可以上战场。廉颇的仇人郭开提前贿赂了使者，让他说廉颇的坏话。使者便告诉赵王："廉颇将军年纪大了，虽然饭量很好，但是一会儿工夫就上了三次厕所。"赵王听后，就打消了重新起用廉颇的念头。

芙蓉楼送辛渐二首·其一①

[唐]王昌龄

寒雨连江夜入吴②,平明送客楚山孤③。
洛阳亲友如相问,一片冰心在玉壶④。

(收入义务教育教科书人民教育出版社《语文》四年级下册)

注释

①芙蓉楼:故址在今江苏镇江北,下临长江。②吴:镇江在古代属于吴地。③平明:天刚刚亮。客:指辛渐。楚山:泛指长江中下游北岸的山。长江中下游北岸在古代属于楚地范围。④一片冰心在玉壶:天气寒冷的时候,玉壶中的水会结冰,玉壶和冰都是晶莹的事物,被人们用来比喻心地纯洁正直。

解析

秋雨满江,夜里来到吴地。清晨天刚亮,我来送你,这时连楚山也显得孤零零的。要是洛阳的亲朋好友向你问起我,你就说我的心还是像玉壶中的冰一样光明磊落、高洁清白。

王昌龄不止一次被贬官,他在芙蓉楼送好朋友辛渐回故乡时写了这首诗。前两句写夜里下雨和平明送客,寒冷的江雨和孤寂的楚山渲染了送别时的孤寂凄清,也暗示了诗人被孤立冷落的恶劣环境。后两句写临别时对友人的叮嘱,不是报平安,也不是问好,而是对自己品行高洁的表白:不管所处的外界环境多么恶劣,我都会不改本心,坚持操守。

◆ 语文小课堂 ◆

比喻是一种常用的修辞手法,也叫譬喻、打比方,指的是用与甲事物有相似之处的乙事物来描写或说明甲事物。被比喻的甲事物叫本体,用来做比喻的乙事物叫喻体。根据描写或说明的方式,比喻可分为明喻(本体和喻体之间用"像""好像""仿佛""如同""似的"等比喻词连接)、暗喻(本体和喻体之间用"是""就是""变成""成为""等于"等词语,或者用破折号来连接)、借喻(本体和比喻词都不出现,而是借用喻体直接代替本体)等。用比喻来对事物的特征进行描绘和渲染,可以使事物更加生动形象、具体可感,给人以鲜明深刻的印象,还可以使深刻、抽象的道理变得浅显直白。

满江红

[宋]岳飞

怒发冲冠①,凭栏处、潇潇雨歇。抬望眼,仰天长啸,壮怀激烈。三十功名尘与土,八千里路云和月。莫等闲、白了少年头,空悲切。

靖康耻②,犹未雪;臣子恨,何时灭!驾长车踏破,贺兰山缺③。壮志饥餐胡虏肉,笑谈渴饮匈奴血。待从头、收拾旧山河,朝天阙④。

注释

① 怒发冲冠:愤怒得头发直竖,将帽子顶起,形容愤怒到极点的样子。
② 靖康耻:指靖康二年,北宋都城沦陷,徽、钦二帝被掳走的事。③ 长车:战

车。贺兰山：这里指金人的地盘。④天阙：指皇帝所在的官殿。

解析

　　头发直竖，顶起帽子，愤怒到了极点。倚靠栏杆，看到疾风骤雨刚刚停息。抬起头往远处看，然后仰面朝天，放声长啸，豪情万丈。三十年建立的功业就像尘土一样渺小，八千里的征战伴随着云和月。不要虚度时光，否则等到年老的时候就会白白伤心。靖康之变的耻辱还没有得到洗刷，身为臣子的怨恨什么时候能消失，驾着战车踏破金国的地盘！壮志满怀，饿了就吃敌人的肉；谈笑着，渴了就喝敌人的血。等我重新收复往日的河山，就去朝见皇帝报喜。

　　这首慷慨激昂的爱国词是岳飞的代表作，表达了他抗金救国的雄心壮志和慷慨豪迈的英雄气概，其中还有激励少年珍惜时间的名句"莫等闲、白了少年头，空悲切"，被千古传诵。全词慷慨激昂，气贯如虹，字里行间流露出一股浩然正气，振奋人心，催人奋进。

作者小传

　　岳飞（1103年—1142年），字鹏举，相州汤阴（今属河南）人。他是南宋抗金名将，曾率军大败金兵，收复北方大片失地，后被宋高宗、秦桧召回，以"莫须有"的罪名杀害。他文武双全，能作诗写文，还擅长书法，所写的词多抒发抗金的伟大抱负和壮志难酬的感慨，风格悲壮，意气豪迈。

◆ 语文小课堂 ◆

　　很多人都知道"岳母刺字"的故事，说是岳飞从军前，他的母亲在他的后背上刺了"精忠报国"四个字，又涂上了醋墨，确保永不褪色，为的是让岳飞牢记誓言，为国效力。后来，岳飞果然在战场上英勇杀敌，立下赫赫战功，成为一名抗金名将。还有一种说法是，岳母刺的四个字是"尽忠报国"，因为当时的皇帝宋高宗曾经赐给岳飞一面写着"精忠岳飞"的旗子，所以发生了混淆。时间长了，人们就认可了流传最广的"精忠报国"的说法。

舟过安仁

[宋]杨万里

一叶渔船两小童,收篙停棹坐船中①。
怪生无雨都张伞②,不是遮头是使风③。

注释

①篙:撑船时用的竹竿等工具。棹:船桨。②怪生:怪不得。③使风:驱使、利用风来助力。

解析

　　一叶小小的渔船上坐着两个小孩,他们把撑船的篙收起来,也让船桨停下工作,一直坐在船里。怪不得没有下雨他们却打开了伞,原来不是为了遮雨,而是想利用伞来做帆,让船自己前进啊。

　　诗人乘船经过安仁的时候,看到两个小孩的所作所为,被孩子的稚气可爱和聪明伶俐所感染,写下了这首诗。

　　前两句是诗人的所见,两个孩子的怪异举动引起了诗人的注意,让他有了继续探究的想法,从而引起下文。后两句没有写诗人看到两个孩子撑伞的过程和中间的心理活动,而是一下子就写出了答案,给人一种恍然大悟的感觉。

　　全诗语言浅白如话,充满童趣,诗人把所有的注意力都放到了两个孩子身上,笔下的描写也都是两个孩子稚气的行为,写出了两个孩子的无忧无虑和聪明伶俐,透露出诗人对孩子们的喜爱之情。

◆ 语文小课堂 ◆

杨万里到隆兴府奉新县做官的时候，正赶上奉新遭遇旱灾，百姓生活困苦，大牢里关满了无法按时交税的百姓。他下令把这些人全部释放，并严禁官吏继续逼百姓交税。杨万里给每一户人家都发了一张通知单，上面写明了被放宽的赋税金额和缴纳期限，这使得百姓大大松了一口气。不到一个月的时间，大家就都恢复了正常生产，纷纷自觉地来缴足了税款。

清　明

[唐]杜牧

清明时节雨纷纷，路上行人欲断魂。
借问酒家何处有？牧童遥指杏花村。

（收入义务教育教科书人民教育出版社《语文》三年级下册）

解析

开篇点明时间为"清明时节"，营造了清冷、低落的氛围。"雨纷纷"更加重渲染了诗人的愁苦和失意，也为下文的"欲断魂"埋下伏笔。第一句客观写景，第二句转为抒情。清明节是中国传统节日，人们要扫墓祭拜先人，诗人却在外漂泊，无法回家，心情抑郁。出门在外遇到下雨，诗人更是郁闷，所以才失魂落魄，想要借酒消愁。三四句采用问答的形式，语气转为轻松。诗人问路，牧童"指"而不答，戛然而止，后面的让读者自己想象。"杏花村"是酒家的旗子，能远远看见，说明马上就能到达目的地了，含蓄地表达出诗人喜出望外的心情。三四句笔调一改前面的凄苦，转为清丽，对比鲜明，让读者的心情跟着跌宕起伏。全诗语言通俗易懂，描写平白浅显，给人一种自然亲切之感。

◆ 语文小课堂 ◆

清明节是我国的传统节日,最早可以追溯到春秋时期,一般是每年的四月四、五、六日(公历)。在这几天,人们要禁火、扫墓,还会进行踏青、荡秋千、蹴鞠、打马球、插柳等一系列活动。另外,清明也是二十四节气之一。清明一到,气温升高,正是适合春耕的时候,所以民间有"清明前后,种瓜点豆"的说法。

声声慢

[宋]李清照

寻寻觅觅,冷冷清清,凄凄惨惨戚戚。乍暖还寒时候,最难将息①。三杯两盏淡酒,怎敌他、晚来风急!雁过也,正伤心,却是旧时相识。

满地黄花堆积,憔悴损,如今有谁堪摘?守着窗儿,独自怎生得黑!梧桐更兼细雨,到黄昏、点点滴滴。这次第②,怎一个愁字了得!

注释

① 将息:将养休息。② 次第:光景,状况。

解析

独自寻寻觅觅,结果却是冷冷清清,凄凉、悲惨、伤心的情绪一起涌上来。一下热、一下冷的时候,是最难将养休息的。喝下的几杯薄酒,怎么能抵挡骤起的强烈寒风！天空中有大雁飞过，是曾经为我送信的老相识，看到它们我更感伤心。

地上堆积着枯萎的黄花，憔悴枯损，现在还有谁能与我一起摘花？守在窗边，独自一个人怎么熬到天黑！黄昏时下起了绵绵细雨，一声声滴落在梧桐叶上。这种光景，一个"愁"字怎么形容得出来！

这首词是词人晚年的秋夜抒怀。宋朝南渡，词人流离失所，晚景凄凉，时时刻刻有一种辛酸苦楚纾解不散。上阕词人用清冷的景物来衬托孤寂、凄凉的心情。开篇七组十四个叠字，字字含情，声声含愁，把词人的孤独与凄清写到了极致。后面天气的乍暖还寒、晚来风急、大雁飞过都是雪上加霜，加重了词人的伤心之情。

下阕直接抒情。看到满地凋零的黄花，词人联想到自己独自坐在床边，熬到天黑，更进一步描写出自己的寂寞凄苦。黄昏细雨，雨打梧桐，声声落在词人心上。最后总结，"怎一个愁字了得"，欲语还休，饱含辛酸苦楚，读来感人肺腑。

◆ **语文小课堂** ◆

李清照的丈夫赵明诚外出做官，两人分居两地。相传，这年的重阳节，李清照很想念他，就在给他的信中加上了一首词《醉花阴》："薄雾浓云愁永昼，瑞脑消金兽。佳节又重阳，玉枕纱厨，半夜凉初透。 东篱把酒黄昏后，有暗香盈袖。莫道不消魂，帘卷西风，人比黄花瘦！"读完这首精彩的词后，赵明诚很感动，也很不服气，决心要写一首更好的词来胜过妻子。于是，他谢绝了一切应酬，把自己关在屋里三天三夜，废寝忘食地写了五十首词，再加入重新抄写的《醉花阴》，一起拿给朋友看，让对方评判哪一首最好。朋友看后，对赵明诚说："有三句是最好的。"赵明诚忙问是哪三句，朋友回答"莫道不消魂，帘卷西风，人比黄花瘦"，正是李清照写的。

竹枝词二首·其一

[唐]刘禹锡

杨柳青青江水平，闻郎江上唱歌声。
东边日出西边雨，道是无晴却有晴。

解析

刘禹锡在夔州（今重庆奉节）担任刺史的时候学习和借鉴了巴蜀地区的民歌，依调填词，仿照民歌创作了十几首诗，本诗是其中的一首，也是流传最广的一首。其中，最后两句"东边日出西边雨，道是无晴却有晴"被认为是千古绝唱。在诗中，诗人塑造了一个恋爱中的少女的形象，以女性的口吻表达出女子对爱情的忐忑和期待。

开篇两句写实景，杨柳青翠，江平如镜，在这样宁谧的环境中，隐隐约约从远处传来情郎唱歌的声音。描写有山有水，有人有声。远处的歌声隐隐约约，女子却能确定是情郎的声音，可见她用情之深。三四句由写景转为写情，女子由歌声产生心理活动：东边出太阳时，西边偏偏在下雨，说他对我有情吧，他有的时候又很疏远；说他无情吧，他又表现得很暧昧。"晴"与"情"谐音，是双关的写法，增加了诗歌的艺术魅力。全诗用词朴实而意蕴深厚，把一个想爱又忐忑羞涩的少女微妙复杂的心理表达得准确生动。

◆ 语文小课堂 ◆

在一定的语言环境中，利用词的多义或同音的条件，故意赋予语句双重意义，表面是一种意思，其实还暗含着另一种意思，这种修辞手法叫双关。而谐音双关就是利用词的同音，有意使语句具有双重意义。比如"空对着，山中高士晶莹雪；终不忘，世外仙姝寂寞林"（《红楼梦》），其中"雪"谐音"薛"，指薛宝钗，"林"指林黛玉。

竹

定风波

[宋]苏轼

莫听穿林打叶声，何妨吟啸且徐行。
竹杖芒鞋轻胜马[1]，谁怕？一蓑烟雨任平生。

料峭春风吹酒醒，微冷，山头斜照却相迎。
回首向来萧瑟处，归去，也无风雨也无晴。

注释

[1] 芒鞋：草鞋。

解析

与其去听穿林打叶的雨滴声，不如一边吟诗唱歌，一边慢慢地走。拄着竹杖、穿着草鞋走路比骑马轻松愉快多了，有什么好怕的？穿一身蓑衣，就能够在风雨中行走一生。

春天带着寒意的风吹醒了我的酒意，感觉有点冷，山头的夕阳却对我殷勤相迎。回头看看刚经历的风雨坎坷，我信步归去，无所谓风雨，也无所谓天晴。

因为乌台诗案，苏轼被贬到了黄州。一天，他在郊外遇雨，没有雨具，可是他并没有因此感到失意，而是写了这首词展示他乐观旷达的生活态度。

上阕展现出词人面对突如其来的风雨，仍然心态平和，随遇而安。"谁怕？一蓑烟雨任平生"写词人由遇到的风雨联想到自己所遭遇的坎坷，表达出不畏风雨、笑傲人生的态度。下阕写雨过天晴以后，与上阕形成对照，抒写人生哲理：不管是遭遇风雨还是晴天，都应该不以物喜、不以己悲，宠辱不惊。

风

[唐]李峤

解落三秋叶①，能开二月花②。
过江千尺浪③，入竹万竿斜④。

（收入义务教育教科书人民教育出版社《语文》一年级上册）

注释

①解落：吹落，吹散。三秋：秋天有三个月，或者指农历九月。②开：使之开。二月：农历二月，指春天。③过：经过。④斜：倾斜。

解析

风能吹落秋天的树叶，能吹开春天的鲜花。经过江面能掀起千尺巨浪，吹入竹林能吹斜万竿竹子。

这首诗通过写风所到之处不同景物呈现出来的不同现象，来写风的力量的强大。前两句写风对季节的影响，说它既能使万木凋零，又能使百花绽放，采用了对仗或对偶的手法，"解落"对"能开"，"三秋叶"对"二月花"，工整有序。后两句写风造成的变化：经过江面，波浪滔滔；进入竹林，竹竿倾斜。"过"字和"入"字对应，用动态描写展现风的特性。

全诗写风，除诗名外，不见一个"风"字，却每一句都通过间接描写展现出风的作用，让人真切感受到风的力量。

作者小传

李峤（645年—714年），字巨山，赵郡赞皇（今属河北）人，唐朝时期担任过宰相，经历过五朝。他继承了王勃、杨炯的风格，对唐代律诗和歌行体的发展有一定影响。与杜审言、崔融、苏味道并称"文章四友"。

◆ **语文小课堂** ◆

李峤幼年的时候就失去了父亲，和母亲相依为命。相传，李峤小时候做梦，梦到一个神仙送给他两支笔。从那以后，他就进步神速，最后成了一代文坛领袖。后来，人们就用"双笔"来比喻一个人文采出众。李峤二十岁时就参加科举考试，考中了进士，后来又一路升官到了长安。

题扬州禅智寺

[唐] 杜牧

雨过一蝉噪，飘萧松桂秋。

青苔满阶砌，白鸟故迟留。

暮霭生深树，斜阳下小楼。

谁知竹西路，歌吹是扬州。

解析

唐朝有规定，官员请假超过一百天就要离职。诗人杜牧为了照顾生病的弟弟，在扬州东北的禅智寺待了超过一百天，被停了职，于是便有了这首诗。

首联写雨后蝉噪，松桂叶落。在蝉的鸣叫声中，禅智寺更显幽静。树叶飘落，又增添了凄凉的氛围。颔联写青苔长满了寺院的台阶，暗示寺内人少，"白鸟迟留"衬托出寺内的冷清。颈联写黄昏树林里的雾气和楼边斜阳的余晖，"深"字勾勒出树木的茂密幽深，暗示了诗人心情的压抑。尾联写寺庙的西边是歌舞升平的扬州城。诗人想起曾经在扬州城寻欢作乐的情景，与现在的状况对比，用扬州的"乐"反衬现在的"哀"，用扬州的歌舞喧闹、市井繁华反衬禅智寺的寂寥和冷清，更突出诗人孤独凄凉和失落的心情。

全诗融情于景，选取"蝉""青苔""白鸟""暮霭""斜阳"等一系列意象，勾勒出色彩暗淡的画面，烘托消沉凄凉的感觉，表达了诗人内心的黯然和无助。

小重山

[宋]岳飞

昨夜寒蛩不住鸣[1]，惊回千里梦，已三更。
起来独自绕阶行，人悄悄，帘外月胧明。

白首为功名，旧山松竹老[2]，阻归程。
欲将心事付瑶琴，知音少，弦断有谁听？

注释

[1] 蛩（qióng）：蟋蟀。[2] 旧山：曾经的山，既指词人的故乡，又指已经沦陷的山河。

解析

昨天夜里的蟋蟀不断地鸣叫，惊醒了我驰骋千里的梦，已经三更了。我起来自己一个人绕阶而行，人声悄然，帘外的月光柔和明亮。一辈子直到头发白了，都在为建功立业、名留青史而奔波。故乡的松竹长大了，回去的路却被挡住了。想要把心事寄托在瑶琴上，可是知音太少了，就算琴弦弹断了，又有谁听？

岳飞失去了兵权，而且即将被冤枉入狱。面对重重阻力，得不到君王的理解和支持的他感觉无力回天，心中充满郁闷和愤慨，以至于夜不能寐，写下了这首词。上阕写词人对沦陷故土的怀念和对国事的担忧。"千里梦"也就是恢复山河的故国梦。"人悄悄"有一种众人皆醉我独醒的感觉。在寂静的夜里，词人更能了解自己内心的声音，他感觉自己孑然一身，孤单无助，内心悲愤。下阕写词人想收复失地却受到阻碍、无人理解自己的雄心壮志的苦闷。"弦断有谁听"化用了高山流水遇知音的典故，反衬词人没有知音，把弦弹断了也没人能懂，悲伤之情溢于言表。

佳 人

[唐]杜甫

绝代有佳人,幽居在空谷。
自云良家子①,零落依草木。
关中昔丧乱②,兄弟遭杀戮。
官高何足论,不得收骨肉。
世情恶衰歇③,万事随转烛。
夫婿轻薄儿,新人美如玉。
合昏尚知时④,鸳鸯不独宿。
但见新人笑,那闻旧人哭。
在山泉水清,出山泉水浊。
侍婢卖珠回⑤,牵萝补茅屋。
摘花不插发,采柏动盈掬⑥。
天寒翠袖薄,日暮倚修竹⑦。

注释

①良家子:好人家的孩子。②丧乱:指安禄山起兵造反,攻破长安。③歇:衰退。④合昏:夜合花,常用来比喻夫妻恩爱。⑤卖珠:因为生活困苦而变卖珠宝。⑥动:往往。盈掬:一满把。⑦修:长。

解析

在这首诗中,诗人描写了一个举世无双的美人,她才貌双全,却遭遇战乱,兄弟被害,家境衰落,丈夫变心,孤苦无依,最后选择隐居在空旷的山谷中,通过变卖首饰来维持生活。她始终坚守节操，不去讨好别人。诗人通过叙述这个女子的凄惨遭遇，赞美了她安贫自守的高尚节操。"佳人"既指这个美貌的女子，也比喻有才德的人。这首诗也可以看作诗人对那些怀才不遇的高洁之士的赞颂。其中，"但见新人笑，那闻旧人哭""天寒翠袖薄，日暮倚修竹"是千古流传的名句。

念奴娇

[宋]黄庭坚

八月十七日，同诸甥步自永安城楼，过张宽夫园待月。偶有名酒，因以金荷酌众客。客有孙彦立，善吹笛。援笔作乐府长短句，文不加点。

断虹霁雨①，净秋空，山染修眉新绿。桂影扶疏②，谁便道，今夕清辉不足？万里青天，姮娥何处，驾此一轮玉。寒光零乱，为谁偏照醽醁③？

年少从我追游，晚凉幽径，绕张园森木。共倒金荷，家万里，难得尊前相属④。老子平生，江南江北，最爱临风笛。孙郎微笑⑤，坐来声喷霜竹⑥。

注释

①霁雨：雨停。②桂影：月中桂树的影子。古人认为月亮上有月宫，月宫里有桂树。扶疏：形容桂影斑驳。③醽（líng）醁（lù）：美酒的名字。④属（zhǔ）：劝酒。⑤孙郎：指孙彦立。⑥霜竹：指笛子。

解析

　　这首词是黄庭坚被贬官时所写的。词人通过描写在一个月夜赏月、饮酒和听笛的过程，表达了自己乐观豪迈的人生态度。上阕描写雨停之后张园的景色。开头三句是远景，意境开阔，气象豪迈。后半部分写赏月。月过中秋而清辉依旧，"玉"字形象地写出了月亮的皎洁明亮。最后一句引出后面的饮酒。下阕描写词人月下游园、饮酒和听曲。前三句交代了时间、地点，渲染环境，为后面的记游埋下伏笔。倒满金荷杯，家在万里外，词人难得能在酒席前开怀畅饮，豪气十足。"老子平生，江南江北，最爱临风笛"是说"夫子我一生走遍大江南北，最喜欢临风吹奏的笛子"，把词人的豪放旷达描写得畅快淋漓。最后，吹笛人的一个微笑写出了宾主的愉悦和自得。

作者小传

　　黄庭坚（1045年—1105年），字鲁直，自号山谷道人，晚号涪翁，洪州分宁（今江西九江）人。与秦观、晁补之、张耒并称"苏门四学士"。诗的成就最高，与苏轼并称为"苏黄"。

◆ 语文小课堂 ◆

　　黄庭坚作诗以唐朝大诗人杜甫为榜样，提出了"点铁成金"和"夺胎换骨"等诗学理论，成为江西诗派的开派宗师和领袖。作为宋代诗人之一，黄庭坚对宋诗的影响非常大，甚至超过了一代大文豪苏轼，对后世的文学创作也产生了极其深远的影响。

渔 翁

[唐]柳宗元

渔翁夜傍西岩宿,晓汲清湘燃楚竹①。
烟销日出不见人,欸乃一声山水绿②。
回看天际下中流,岩上无心云相逐。

注释

① 燃楚竹:指烧竹子煮水。② 欸(ǎi)乃:驾驶小船时摇橹的声音。

解析

诗人用寥寥数语就勾画出一个在山水之间独来独往、逍遥自在、悠然自得的"渔翁"形象,他傍晚的时候就在西山的脚下休息,天刚亮就从湘江取水,燃烧竹子煮水。等到天完全亮了的时候却看不到他的身影了,只听到青山绿水之间的摇橹声。原来小船早就顺流而下,到了天边,只留下白云在岩石顶上互相追逐。在渔翁一连串自给自足的动作中,时间流逝,让人感觉到他生活的充实和自在。其中,"欸乃一声山水绿"运用了通感的手法,把山水原本无声的"绿"说成是因为摇橹声而出现的,赋予色彩动态感。

作者小传

柳宗元(773年—819年),字子厚,河东(今山西永济西)人,世称"柳河东""柳柳州"。文章说理性强,笔锋犀利,讽刺辛辣;游记写景状物,多有寄托,是唐宋八大家之一。其诗清新峭拔,意味隽永,与韩愈并称"韩柳",与刘禹锡并称"刘柳"。

宿新市徐公店二首·其二

[宋]杨万里

篱落疏疏一径深①,树头新绿未成阴②。
儿童急走追黄蝶③,飞入菜花无处寻。

（收入义务教育教科书人民教育出版社《语文》四年级下册）

注释

①篱落：篱笆。疏疏：稀疏。径：小路。②树头：树梢。阴：树荫。③急走：小步跑。

解析

稀稀落落的篱笆旁边有一条通向远方的小路，树梢上新长出的叶子还没有形成树荫。一群可爱的孩子正小跑着追捕黄色的蝴蝶，有一只蝴蝶匆忙飞进了油菜花丛里，小孩仔细寻找，怎么找也找不到。

在这首诗中，诗人运用白描手法，描写了暮春农村的景色和一群可爱的扑蝶儿童，语言通俗自然，人物形象鲜明。前两句点出事件发生的地点和背景。篱笆和小路说明是在农村，花落叶嫩说明是在暮春时节。也只有在这样的环境中，才会发生后面儿童追蝶的事情。后两句描绘儿童捕蝶的欢乐场面，"急走""追"写出了孩子的急切心理和活泼好动，形象、生动、贴切。最后一句"无处寻"含有深意，蝴蝶是黄色的，油菜花也是黄色的，蝴蝶飞进油菜花丛,孩子无法辨别哪个是蝴蝶、哪个是花,读者仿佛能看到孩子不知所措的样子,趣味十足。

过故人庄

[唐]孟浩然

故人具鸡黍①,邀我至田家。
绿树村边合②,青山郭外斜③。
开轩面场圃④,把酒话桑麻。
待到重阳日⑤,还来就菊花⑥。

(收入义务教育教科书人民教育出版社《语文》六年级上册)

注释

①具:准备。鸡黍(shǔ):农村用来招待客人的丰盛饭菜。黍,黄米饭。②合:围绕。③郭:外城。④轩:窗户。场圃:打谷场和菜园子。⑤重阳日:农历九月初九是重阳节。⑥就菊花:指重阳节来饮菊花酒、赏菊花。

解析

老朋友准备了丰盛的饭菜,邀请我去他在农村的家中做客。那里的绿树围绕着村庄生长,青山斜卧在外城。推开窗户面对的是打谷场和菜园子,我们一边举杯喝酒,一边闲聊耕种庄稼的事情。等到重阳节那天,我还要来这里饮菊花酒、赏菊花。

诗人从朋友邀请、自己欣然前往写起,平铺直叙,直奔主题,从字里行间可以看出双方情谊深厚,亲密无间。颔联写还没到目的地就看到了庄外的青山绿树,远近结合,清淡幽静。颈联写恬静安乐的田园生活,打开窗户看到的是打谷场和菜园子,嘴里谈论的是种庄稼,写出了农村人的质朴和诗人的平易近人。尾联写出诗人的依依不舍,"就"字表明诗人对农家朋友的亲近之情。

全诗所用的语言不事雕琢,如闲话家常一样,所写的内容富有浓厚的生活气息,描写的景色清新明媚,构成了一幅其乐融融的农家田园乐图景。

> ◆ **语文小课堂** ◆
>
> 重阳节是我国传统节日,最早可追溯到先秦时期,因为是在农历九月初九,二九相重,所以称"重九"。民间在这一天有登高祈福的习俗,所以又称"登高节"。此外,还有插茱萸、吃重阳糕、赏菊、饮菊花酒等活动。在民俗观念中,"九"在数字中是最大数,且"九九"谐音"久久",有长久长寿的含意,所以这一天也是老人节。

卜算子

[宋]刘克庄

片片蝶衣轻①,点点猩红小②。
道是天公不惜花,百种千般巧。

朝见树头繁,暮见枝头少。
道是天公果惜花,雨洗风吹了。

注释

①蝶衣:指花瓣。②猩红:红花,泛指花朵。

解析

一片片花瓣就像蝴蝶的翅膀一样轻盈,点点花朵又娇小又鲜艳。如果说老天爷不怜惜花儿,花儿却有千百种姿态,娇巧惹人爱。早上还能看见枝头上的花朵繁多，晚上花朵就变得很少了。如果说老天爷怜惜花儿，却让风雨把花儿都吹落下来。

这首词中，词人用浅显直白的语言描写了花朵的命运难料，不仅对花朵表示惋惜，还以花自比，感慨自己像花一样经受风雨，得不到重用。上阕写花可爱娇巧，姿态轻盈，颜色鲜艳。下阕写花的命运，一场突如其来的风雨一下子就把花朵摧残得不成样子。词人指责天公不爱花，其实也是表达对统治者的不满。

作者小传

刘克庄（1187年—1269年），字潜夫，号后村居士，莆田（今属福建）人。一生著述甚富，擅长诗词，是"江湖诗派"领军人物。词风慷慨，与辛弃疾接近，多写家国之思。

春 雪

[唐]韩愈

新年都未有芳华①，二月初惊见草芽。

白雪却嫌春色晚，故穿庭树作飞花②。

注释

①华：同"花"。②穿：通过。

解析

首句直接写一直期盼却仍然不见春花的遗憾，"都"字写出了经历漫长的寒冬之后人们迎接春天的急切之情。第二句写诗人到了二月才看到有嫩草发芽。"初"字暗示春芽来得太晚，"惊"字表达出欣喜之情，虽然还是没有春花，但是草芽也预示着春天不远了。最后两句中，诗人把白雪拟人化，说它也嫌春天来得太晚，就自己变成白色的花朵，飘飘扬扬地洒落在树上。最后一句把飞雪比喻成白色飞花，写出了白雪的调皮可爱，形象生动，富有情趣，展现出诗人的浪漫情怀。

诗人由最初的遗憾、急切和惊喜，到最后对飞雪产生联想，把原本的沮丧之情变得积极昂扬，构思奇巧，别具匠心。

宿建德江

[唐]孟浩然

移舟泊烟渚①，日暮客愁新。
野旷天低树②，江清月近人。

（收入义务教育教科书人民教育出版社《语文》六年级上册）

注释

①移舟：停船靠岸。烟渚：烟雾缭绕的沙洲。②旷：空远。

解析

把船停靠在烟雾弥漫的小洲上，天色渐晚，暮色沉沉，出门在外的我又增添乡愁。荒野空旷，天空低垂，好像比树还要低。江水清澈，倒映在水中的月亮显得与人格外亲近。

这是一首经典的写旅途忧思的诗。前两句点明了时间、地点和事件：诗人坐船出行，晚上在岸边停靠，生出了新的忧愁。"新"字表明诗人原来就有愁，现在是愁上加愁。后两句写夜晚江上的景色。野旷、天低、树木、江水渲染了孤寂清冷的氛围，与客愁相呼应，更显出诗人的寂寞惆怅。"月近人"是指倒映在水中的月影好像与诗人很亲近，给予了诗人一些安慰，这是全诗清冷的色调中十分明显的暖色。

♦ **语文小课堂** ♦

诗人远离故乡或故国,在旅途中的所见触发心中所感,写下诗篇来反映客居异乡的艰难、漂泊无定的辛酸与对家人和朋友的思念之情,这样的诗就称为羁旅诗,又称记行诗、行旅诗。

咏 柳

[唐]贺知章

碧玉妆成一树高①,万条垂下绿丝绦②。
不知细叶谁裁出③,二月春风似剪刀④。

(收入义务教育教科书人民教育出版社《语文》二年级下册)

注释

①碧玉:碧绿的玉,比喻春天柳树嫩绿的叶子颜色就像碧玉一样。妆成:装扮,打扮。一树:满树。②绦(tāo):用丝线编成的带子。③裁:裁剪。④二月:农历二月,正好是初春。

解析

高高的柳树上满是如同碧玉一样的叶子,千万条垂下来的枝条就像绿色的丝带一样。不知道这细细的柳叶是谁裁剪出来的,原来二月的春风就是那把剪刀。

这首咏柳的名篇几乎家喻户晓。首句中,诗人把二月的柳树比喻成装饰着碧玉的美人,把刚刚萌发的嫩绿新叶比喻成碧玉。一个"高"字衬托出柳树具有美人一样的袅袅身姿。第二句中,"垂"字展现出柳条的柔和细。后两句采用设问,自问自答,把无形的二月春风比作有形的剪刀,新颖贴切。

春江花月夜

[唐]张若虚

春江潮水连海平,海上明月共潮生。
滟滟随波千万里①,何处春江无月明。
江流宛转绕芳甸②,月照花林皆似霰③。
空里流霜不觉飞,汀上白沙看不见④。
江天一色无纤尘,皎皎空中孤月轮。
江畔何人初见月?江月何年初照人?
人生代代无穷已⑤,江月年年望相似。
不知江月待何人,但见长江送流水。
白云一片去悠悠,青枫浦上不胜愁。
谁家今夜扁舟子?何处相思明月楼?
可怜楼上月徘徊⑥,应照离人妆镜台。
玉户帘中卷不去⑦,捣衣砧上拂还来。
此时相望不相闻⑧,愿逐月华流照君。
鸿雁长飞光不度,鱼龙潜跃水成文。
昨夜闲潭梦落花,可怜春半不还家。
江水流春去欲尽,江潭落月复西斜。
斜月沉沉藏海雾,碣石潇湘无限路⑨。
不知乘月几人归⑩,落月摇情满江树。

注释

①滟(yàn)滟:形容波光闪动的样子。②芳甸:长满花草的原野。③霰(xiàn):白色不透明的小冰粒。④汀(tīng):水边的平地。⑤穷已:穷尽,停止。⑥月徘徊:月光移动。⑦玉户:用玉石装饰的门。⑧相闻:互相通信。⑨无限路:形容离开的人到了很远的地方。⑩乘月:趁着月光。

解析

这首宫体诗是唐诗中的名篇,被誉为"诗中的诗,顶峰上的顶峰",孤篇压过全唐。诗人在一个月光皎洁的夜晚来到春江边上,看到浩瀚奔流的江水和月下壮丽的景色,思绪无限。他由美丽的自然界联想到纯洁的爱情,并生出人生短暂、世事无常的感慨。诗情画意与哲理完美结合,营造出一个奇妙的艺术境界。

开篇八句写景,描绘了一幅动人的春江花月夜景图。一个"生"字让明月和潮水变得有生气,给广阔的夜景增添了无限的生命力,为后面的说理做铺垫。接下来八句,诗人把视线聚焦在一轮明月上,看着银白色的月光把天地变成一个静谧的世界,开始思考宇宙的奥秘,发出宇宙无限而人生短暂的感叹。最后一部分诗人写情人的爱恋和相思,从思妇对游子的思念写到游子的归思,阐述了情是人世间永恒的主题。到这里,春、江、花、月、夜,五种意象构成了人生中最美的风景,情景巧妙结合,引人入胜。

李凭箜篌引

[唐]李贺

吴丝蜀桐张高秋，空山凝云颓不流。
江娥啼竹素女愁，李凭中国弹箜篌。
昆山玉碎凤凰叫，芙蓉泣露香兰笑。
十二门前融冷光，二十三丝动紫皇。
女娲炼石补天处，石破天惊逗秋雨。
梦入神山教神妪，老鱼跳波瘦蛟舞。
吴质不眠倚桂树，露脚斜飞湿寒兔。

解析

李凭是一个善弹箜篌的梨园弟子，诗人运用夸张的想象和奇特的用语带领人们进入李凭弹奏的音乐世界，从人间写到天上，再写到神山、月宫，运用一系列非现实的意象，来表现李凭弹箜篌的超凡技艺与神奇魅力。

全诗可分为三部分。开篇四句为第一部分。第一句赞美乐器制作精良，好的乐器为好的演奏打下基础。"高秋"点出弹奏的时间是在清爽的秋天。第二句写演奏的声音让云彩停住，仔细倾听。第三句侧面衬托琴声非常有感染力，让神仙都跟着生出了忧愁。第四句点出了人物和地点，先声夺人。"昆山玉碎凤凰叫"到"二十三丝动紫皇"是第二部分，从人间写到了天上，赞美琴声营造的境界的高超。最后六句为第三部分。诗人用夸张的描述从侧面渲染乐曲的感人至深，女娲、神妪、老鱼、瘦蛟、吴质、寒兔等一系列神话意象给人一种身处仙界的感觉，充满了浪漫主义色彩。

题李凝幽居

[唐] 贾岛

闲居少邻并，草径入荒园。
鸟宿池边树，僧敲月下门。
过桥分野色，移石动云根。
暂去还来此，幽期不负言。

解析

诗人贾岛在夜里去拜访友人李凝，但是没人在家，他把在路上所见的景色记录下来，就成了这首诗。全诗构思精巧，遣词造句符合诗人刻苦钻研的精神。

首联说友人李凝居住在很僻静的地方，周围没有多少邻居，只有一条长满杂草的小路通向一个荒芜的园子。颔联是千古名句，意思是，鸟儿在池塘边的树上栖息，一个僧人在月下敲着一扇门。这一联呈现出一幅人、景、物俱全的生动画面。"僧"就是当时还没还俗的诗人，而"门"就是友人李凝家的门。"敲"字既是动态描写，又暗含着惊扰了周围的宁静的意思。颈联描绘了一幅月朗风清、万物复苏的画面：过了小桥，就能看到野外的景色，云彩投射在石头上，云彩动的时候就好像石头在动。尾联交代诗人要暂时离开了，以后还会守诺再来，既表现出诗人注重守诺，也暗藏着诗人对李凝的羡慕和对隐居生活的向往之情。

作者小传

贾岛（779年—843年），字阆仙（一作浪仙），范阳（今河北涿州）人。作诗喜欢苦吟，喜欢描写荒凉孤僻的景物，开创了晚唐不同的一派诗风。

◆ 语文小课堂 ◆

相传，贾岛从李凝家回来，路上想起自己写的诗《题李凝幽居》，觉得"鸟宿池边树，僧敲月下门"中的"敲"字可能换成"推"字更好，就骑着毛驴一边走一边想，手还做着敲门、推门的动作。他想得太专注了，没有注意到对面来了官员的仪仗队，无意间就冲撞了对方。这个官员就是韩愈。当差的人把贾岛带到韩愈面前，韩愈问他乱闯的原因，贾岛就把自己的诗念给韩愈听。韩愈听完，不但没有怪贾岛，还给他出主意，建议他用"敲"字。因为敲门显得有礼貌一些，而且能体现静中有动。从此，贾岛和韩愈就成了好朋友，"推敲"一词也成了形容人反复琢磨的常用词。

八阵图

[唐]杜甫

功盖三分国，名成八阵图。
江流石不转，遗恨失吞吴。

解析

杜甫对诸葛亮很推崇，他认为鞠躬尽瘁、死而后已的诸葛亮是古代最贤能的人的代表。这一年，杜甫来到夔州，寻访途中看到诸葛亮"八阵图"的遗迹，于是写下了这首诗。在诗中，他怀古述怀，抒发了对诸葛亮的敬仰和自身年华老去而功业无成的遗憾之情。

前两句开门见山，直接写诸葛亮辅佐刘备建立蜀国，成就三足鼎立的功业，并且，他排列的八阵图让他名垂千古。这两句赞美了诸葛亮的智慧和才能，对仗工整、自然。三四句写诸葛亮在刘备举兵伐吴的时候没能够劝阻，导致了后面无可挽回的遗憾。

诗人把自己的政治理想投射到诸葛亮身上，感伤自己的身世遭遇，吊古之中夹杂议论，让人物形象更具体生动。其中，"江流石不转"一句包含着历史沧桑感，也赞颂了八阵图经过六百年历史冲刷，仍然能坚挺，衬托出诸葛亮的才智非凡和忠心不贰。

梦游天姥吟留别

[唐]李白

海客谈瀛洲①，烟涛微茫信难求。

越人语天姥②，云霞明灭或可睹。

天姥连天向天横，势拔五岳掩赤城③。

天台四万八千丈，对此欲倒东南倾。

我欲因之梦吴越，一夜飞度镜湖月。

湖月照我影，送我至剡溪。

谢公宿处今尚在④，渌水荡漾清猿啼⑤。

脚著谢公屐⑥，身登青云梯。

半壁见海日⑦，空中闻天鸡⑧。

千岩万转路不定，迷花倚石忽已暝⑨。

熊咆龙吟殷岩泉⑩，栗深林兮惊层巅。

云青青兮欲雨，水澹澹兮生烟⑪。

列缺霹雳，丘峦崩摧。

洞天石扉，訇然中开。

青冥浩荡不见底，日月照耀金银台。

霓为衣兮风为马，云之君兮纷纷而来下⑫。

虎鼓瑟兮鸾回车，仙之人兮列如麻。

忽魂悸以魄动，恍惊起而长嗟。

惟觉时之枕席，失向来之烟霞。

世间行乐亦如此，古来万事东流水。

别君去兮何时还？

且放白鹿青崖间，须行即骑访名山。

安能摧眉折腰事权贵，使我不得开心颜？

注释

①海客：在海上来来去去的人。瀛洲：古代传说中的三座仙山之一。②越人：指今浙江一带的人。③拔：超出。掩：盖过。赤城：山名，在今浙江天台以北。④谢公宿处：南朝宋诗人谢灵运游览天姥山的时候暂住的地方。⑤渌（lù）水：清澈的水。⑥谢公屐（jī）：谢灵运为登山而特制的一种木鞋。⑦半壁：半山腰。⑧天鸡：神话传说中的一种鸡，日出时鸣叫，会让全天下的鸡跟着叫。⑨暝：昏暗。⑩殷：震动。⑪澹澹：水波闪耀的样子。⑫云之君：泛指驾乘云彩的神仙。

解析

李白被迫离开都城长安，第二年去吴越（今浙江一带）游历，走之前写了这首诗送给朋友们，语言绚丽华富，情节丰富离奇，格调昂扬振奋。他在诗的一开始就用神话传说中的仙山瀛洲来衬托现实中的天姥山，用夸张的手法描绘了一幅瑰丽奇崛、不可思议的天姥山美景。接下来，诗人因为心里渴望而梦游天姥山，运用丰富的想象和大胆的夸张展现了一系列变幻莫测的奇景，营造了一个惊人的艺术境界。诗人梦醒之后，领悟到世间的欢乐都是短暂的，一切最终都会消逝。最后展现了诗人洒脱的性格特点，"安能摧眉折腰事权贵，使我不得开心颜"是千古名句，是诗人不屈从于权贵的代名词。同时，这两句诗还起到了深化主题和境界的作用。

山 行

[唐]杜牧

远上寒山石径斜①，白云生处有人家。
停车坐爱枫林晚②，霜叶红于二月花③。

（收入义务教育教科书人民教育出版社《语文》三年级上册）

注释

①寒山：指深秋时节的山。②坐：因为。③霜叶：指经霜的枫叶。

解析

一条石头小路蜿蜒伸向深秋的山上，白云升起的地方有几户人家居住。我停下马车的原因是喜爱这枫林的夜晚，经霜的枫叶比二月的鲜花还要红。

这首诗描绘了一幅色彩鲜艳、风格明丽的山林秋景。首句中，"远"字形象地形容出山路的曲折绵长，"寒"字点明时间是深秋，"斜"字形容山势的高和缓。第二句中的"白云"和"人家"营造出一种超脱的境界。第三句交代诗人停下匆忙的脚步，只是因为喜爱枫林晚景，体现出诗人的留恋和不舍之情。最后一句写霜叶胜于春花，这不仅是客观描述，也是诗人的心理作用，因为喜欢，所以偏爱。诗人融情于景，借景抒情，通过火红的枫叶让人们感受到秋天的热烈和生机，同时也展现出诗人豪迈、乐观的人生态度。

◆ 语文小课堂 ◆

"借景抒情"是指在写景抒情的诗词中,作者带着强烈的主观感情去描写客观事物,把自身所要抒发的感情寄寓在此景此物中,通过描写此景此物予以抒发。它的特点是"景生情,情生景",情景交融,浑然一体。采用借景抒情这种方法,能使情和景互相感应,互相交融,互相依托,从而创造一种物我一体的艺术境界,完善地表达作者的思想感情,有极强的感染力。

山

大林寺桃花

[唐]白居易

人间四月芳菲尽[1]，山寺桃花始盛开。
长恨春归无觅处，不知转入此中来。

（收入义务教育教科书人民教育出版社《语文》三年级下册）

注释

[1] 芳菲：泛指花。

解析

初夏季节，春花差不多都已经开败了。白居易到山上的大林寺游览，却发现还有几枝桃花盛开，一幅春意盎然的景象。诗人兴高采烈，提笔写下了这首诗。

开头两句运用了强烈的对比，诗人先是遗憾春天逝去了，而后意外发现春天还在，很惊喜。"人间"一词从侧面反衬出山寺仿若仙境，所以能留住春天，有一种超凡脱俗的感觉。三四句发出感慨：常常遗憾春天离开了，没想到它藏在这里。字里行间有一股嗔怪又庆幸的语气，失而复得的惊喜和安慰之情呼之欲出。

全诗语言浅白易懂，却意境深远，短短四句就把诗人复杂的心理变化描写得一览无遗。

鹿　柴[1]

[唐]王维

空山不见人，但闻人语响[2]。
返景入深林[3]，复照青苔上[4]。

（收入义务教育教科书人民教育出版社《语文》四年级上册）

注释

[1] 鹿柴（zhài）：一作"鹿砦"，是王维晚年隐居的地方。柴，栅栏。[2] 但闻：只听见。[3] 返景：日落时分夕阳返照的光线。景，通"影"。[4] 复：又。

解析

山中空旷，看不见人影，只能听到人的说话声。夕阳照在浓密的树林中，返照出来的影子又照在了青苔上面。

这首诗描写了鹿柴在傍晚时呈现出来的清幽景色。首句中，"空"字直接点出这里人迹罕至，山林空旷，营造了远离俗世、清幽冷寂的氛围。第二句中，"但闻"一词让场景发生了变化，出现了人语，表面上打破了山林的寂静，实际上以有声写无声，更衬托出山林的静。后两句是一幅深林晚照图，由前面的听觉描写转为现在的视觉描写。"深林"是说树又多又密，这就造成了林间的光线偏暗，更衬托出山林的幽静。后来，光影移动到青苔上，光线亮度有所提升，显出了一丝暖意，让画面更有生机。

全诗语言浅显直白、疏淡自然，意境空灵清透，让人如临其境。

◆ 语文小课堂 ◆

辋川别墅是王维在宋之问辋川山庄的基础上营建的园林，位于陕西蓝田，王维晚年便隐居在这个地方。辋川别墅一共有二十处胜景，鹿柴是辋川别墅的胜景之一，我们熟悉的还有竹里馆、斤竹岭、华子冈等。王维与好友裴迪每天徜徉其间，每到一处都会写诗记录，后来汇编成《辋川集》。

渔歌子

[唐]张志和

西塞山前白鹭飞，桃花流水鳜鱼肥①。
青箬笠②，绿蓑衣，斜风细雨不须归。

（收入义务教育教科书人民教育出版社《语文》五年级上册）

注释

①鳜（guì）鱼：又叫"桂鱼"，就是花鲫鱼。②箬（ruò）笠：用竹叶或竹篾编成的斗笠。

解析

西塞山前面有飞翔的白鹭，有盛开的桃花，有潺潺的流水，还有肥美的鳜鱼。戴着青色的斗笠，披着绿色的蓑衣，就算现在吹着微风、下着细雨，也用不着回家躲雨。

这首小令描写了隐居山林的人在细雨中垂钓的景象，画面和谐自然，色彩鲜艳亮丽，描写细腻生动，表达了词人对自然景色的喜爱和恬淡闲适的情怀。词人擅于用局部衬托全局，鲜艳的桃花、上涨的流水、肥美的鳜鱼代表了春汛的季节，青色的斗笠、绿色的蓑衣代表了钓鱼的人。全诗动静结合，白鹭、斜风、细雨包含动态，而垂钓的人即使是在下雨的时候也安稳地坐在河岸上，一派悠然自得的样子。

作者小传

张志和（732年—774年），本名龟龄，字子同，婺州金华（今浙江金华）人。曾经被贬官，后弃官隐居山水之间，自号"烟波钓徒"。博学多才，擅长写文章，精通音乐和书画。

◆ 语文小课堂 ◆

张志和的母亲在怀孕的时候曾经梦见神仙把灵龟送给她吃，所以，孩子出生之后，就给他起名叫龟龄。张志和三岁就能读书，六岁就能做文章。小时候跟着父亲去翰林院玩，翰林院的官员拿文集考他，他都能过目不忘。当时的皇帝唐玄宗听说后也给他出题，他也答得很好。唐玄宗感到很惊奇，就下旨把他养在翰林院。

题西林壁[1]

[宋]苏轼

横看成岭侧成峰，远近高低各不同。
不识庐山真面目[2]，只缘身在此山中[3]。

（收入义务教育教科书人民教育出版社《语文》四年级上册）

注释

[1]题：写。西林：西林寺，在今江西庐山脚下。壁：墙壁。[2]不识：不能看清，难以辨别。[3]缘：因为，由于。

解析

　　从正面看庐山，山岭连绵起伏；从侧面看，庐山山峰高高耸立。从远处、近处、高处、低处看，庐山都能呈现出不一样的景观。之所以难以辨别庐山真正的景色，只是因为我就身在庐山之中。

　　这既是一首写景诗，又是一首哲理诗，诗人把人生哲理融入了对庐山景色的描述中，这很符合宋诗以说理为特点的诗风。前两句写诗人从不同的角度观察庐山都会获得不同的观感，形象地写出了庐山的千姿百态。后两句既写景又说理，包含着丰富的内涵：当局者迷，要跳出圈子，客观地看待事物、思考问题。语浅意深，构思奇巧。

◆ 语文小课堂 ◆

　　苏轼参加科举考试的时候写了一篇文章，非常出众。作为考官的梅尧臣很喜欢这篇文章，就把它推荐给了当时的主考官欧阳修。欧阳修也十分赞赏，想定其为第一名，可是又怕这篇文章是自己的学生曾巩写的（当时的卷子是封着的，看不到考生的名字）。为了避嫌，欧阳修就把这篇文章列为第二名。结果，试卷拆封后，大家才知道这是苏轼写的。

菩萨蛮·大柏地

毛泽东

赤橙黄绿青蓝紫①，谁持彩练当空舞②？
雨后复斜阳，关山阵阵苍③。

当年鏖战急④，弹洞前村壁。
装点此关山，今朝更好看⑤。

(收入义务教育教科书人民教育出版社《语文》六年级上册)

注释

①赤橙黄绿青蓝紫：彩虹的七种颜色。这里指代彩虹。②彩练：彩色的带子。当空：天空中央。③苍：青黑色。④鏖战：苦战，激战。急：激烈。⑤今朝（zhāo）：如今，现在。

解析

天上的七色彩虹就像有人在天空中央挥舞着的彩带。雨后太阳重新出现，青黑色的群山时隐时现。

那一年，这里进行了一次激烈的战斗，子弹穿透了前面村子的墙壁。满是弹孔的墙壁成了点缀这里的美景，它现在变得更加好看。

1933年，词人故地重游，回想起几年前在这里经历的战斗，触景生情，写了这首词。上阕写景，描绘大柏地雨后的美丽景色。前两句运用了借代和比喻的手法，用七种颜色来指代彩虹，又把彩虹比喻成彩带。丰富的色彩和奇特的联想给自然景色增添了独特的风采。三四句中，雨后重现的斜阳和经过雨水冲洗、流动着黑青色的关山有一种动态的美，描写细腻，显得生机盎然。下阕追忆当年，感慨今朝。当年的激烈战斗留下的弹孔装点着如今的大柏地，让关山更加美丽。这些弹孔不仅是风景,更是胜利的见证,是革命精神的留存,从中可以看出词人对战争胜利的宽慰和对革命成功的坚信。

蜂

[唐]罗隐

不论平地与山尖,无限风光尽被占。
采得百花成蜜后,为谁辛苦为谁甜?

(收入义务教育教科书人民教育出版社《语文》四年级下册)

解析

这首七言绝句可以看成一首寓言诗,简单明白的诗句中隐藏着深刻的人生哲理。

一二两句通过"不论""无限"和"尽"等程度副词,用夸张的手法极力赞扬蜜蜂的"风光",看起来就像夸耀和赞叹,但三四句才是诗人真正想要表达的。最后一句看上去是在发问,实际上是在感叹:蜜蜂辛苦劳动却一无所得,反而为他人作嫁衣裳。

全诗采用了欲抑先扬的手法,前后的落差引发了人们对蜜蜂深切的同情。同时,诗人也是借蜜蜂来讽刺那些汲汲营营、最后落得一场空的人。

◆ 语文小课堂 ◆

寓言诗,即具有寓言性质的诗,诗人用诗来讲述故事,并寄寓一定的道理。它具有诗的凝练含蓄的特点,有韵味又富于哲理,且耐人寻味。寓言诗创作规模比较空前的时代是中唐时期,代表诗人有元稹、白居易、刘禹锡和柳宗元等。

石灰吟

[明]于谦

千锤万凿出深山,烈火焚烧若等闲①。
粉骨碎身浑不怕②,要留清白在人间。

(收入义务教育教科书人民教育出版社《语文》六年级下册)

注释

①若等闲:就像很平常的事情。 ②浑:全,全然。

解析

经过千万次的锤炼才从深山里被开采出来,被熊熊烈火焚烧就像是平常事。就算是粉身碎骨也毫不畏惧,想着要留下高尚的节操在人世间传播。

在这首诗中,诗人托物言志,以石灰来自比,表达了要为国尽忠、不怕牺牲的精神和坚守高洁品质的决心。首句是说石灰石开采不容易,经历了很多苦难。第二句写石灰石还要经历很多考验,就像仁人志士成功之前都要经历磨难一样,可是他们都从容镇定,把考验看作平常事。第三句中,"粉骨碎身"形象地描写出石灰石最后被烧成了石灰粉,却毫不畏惧,这让人联想到那些宁可牺牲自己也要坚守节操的人。最后一句中的"清白"是一语双关,既指石灰的颜色是白的,也指人的品质没有瑕疵。

作者小传

于谦(1398年—1457年),字廷益,号节庵,官职做到少保,世称于少保。谥号"忠肃",与岳飞、张煌言并称"西湖三杰"。

◆ 语文小课堂 ◆

托物言志是一种常见的写作技巧。所谓托物言志，是指作者不直接表露自己的思想和情感，而是运用象征或起兴等手法，通过对事物或物品的描写和叙述，把自己的志向和意愿融于具体事物当中，或者用事物或物品来象征某种精神、品格、思想、感情等。比如，于谦的《石灰吟》，句句写石灰，也是句句写自己。陆游的《卜算子·咏梅》也是托物言志的典型作品，借梅花的品格来表达词人自己的品格。

星

碧城三首·其一

[唐]李商隐

碧城十二曲阑干，犀辟尘埃玉辟寒。
阆苑有书多附鹤，女床无树不栖鸾。
星沉海底当窗见，雨过河源隔座看。
若是晓珠明又定，一生长对水晶盘。

解析

首联写仙女住的地方城楼高高耸立，有很多栏杆围绕，景色壮观。仙女们用犀角隔离灰尘，佩戴宝玉避寒。"碧城"是神仙居住的地方，"十二曲"是虚指，用来形容城楼多。"犀辟尘埃"是《述异记》中的典故：有一种叫却尘犀的海兽，它的角能隔离灰尘。颔联描写仙女的日常，表明即使是仙女也难以摆脱男女之情。"阆苑"是仙人住所，"多附鹤"是说常常与人通信。"女床"出自《山海经·西山经》：有一座叫女床的山，上面有鸾鸟。"鸾"多被用来指男女之情。颈联写"星沉海底"与"雨过河源"的壮美景色。"星沉海底"指长夜过去，天要亮了。仙女和对方相会，眼看天就要亮了，他们即将分别。尾联写仙女对相会的依依不舍。"晓珠"就是太阳，"水晶盘"就是月亮。整句诗的意思是：希望不要天亮，如果太阳永远不西落，自己就只能生活在清冷和孤寂中了。

全诗场景壮阔，想象奇特，含义深刻，多处运用了象征、用典和双关的修辞手法。

鹊桥仙

[宋]秦观

纤云弄巧,飞星传恨①,银汉迢迢暗度②。
金风玉露一相逢③,便胜却人间无数。

柔情似水,佳期如梦,忍顾鹊桥归路。
两情若是久长时,又岂在朝朝暮暮。

注释

①飞星:流星。②银汉:银河。③金风:秋风。

解析

柔软的云呈现出各种姿态,流星飞过银河,暗暗传递着牛郎和织女的离恨。七月初七那一晚,在秋风白露中的一次重逢,就超越了人间的无数次相会。感情像水一样轻柔,重逢的喜悦把人带入美妙的梦境。即将分别的时候,都不忍回头看鹊桥搭成的路。两个人如果真心相爱,并不一定非要朝朝暮暮如影随形。

这首词描写了牛郎、织女鹊桥相会的故事,通过描绘牛郎、织女相会不容易,对爱情矢志不渝,表达了对爱情的赞美与向往。上阕中,"纤云弄巧"赞美织女心灵手巧;"飞星传恨"是说他们彼此相思,十分痛苦。"银汉"就是银河,"迢迢"说明距离遥不可及。"金风玉露一相逢"是说他们每年七夕相会一次。最后一句用对比来赞美牛郎、织女的情真意切。下阕是对相会的描写和议论。面对分离,两人依依不舍,虽然不能朝朝暮暮在一起,但是他们的爱情会天长地久。

作者小传

秦观（1049年—1100年），字少游，号淮海居士，高邮（今属江苏）人。他少年豪俊，胸怀壮志，不料三十七岁才中进士，后卷入党争，随苏轼等屡受迫害，先后被流放到郴州、横州、雷州。他善诗赋策论，尤工词，是北宋婉约词派重要作家。其词情感真挚，语言优雅，意境深婉，音律谐美，韵味隽永。

◆ 语文小课堂 ◆

秦观快三十岁的时候还没有什么成就，后来，他去拜访苏轼，写了一篇《黄楼赋》。苏轼认为他很有才华，就鼓励他好好读书，然后参加科举考试。可是，秦观考了两次都没有考中。苏轼为他感到惋惜，一直写信给他，还把他推荐给王安石。王安石也很欣赏秦观的诗。在他们的鼓励下，秦观终于在三十七岁的时候考中了进士。

虞美人·听雨

[宋]蒋捷

少年听雨歌楼上，红烛昏罗帐①。

壮年听雨客舟中，江阔云低，断雁叫西风②。

而今听雨僧庐下，鬓已星星也③。

悲欢离合总无情，一任阶前，点滴到天明。

注释

①昏：指烛光昏暗。②断雁：失去同伴的孤雁。③星星：形容白发像星星一样多。

解析

年少的时候在歌楼上听雨，烛光映照下，罗帐昏暗。中年的时候在异乡的小船上听雨，广阔的江面上白云低垂，离开雁群的大雁在西风中哀鸣。如今在僧庐下听雨，两鬓白发苍苍。悲欢离合总是那么无情，任凭阶前雨滴滴到天明。

这首词以"听雨"贯穿全词，描述了词人一生中不同时期的心境，抒发了人事无常的感叹，韵律优美，脉络清晰，情感恳切。少年时期的描写中，词人采用了"红烛""罗帐"等代表鲜艳活泼的意象，营造出浪漫的氛围，表现出少年的无忧无虑。壮年时期的描写中，词人经历了很多事，四处漂泊，"客舟""断雁"营造出来的是满心的悲愁。而今的描写中，词人年纪大了，经历了悲欢离合，生活凄凉，只剩下了无可奈何。

整首词既有时间顺序，也有空间顺序，层层递进，层次分明，脉络清晰，感情真挚动人，容易引起共鸣。

作者小传

蒋捷（约1245年—约1305年），字胜欲，号竹山，阳羡（今江苏宜兴）人。经历了宋朝的灭亡，隐居太湖竹山，终生不再做官。性格孤僻，很少交朋友。他的作品清新疏朗，含蓄明快，有自己独特的风格。

哥舒歌①

[唐] 西鄙人

北斗七星高②，哥舒夜带刀。
至今窥牧马③，不敢过临洮④。

注释

①哥舒：突厥族哥舒部的姓氏，这里指哥舒翰。他是唐玄宗时期著名的大将，曾任河西、陇右等节度使；后来因为破吐蕃有功，封为西平郡王；最后

在安史之乱中被安庆绪所杀。《全唐诗》题下注："天宝中，哥舒翰为安西节度使，控地数千里，甚著威令，故西鄙人歌此。"②北斗七星：属于大熊星座，这里指哥舒翰的威望很高。③窥：窥伺，偷看。④临洮：在今甘肃岷县，是秦长城的西端。

解析

这首诗是为了庆祝哥舒翰带领军队大败吐蕃侵略者而写的，是边境人民对勇士的颂歌。整首诗没有正面描写哥舒翰如何英勇善战、足智多谋，也没有渲染战争场面多么激烈，而是从侧面来衬托歌颂的主题，表达人民渴望和平安定的愿望。

前两句写北斗七星悬挂在头顶，勇猛的哥舒翰在夜里佩带宝刀，守卫边境。其中，第一句采用了起兴手法，用高高悬挂在夜空中的北斗七星来表现哥舒翰在边境人民心中的威望。第二句中的"夜"字渲染了紧张的气氛。后两句写哥舒翰的赫赫战功导致了边境局势的改变，起到了安定边境、保护人民的作用：吐蕃到现在都只敢远远窥伺，不敢再越过临洮来侵扰了。

这首诗语言自然朴实，风格粗犷，带有民歌特色。

作者小传

西鄙人，意思是西北边境的人，生平、姓名等不详，大概生活在开元天宝年间。

迢迢牵牛星

[汉]佚名

迢迢牵牛星①，皎皎河汉女②。

纤纤擢素手③，札札弄机杼④。

终日不成章，泣涕零如雨⑤。

河汉清且浅，相去复几许⑥。

盈盈一水间⑦，脉脉不得语⑧。

(收入义务教育教科书人民教育出版社《语文》六年级下册)

注释

①迢（tiáo）迢：遥远的样子。②皎皎：明亮的样子。河汉女：指织女星，与牵牛星隔着银河相对。河汉，银河。③纤纤：细长的样子。擢（zhuó）：伸出。素：白皙。④札（zhá）札：织机发出的响声。弄：摆弄。杼（zhù）：织机上的梭子。⑤涕：眼泪。零：落下。⑥相去：相距。复几许：又有多远。⑦盈盈：清澈的样子。⑧脉（mò）脉：相视无言的样子。

解析

远远地能看见银河那边的牵牛星，隔着河岸相对的是明亮皎洁的织女星。织女那一双细长白皙的手正在札札地织布。一天下来也没能完成一段布，织女的眼泪就像雨滴一样不断流下来。银河看上去又清又浅，两岸的距离能有多远呢？隔着一条银河，他们只能含情脉脉地相望，无法交谈。

这首乐府诗通过描写神话传说中牛郎织女被迫分离的故事，抒发了诗人因为爱情遭遇坎坷而苦闷的心情。

前两句写牛郎织女隔着银河遥遥相望，为后面的情节做铺垫。三四句描写织女的形象和劳动的场景。"纤纤"写出了织女的手的柔美，"擢"字写出手的动作优美娴熟，"素"字写手的颜色洁白无瑕，"札札"形容织布机的声音。这两句诗把织女的柔美、勤劳写得形象到位，也暗示了织女因为思念牛郎而苦闷的心情。五六句写织女因为整天闷闷不乐、以泪洗面而无心织布。最后四句是诗人发表的感叹：哪怕银河看着又清又浅，也让两个人无法相聚。

　　全诗从织女的角度描写爱而不得的悲伤，诗人擅于抓取细节，"迢迢""皎皎""纤纤""札札""盈盈""脉脉"等叠字的使用，让诗歌的音节更为和谐，也使整首诗感情浓郁、真切动人。

◆ 语文小课堂 ◆

　　宇宙中的牵牛星和织女星是两颗恒星，它们能像太阳一样自己发光发热。牵牛星和织女星之间距离很远，有大约16光年。所以，喜鹊搭成鹊桥，让牛郎和织女每年七夕相会，这样的故事也只能存在于神话传说里了。

嫦　娥

[唐]李商隐

云母屏风烛影深①，长河渐落晓星沉②。
嫦娥应悔偷灵药③，碧海青天夜夜心。

（收入义务教育教科书人民教育出版社《语文》四年级上册）

注释

①烛影深：烛影暗，即烛火快要燃尽，夜晚就要过去。②长河：银河。渐落：渐渐向西沉。晓星：晨星。沉：落。③应：一定。偷灵药：指偷吃长生不老药。

解析

装饰着云母的屏风上倒映着残烛的影子，银河慢慢向西沉，晨星也渐渐下落。嫦娥一定很后悔当初偷吃了长生不老药，现在只能一个人夜夜对着碧海青天，孤独寂寞。这首诗句句写景，却又处处写人，以嫦娥的孤独映衬主人公的寂寞，抒发了诗人志向高远却没人理解的郁闷之情。

前两句写深夜的景象。室内装饰精美，陈设华丽，但是天色寂寥，星辰渐落。这种对比很强烈，突出了孤独之人长夜无眠的凄凉。"深"字既指夜深，也指诗人心情的低落。后两句议论，设想嫦娥一定会因为寂寞冷清而后悔自己当初的所作所为。诗人既是为嫦娥慨叹，也是为自己慨叹。面对现实世界的不堪，诗人觉得孤独和无力，想要追求精神和心灵上的洁净超脱，却得不到人们的理解，只能把自己的寂寞投注到嫦娥身上，想象独特，情感细腻，耐人寻味。

过零丁洋

[宋]文天祥

辛苦遭逢起一经，干戈寥落四周星。
山河破碎风飘絮，身世浮沉雨打萍。
惶恐滩头说惶恐，零丁洋里叹零丁。
人生自古谁无死？留取丹心照汗青。

解析

公元1278年年底，文天祥兵败被俘，次年坐船经过今广东省珠江口外的伶仃洋时写下了这首诗。诗题中的"零丁洋"就是伶仃洋。

首联诗人回忆自己历经艰辛通过了科举考试，进入仕途，现在经过四年的抗元战争，南宋朝廷已经荒凉没落。领联写国家就像狂风中的柳絮一样浮浮沉沉、危在旦夕，自己的人生也像雨中浮萍一样漂泊无依。"风飘絮"和"雨打萍"，对仗工整，选取的意象很好地表现出诗人内心的凄苦。颈联写诗人想起惶恐滩的凶险，至今依然感到惶恐，现在又被俘虏，困在过零丁洋的船上，感叹自己的孤苦无助。惶恐滩在今江西万安，水流湍急，极为险恶，文天祥曾经因为兵败，经那里退往广东。尾联表达自己的志向：自古以来，人都难免一死，如果能为国尽忠，那么死后一样可以青史留名。"丹心"比喻忠心，"汗青"即史册。这一联是千古名句，情调高昂，激励了古往今来很多仁人志士为正义献身。

作者小传

文天祥（1236年—1283年），字履善，又字宋瑞，号文山，吉州庐陵（今江西吉安）人。曾经出使过元军大营，被扣押，拼死逃回南宋，带领军队对抗元军，最后还是被抓住，宁死不降。擅长诗文，多抒发慷慨激烈的爱国之情。

题木居士二首·其一[①]

[唐]韩愈

火透波穿不计春[②],根如头面干如身。
偶然题作木居士,便有无穷求福人[③]。

> **注释**
>
> ①居士:指那些信奉佛教但不用出家做和尚的人,这里借指枯木。②火透波穿:雷火灼烧,大水浸泡。不计春:不知道过了多少年。③无穷:无数。

> **解析**
>
> 这是一首咏物寓言诗,诗人通过描写一棵根如人头、干如人身、被人们跪拜祈福的枯木,侧面讽刺了荒谬迷信的社会现象。开头两句写枯木的形态和形成这种形态的原因。枯木长时间经过雷火的灼烧和大水的浸泡,被侵蚀得有了"如身"的树干和"如头面"的树根。后两句写这棵枯木因为外形而被人们放到神龛上供奉,有无数的善男信女来跪拜祈福。"木居士"自己都无法避过磨难,这些祈福的人却向它乞求,可见他们多么急功近利、荒唐可笑。诗人以物喻人,文笔辛辣,构思巧妙,喜剧效果中含有深刻的主旨。

从军行七首·其一

[唐]王昌龄

烽火城西百尺楼①,黄昏独坐海风秋。
更吹羌笛关山月②,无那金闺万里愁③。

注释

①烽火:烽火台。古代在边境上要建造瞭望台观察敌情,看到敌人要燃烧狼粪或柴草报警,叫烽火。②羌笛:羌族竹制的乐器。③无那:无奈。

解析

黄昏时分,战士独自坐在城西百尺高的烽火台上,感受从青海湖吹来的瑟瑟秋风。更凄凉的是,伴着从远方传来的用羌笛吹奏的《关山月》,战士想起了独守闺中的妻子在万里之外那无可奈何的忧愁。

在这首描写边疆战士思念家人的诗里,诗人刻画了一个有家不能归、只能独自忧愁的征人形象,表达了对边疆战士深切的同情和对战争的反对。前两句中,诗人描写环境,营造出一片苍凉寂寞的氛围。时间是萧瑟的冷秋,又赶上黄昏,四周苍茫辽阔,独自一个人的时候很容易产生思念故乡、亲友的感情。后两句用代表离别伤感的《关山月》渲染情绪,让征人愁上加愁,为最后一句的抒情做铺垫。

春夜喜雨

[唐]杜甫

好雨知时节，当春乃发生①。
随风潜入夜，润物细无声②。
野径云俱黑③，江船火独明。
晓看红湿处④，花重锦官城⑤。

（收入义务教育教科书人民教育出版社《语文》六年级下册）

注释

①发生：使植物萌发、生长。②润物：滋润万物。③野径：田野间的小路。④红湿处：指被雨打湿的花丛。⑤花重：花朵因为被雨水打湿而显得沉重饱满的样子。锦官城：成都的别称。成都曾经是主持织锦的官员的官署所在地，所以叫"锦官城"。

解析

好雨知道自己该什么时节来，在春天万物复苏的时候就降临了。细雨随着夜里的春风飘落，悄无声息地滋润万物。乡野间的小路上，黑云沉沉，只剩下江中的渔船上还有明亮的灯火。早晨起来看看花丛，锦官城的花儿因为浸润了春雨而显得沉重饱满。

春天里，万物复苏，许多植物都需要雨水的滋润，所以有"春雨贵如油"的说法。在这首诗中，诗人就为我们描写了一场及时的春雨，它的到来让人们万分喜悦，所以一个"喜"字贯穿了全诗。前两联中，诗人运用了拟人的手法，赞美春雨善解人意，而且它没有大张旗鼓地来，而是悄悄地随着风在夜里来。"润物细无声"后来成为千古名句,用来比喻教书育人潜移默化。颈联中,诗人运用了对比的手法,一黑一明,在强烈的反差中体现出春雨的可喜。尾联是诗人的想象,根据这场春雨,诗人能够预料到第二天锦官城将花团锦簇,令人欣喜。

诗人对春雨的描绘细致入微,生动传神,不仅形象地摹画出春风化雨的景象,而且传达出春雨润泽万物的精神。

◆ **语文小课堂** ◆

《春夜喜雨》写于唐肃宗上元二年(761年)春。作此诗时,杜甫已在成都草堂定居两年,开始了在蜀中的一段较为安定的生活。他亲自耕种,与农民交往,自然对春雨有很深的情感。在《春夜喜雨》中,杜甫通过"知时节""润物""细无声"等春雨的特性,描画出一幅春夜降雨、润泽万物的美景,同时也表达了自己的喜悦之情。

问刘十九

[唐]白居易

绿蚁新醅酒①,红泥小火炉。
晚来天欲雪②,能饮一杯无?

注释

①绿蚁:新酿的米酒没有经过压榨或过滤,会在上面形成绿色的小泡沫,像蚂蚁一样,被称为绿蚁。醅(pēi):没有经过压榨或过滤的酒。②雪:名词作动词,下雪。

解析

新酿成的米酒还漂浮着绿色的泡沫,温在小小的红泥制作的火炉上。天色已晚，看起来就要下雪了，你要不要来和我共饮一杯酒？

　　这首诗是写给刘禹锡的堂哥刘禹铜的，刘禹铜在家排行十九，所以被称为刘十九。诗的开篇就开门见山地点明了是要饮酒。"新醅酒"和"小火炉"两个意象的选取很有特色，营造出一种温暖的气氛，给好友的相聚长谈增添了温馨之感。第三句中的"天欲雪"让人联想到寒冷的大雪天气，更衬托出前两个意象的温暖和友情的难得。最后一句诗人率真又殷勤地询问朋友，其实是料定了朋友会痛快地答应下来。短短几句，语浅情深，言短味长，通过前面三句对饮酒环境和外面天气的描写，反复渲染气氛，引出最后一句，写得情趣盎然，韵味无穷。

◆ **语文小课堂** ◆

　　唐代人酿酒是把米、水和酒曲按一定比例装到一个大瓮中密封，发酵一段时间后撒上石灰，就制成了浊酒。这样的酒没有经过压榨或过滤，前期会在上面形成绿色的小泡沫，就像蚂蚁一样。所以，人们就常用"绿蚁"来指代新酿出的酒，又称浮蚁、碧蚁、蚁绿和绿酒等。

田家三首·其二

[唐]柳宗元

篱落隔烟火①,农谈四邻夕。

庭际秋虫鸣,疏麻方寂历②。

蚕丝尽输税,机杼空倚壁。

里胥夜经过③,鸡黍事筵席。

各言官长峻④,文字多督责⑤。

东乡后租期,车毂陷泥泽。

公门少推恕⑥,鞭朴恣狼藉。

努力慎经营,肌肤真可惜。

迎新在此岁⑦,唯恐踵前迹。

注释

①篱落:篱笆。②寂历:凋零败落的样子。③里胥:乡间小吏。④峻:严厉。⑤文字:催缴佃租的文书。⑥推恕:饶恕。⑦迎新:迎来新一轮的收粮食和纳税。

解析

柳宗元被贬官永州后,看到地方官员为了得到好的政绩,对下层劳动人民横征暴敛、催租逼税,致使很多百姓生活困苦。要是再遇上灾荒,百姓就更是苦不堪言。他感到愤怒的同时,也对百姓很同情。在这首诗中,诗人纯用白描手法,用平淡简朴的语言详细地描述了地方官吏的恶劣行径,不加抒情和议论,却把恶人的恶和百姓的苦都写了出来。

前六句是第一部分内容，描述百姓交完夏税之后夜里的场景：左邻右舍聚在一起，隔着篱笆谈论。这时候只能听到庭院墙边虫子的叫声，种植疏麻的田地里十分寂静。百姓收获的蚕丝都用来交了税，只剩下空下来的机杼靠着墙放着。三四句运用了以动衬静的写法，更显出四周的幽静。第六句一个"空"字，写出了百姓的无奈和凄凉。

剩下十二句是第二部分，写乡间小吏敲诈勒索百姓，让百姓有苦难言。乡吏来了，百姓要准备好酒好菜来招待。乡吏们个个都很横，嘴里说的都是恐吓人的话。百姓听了，都吓得加紧准备下一次交税的东西，就怕一个不小心落个悲惨的下场。在这一部分，诗人通过描写百姓的低声下气、忍气吞声和乡吏的言语来体现地方官吏对百姓的盘剥，以小见大，可以看出整个社会都是这样的画面，从而对统治者加以批判。结尾对百姓的描写呼应了开篇的聚众议论。

◆ **语文小课堂** ◆

柳宗元在柳州当官的时候看到城外有大片的荒地，就以官府的名义组织乡间的闲散劳力开垦荒地，鼓励人们种树种菜，发展生产，大大改善了人民的生活条件。此外，他还提倡植树造林，并且亲自参加植树活动，可以说是古代植树节的形象代言人。

惜牡丹花

[唐]白居易

惆怅阶前红牡丹①,晚来唯有两枝残。
明朝风起应吹尽,夜惜衰红把火看②。

注释

①惆怅:苦闷,伤感。②把火:手执火把。

解析

开篇的"惆怅"一词使这首诗的起调有些哀沉,猛一看上去好像要写怜惜落花、感伤春去。第二句却有了转折,花只有"两枝残",让人们为花朵感到庆幸,心情一下子开朗了很多。第三句却又一转,写对"明朝风起"的无限担忧,花朵还是有落尽的危险啊。最后一句写诗人护花,举着火把去照看它。

忧愁、庆幸、担忧、忧愁,这首诗的情感一波三折,把诗人的惜花护花之情展现得淋漓尽致。最后一句留白,给读者留下想象的空间。

古从军行

[唐]李颀

白日登山望烽火,黄昏饮马傍交河^①。

行人刁斗风沙暗^②,公主琵琶幽怨多^③。

野营万里无城郭,雨雪纷纷连大漠。

胡雁哀鸣夜夜飞,胡儿眼泪双双落。

闻道玉门犹被遮,应将性命逐轻车。

年年战骨埋荒外,空见蒲桃入汉家^④。

注释

①饮(yìn)马:让马喝水。交河:位于今新疆吐鲁番西北。②刁斗:古代行军时白天用来煮饭、晚上用来敲击巡更的铜制器具。③公主:指汉武帝时远嫁乌孙的江都王之女。④蒲桃:即葡萄。

解析

这首诗的前四句写边关将士紧张凄苦的生活:白天登上山头观望报警的烽火,黄昏时分到交河边饮马;走在昏暗的风沙中听到刁斗的声音,还有公主弹奏的幽怨的琵琶声。所有的意象共同营造出一种肃穆凄凉的氛围。中间四句写边疆恶劣的周边环境和人们心里的悲伤:原野的云遮天蔽日,万里不见城镇,整个大漠雨夹着雪纷纷下落;胡地的大雁夜夜哀鸣着不停地飞,胡儿不断地落下眼泪。在这种环境下,从中原远道而来的士兵会有什么感受?最后四句写将士战死异乡,回不了家。结尾由葡萄引发感慨:年年打仗死了无数人,最后换来的只是葡萄的进贡。最后一句画龙点睛,点明统治者穷兵黩武,不关心将士的生死，达到了讽刺的目的。

作者小传

李颀（约690年—约751年），赵郡（今河北赵县）人。中进士后，授官新乡慰，后来归隐，所写的边塞诗、人物素描诗、音乐诗、咏史怀古诗都是很好的作品。

◆ 语文小课堂 ◆

西汉时期，汉武帝刘彻为了抗击匈奴，想要跟远在西域的大月氏进行联合，于是派遣张骞出使西域各国。张骞虽然并没有完成汉武帝交代的政治任务，但是加强了汉朝同西域的交流，加速了丝绸之路的开拓。引进自西域的葡萄、苜蓿、核桃、胡萝卜等也丰富了汉族人民的生活。

淮上喜会梁州故人

[唐]韦应物

江汉曾为客^①,相逢每醉还。

浮云一别后,流水十年间。

欢笑情如旧,萧疏鬓已斑^②。

何因不归去,淮上有秋山。

注释

①江汉:即汉江。②萧疏:萧条,稀疏。斑:花白。

解析

诗人在淮上这个地方遇到了十年前在梁州认识的朋友,感到十分欣喜。他回忆起十年前的情景,看到现在的两个人都是头发稀疏花白的样子,有感而发,写了这首诗。

首联回忆十年前两人都客居江汉,每次相聚都要大醉而回。回忆的美好让人沉浸其中,所以再次相遇才会那么欣喜。颔联话题转回现在,直接抒发离别十年的伤感之情:你我分别后就像天上的浮云一样随风漂泊,时间如流水,不知不觉已经过了十年。颈联接着写这次的相遇,情绪从开始的欢喜转为伤感:

今天重逢,我们依然尽情谈笑,只是两人的头发都稀疏花白了。这一联写出对年华易逝、人生无常的感慨。尾联用景色作结,余味无穷:你问我为什么还不回去?只因为淮水边上的秋山。

全诗只抓取有代表性的对象来写,用十年前的"醉酒"写浓厚的友情,用"十年间"写离别的感情,用"萧疏"写衰老的悲情,重点突出,起伏跌宕,扣人心弦。

新添声杨柳枝词二首·其一

[唐]温庭筠

一尺深红蒙曲尘,天生旧物不如新。
合欢桃核终堪恨,里许元来别有人。

解析

这首诗是诗人在宴席中为所唱小曲填写的词,通篇以物喻人,尾句巧妙地运用了"人"与"仁"的谐音,虚写和实写完美结合,嘲讽了那些在感情上喜新厌旧之人。

前两句借衣裳旧不如新比喻人们在情感上的喜新厌旧。"曲尘"原指酒曲生出的黄似尘土的菌,这里指衣服蒙上了尘土,呈现出酒曲那样的暗黄色。深红色的裙子蒙上了暗黄色的灰尘,世上所有的东西都是旧的没有新的受欢迎。后两句笔锋一转,写情感上的喜新厌旧。"合欢桃核"比喻男女的结合,诗人借核桃的另一半壳里装了别的核桃仁来比喻恋爱的两个人中有一个移情别恋了。

◆ **语文小课堂** ◆

温庭筠才华很高,传说他有一种本领,那就是作诗文根本不用打草稿。他参加律赋考试时,叉一次手就能完成一韵,叉八次就完成了考试,于是人们又叫他"温八叉"或"温八吟"。

铜雀妓二首·其二①

[唐]王勃

妾本深宫妓,层城闭九重。

君王欢爱尽,歌舞为谁容。

锦衾不复襞②,罗衣谁再缝。

高台西北望,流涕向青松。

注释

①铜雀妓:乐府平调曲名,即"铜雀台"。②襞(bì):折叠。

解析

"铜雀妓"是乐府诗题,主要是怀古或咏史的内容。这一首是王勃以乐府韵律写成的五言诗,描写了歌伎悲惨的命运,借古讽今,情感真切动人。

前两句交代歌伎的身世和来历,她们来自深宫内院,被一层层的城墙锁在九重的宫殿里,没有自由。三四句写歌伎空度年华的悲剧,她们学习歌舞技艺就是为了取悦君王,可是君王已经死了,她们的歌舞给谁看呢?五六句写歌伎在漫长的幽禁岁月里一点点憔悴枯萎,丝锦做的被褥不想折叠,再好的绫罗也没有心思去缝制成衣裙。最后两句写她们从高台上向西北张望君王的陵墓,感到痛苦和绝望。

作者小传

王勃（约650年—676年），字子安，绛州龙门（今山西万荣）人。"初唐四杰"之一，少年的时候就展露出才华，被赞为神童。因为写了一篇《檄英王鸡》，被皇帝驱逐，后来在去交趾探望父亲的路上，渡海时溺水，受惊吓而死。

◆ 语文小课堂 ◆

王勃少时便有诗名。公元676年，王勃去交趾（今越南境内）探望父亲，途经洪都（今江西南昌）时，恰逢都督阎伯屿重修的滕王阁落成，宴请文人雅士，王勃也受邀参加。阎伯屿的女婿吴子章很有文才，事先写好一篇序文，准备在宴席上向众人炫耀。宴会上，阎伯屿请来宾为滕王阁作序。众人都托词不作，到王勃时，他却并不推辞，当场挥毫疾书，一气呵成，写就了著名的《滕王阁序》。

钗头凤

[宋]唐琬

世情薄，人情恶，雨送黄昏花易落。晓风干，泪痕残。欲笺心事，独语斜阑。难，难，难！

人成各，今非昨，病魂常似秋千索。角声寒，夜阑珊。怕人寻问，咽泪装欢。瞒，瞒，瞒！

解析

词人唐琬跟随丈夫到沈园踏青时，遇到了前夫陆游。陆游在沈园的墙壁上题了一首《钗头凤》，唐琬便写了这首词来应和。

上阕写两个有情人被迫分离的痛苦。世风凉薄，人心险恶，鲜艳的花朵受到阴雨黄昏的折磨，容易凋落。这里运用了比喻和象征的手法，把词人自己比喻成花朵，雨和黄昏象征的是险恶的社会和人心。词人经常流泪到天明，想把心里话写下来，又怕再惹麻烦，只能独自倚着栏杆发愁。连用三个"难"字，写出了词人处境的悲惨，暗示最后还是没有写。下阕写两个人的现状。物是人非，两人之间就像隔着天涯，词人还有一身的病痛，苦楚不想让别人知道，只能自己忍着。三个"瞒"字连用，更显出词人处境的凄凉。

作者小传

唐琬（约1128年—约1156年），字蕙仙，是陆游的表妹，也是陆游的第一任妻子，南宋才女。

◆ 语文小课堂 ◆

唐琬改嫁赵士程后，因为丈夫对她很好，两个人也度过了几年美好的时光。偶遇陆游并写下这首《钗头凤》后，唐琬的伤心事被勾起，身体越来越差，最后郁郁而终。而赵士程在唐琬死后，终生都没有再娶妻。

踏歌词四首·其一

[唐]刘禹锡

春江月出大堤平，堤上女郎连袂行。
唱尽新词欢不见，红霞映树鹧鸪鸣。

解析

"踏歌"是传统舞蹈，讲究唱走结合，多是踏地为节，边歌边舞。这首诗是诗人刘禹锡被贬夔州时写的，虽然官场不如意，他却能从音乐和舞蹈中感受到生活的美好，从而乐观地面对挫折。

诗中描写了年轻的少女一边跳舞一边等待情郎的情景。第一句直接点明了时间是春天的月夜，地点是江边大堤上。"平"字写出了江水平岸的阔大，营造了一幅平坦广阔的景象。第二句写堤上的一群少女在联袂起舞，大堤平阔，少女妩媚多姿，景色怡人。后两句写少女们的表演接近了尾声，心上人却还没有出现，只看到天亮了，彩霞开始照耀大地、掩映树梢，鹧鸪鸣叫，一派欣欣向荣的景象，反衬出恋爱的烦恼。

全诗旋律欢快活泼，其中还流动着鲜艳的色彩。皎洁的月光、火红的朝霞、苍翠的大树、黑白分明的鹧鸪，构建了一幅明媚的自然风景。美景之中还夹杂着一丝淡淡的哀怨，朦胧婉约，富有风情。

◆ 语文小课堂 ◆

刘禹锡自称是中山靖王刘胜之后，他自幼就学习儒家经典和吟诗作赋，当时的诗僧皎然、灵澈还指点过他写诗。二十二岁时，刘禹锡就考中了进士，同年登博学宏词科，两年后又中了吏部取士科，成为著名的"三登文科"之人，可以说是当时颇负盛名的"学霸"。

喜

喜 赦

[唐]沈佺期

去岁投荒客①，今春肆眚归②。

律通幽谷暖，盆举太阳辉③。

喜气迎冤气，青衣报白衣④。

还将合浦叶，俱向洛城飞。

注释

① 投荒：指诗人曾经被流放。② 肆眚（sì shěng）：宽赦有罪的人。③ 盆举：举盆。④ 青衣：指通知赦免的官吏。

解析

诗人沈佺期受到张易之兄弟的牵连，被流放到现在的广西，第二年春天的时候遇到大赦，就写了这首诗来表达自己的喜悦之情。

第一句点明自己在去年被流放。"客"是诗人自指，"投荒"指被流放到荒远之地。第二句写遇到大赦的时间。首联的叙事中掺杂着悲喜交加的情感。颔联直抒胸臆，表明世间仍有公正存在，自己得到平反是应该的。第三句指法律得到通行，让幽暗的深谷都能感到温暖。第四句是说举起盆来承接天上的雨露，却迎来了太阳的光辉，获得了光明。这一联中，诗人生动形象地表达了遇赦时的兴奋之情。颈联写出了诗人复杂的心情。喜气代替了被冤屈的郁闷，穿青衣的人向穿白衣的自己报喜。虽然遇赦让人欣喜，但是诗人心中还是有怨气：小吏向读书人报喜，却不是恭喜他金榜题名，让人心中感到悲凉。尾联化用了典故，古代传说合浦县有一种大树叶，乘坐着可以随风一夜飞到洛阳。这里表达了诗人想要回到家乡的急切心情。

作者小传

沈佺期（约656年—约715年），字云卿，相州内黄（今河南内黄）人。擅长写五言律诗，与宋之问一样是当时著名的宫廷诗人，并称"沈宋"。作品多为应制诗，延续宫体诗风，总结了六朝以来新体诗的创作经验，重视对仗和音律，是唐代五言律诗的奠基人。

清平乐·村居

[宋] 辛弃疾

茅檐低小①，溪上青青草。
醉里吴音相媚好②，白发谁家翁媪③？

大儿锄豆溪东④，中儿正织鸡笼。
最喜小儿亡赖⑤，溪头卧剥莲蓬⑥。

（收入义务教育教科书人民教育出版社《语文》四年级下册）

注释

①茅檐：茅屋的屋檐。②吴音：这首词是辛弃疾闲居带湖（今属江西）时写的，此地古代属吴地，所以称当地的方言为"吴音"。相媚好：相互逗趣、取乐。③翁媪（ǎo）：老翁和老妇。④锄豆：锄掉豆田里的草。⑤亡赖：同"无赖"，

— 105 —

这里指顽皮、淘气。⑥卧：趴。

> **解析**

　　茅屋的屋檐低矮窄小，小溪边长满了青绿的小草。突然有人用吴地的方言相互逗乐，让人感到很亲切。那是谁家头发花白的老头儿和老太太？大儿子在小溪东边的豆田里锄草，二儿子正在编织鸡笼。最可爱的是顽皮淘气的小儿子，他正趴在溪边草丛中，剥着刚刚采下的莲蓬。

　　在这首词中，词人描写了一户农村人家五口人的生活，展现了村居生活的闲适和温馨。上阕描写了乡间的美好风光。"青青草"说明是春天，"茅檐低小"说明这家人生活清贫，"吴音"说明地点在东吴一带。下阕描写了三个儿子的忙碌，各有各的特色，让村居生活显得活泼有趣。

　　词人通过描写人物不同的特征，展现出农人的生活之美和人情之美，体现了词人对田园生活的羡慕与向往之情。

◆ **语文小课堂** ◆

　　辛弃疾是两宋存词最多的词人。我们所熟悉的辛词多以国家、民族的现实问题为题材，抒发慷慨激昂的爱国之情。南归以后，辛弃疾一直遭受当权投降派的排斥，长期不得任用。闲居期间，他更加关注农村生活，写下了大量描写农村生活的佳作，其中有风景画，也有农村的风俗画，如《清平乐·村居》《西江月·夜行黄沙道中》等。

天末怀李白

[唐]杜甫

凉风起天末①,君子意如何?

鸿雁几时到②?江湖秋水多③。

文章憎命达,魑魅喜人过。

应共冤魂语④,投诗赠汨罗⑤。

注释

①天末:天边。②鸿雁:指书信。③秋水多:指路途上艰难险阻很多。④冤魂:指死去的屈原。⑤汨罗:汨罗江,是屈原投江的地方,在今湖南湘阴。

解析

这一年,诗人李白被流放到夜郎,杜甫写下这首诗来表达想念之情。诗人想象李白经过汨罗江时的情形,并用屈原来比喻李白受到了不白之冤,表达了对李白的真挚感情。前四句写自己因为凉风的降临而产生了对远在天边的好友的思念之情,不知道他现在怎么样了。看到秋雁南归,诗人联想到不知什么时候才能获得好友的消息,担心对方这次会遇到很多的艰难坎坷。"天末"暗指好友李白被流放,展现出一种流落天涯的飘零之感。"意如何"像是不经意的寒暄,想说的话不知从何说起,便用最朴实的语言来表达自己的关切。五六句感叹好友的不幸遭遇:文采出众的人总是命途多舛,鬼怪都喜欢人有过错。最后两句说道,应该写一首诗,把它投到汨罗江中,送给屈原。这是指李白蒙受谗冤,几乎与被谗放逐、自沉汨罗江的屈原同病相怜。

◆ **语文小课堂** ◆

杜甫认识李白的时候已经三十二岁了。李白比杜甫大十一岁,却早早地就写出很多优秀的诗篇,名扬天下了。杜甫非常欣赏和仰慕李白,可以算得上是李白的一个粉丝了。在与李白交往的过程中,杜甫写下了很多记录他们之间友情的诗,在李白死后也多次写诗怀念他。

鹧鸪天

[宋]李清照

寒日萧萧上琐窗[1],梧桐应恨夜来霜。
酒阑更喜团茶苦[2],梦断偏宜瑞脑香[3]。

秋已尽,日犹长,仲宣怀远更凄凉[4]。
不如随分尊前醉,莫负东篱菊蕊黄。

注释

[1]寒日:晚秋早晨的太阳温度很低,人们感觉不到太阳光的温暖,所以词人称这时的太阳为寒日。琐窗:雕刻着连锁形图案的窗棂。[2]团茶:茶饼。[3]瑞脑:一种香料。[4]仲宣:仲宣是"建安七子"之一王粲的表字。怀远:抒发怀念故乡的感情。

解析

这是一首怀念故乡的词,是李清照晚年暂住越中时所写的,其中写景、叙事、怀古并用,抒发了浓浓的乡愁。上阕开头两句写秋天的景色,太阳清冷暗淡，梧桐染霜，一片凄冷萧条。后两句没有直接写愁，而是通过解酒的苦茶来暗指借酒浇愁，通过梦醒后闻到瑞脑香来以乐写哀。下阕化用典故，在秋天结束、白天还是很漫长的时候，王粲写下《登楼赋》来思乡怀远，只能让人备感凄凉，还不如对着杯中的美酒喝到大醉，不要辜负东篱金黄色的菊花。词人用王粲思乡却无法回去来自比，后面安慰自己的话是故作轻松，还是暗藏着无限的悲愁。

◆ **语文小课堂** ◆

用典是诗词创作常用的一种技巧，指引用古籍中的故事、词句、历史典故等来表达见解。通过用典可以借古论今、表明心迹、引发思考，丰富而含蓄地表达思想和情感。古代诗人和词人在一些以慨叹历史为主题的诗词中，常常用典。比如，"商女不知亡国恨，隔江犹唱后庭花"用了陈后主《玉树后庭花》之典，"廉颇老矣，尚能饭否？"用了廉颇"一饭三遗矢"的典故。

闻官军收河南河北

[唐] 杜甫

剑外忽传收蓟北①，初闻涕泪满衣裳。
却看妻子愁何在，漫卷诗书喜欲狂②。
白日放歌须纵酒③，青春作伴好还乡④。
即从巴峡穿巫峡，便下襄阳向洛阳。

（收入义务教育教科书人民教育出版社《语文》五年级下册）

注释

①剑外：剑门关以南，此处指诗人所在的蜀地。蓟北：泛指唐朝蓟州北部

地区，当时是安史之乱叛军盘踞的地方。②漫卷：胡乱卷起。③放歌：高声歌唱。④青春：指春光明媚的时候。

> **解析**

　　剑南忽然传来蓟北光复的消息，我刚听到的时候，激动得不禁眼泪打湿了衣裳。再看看妻子和孩子，他们哪里还有忧愁？我胡乱地收起书卷，欢喜得接近疯狂。春光明媚的时候要高声歌唱，要痛快地喝酒，有明媚的春光做伴，正好可以回家乡。尽快经过巴峡，再穿过巫峡，就能从襄阳直奔洛阳了。

　　这首诗是诗人听到官军在洛阳攻破安史叛军、收复河南的消息后写下的，一气呵成，真情流露，被称为他"生平第一首快诗"。首联的"忽传"写消息来得突然，是个惊喜。"涕泪"可见诗人喜极而泣。颔联的"却看"和"愁何在"写喜消除了愁，看到了回家乡的希望。胡乱地卷起诗书，可以看出诗人已经高兴得忘形。颈联的"放歌"和"纵酒"都是前面"喜欲狂"的结果，尾联的"即从""便下"可见诗人对归乡的急切之情，连怎么走都规划好了。

◆ **语文小课堂** ◆

　　古代人一般都结婚很早，但大诗人杜甫是个例外，他结婚的时候都已经三十岁了，娶的是当朝司农少卿杨怡的女儿。婚后两人的感情十分融洽，在生活艰难的时候更是互相扶持，共渡难关。近代学者梁启超评价杜甫是"古今一代情圣"。杜甫一生写诗无数，很多诗句都和杨氏有关。

长相思·雨

[宋]万俟咏

一声声，一更更。窗外芭蕉窗里灯，此时无限情。

梦难成，恨难平。不道愁人不喜听，空阶滴到明。

解析

　　上阕主要写雨。开篇"一声声,一更更"形容雨声,连用两个叠字,描绘出雨的断断续续,形象生动。屋里的人点着一盏孤灯,隔着窗户听雨打在芭蕉上的声音。雨的声音之所以这样清晰,是因为夜深人静而词人睡不着,"芭蕉"让雨声更响亮。最后一句直接写出人的心情,为下文做铺垫。下阕写人,两个"难"字突出心情的愁苦。词人怪雨无情,不顾他不喜欢听的心情,只管在空空的台阶上一点一点滴到天明。"滴到明"暗示词人一夜无眠。

　　这首词题目是"雨",词中却没有一个"雨"字,而处处都有雨的存在。词人把雨声与听雨人的愁完美融合,显出了高超的功力,连续重复的用字也让词句更富有音乐上的美感。

作者小传

　　万俟咏,生卒年不详,字雅言,自号词隐、大梁词隐,北宋末南宋初词人,在哲宗元祐时期就已经因为诗赋而闻名一时。

秋

寄扬州韩绰[1]判官

[唐]杜牧

青山隐隐水迢迢[2],秋尽江南草未凋[3]。
二十四桥明月夜[4],玉人何处教吹箫[5]。

注释

①韩绰:杜牧的同僚。②迢迢:形容水流悠长。③草未凋:一作"草木凋"。④二十四桥:扬州地名,相传古时有二十四美人在这里吹箫,因而得名。⑤玉人:此处指资质聪慧、神采俊秀的友人。

解析

诗歌首句写了扬州的遥远:青山层层叠叠,在缥缈的雾气间若隐若现;河水悠悠长长,没有尽头。其中,"隐隐"和"迢迢"两个叠词的运用,把扬州山水的柔媚和风情描绘得淋漓尽致。第二句是诗人的遥想,虽已是深秋,但扬州应该依然芳草碧绿,一片生机盎然。紧接着,诗人想到了扬州的好友韩绰,忍不住笑问道:"伴着这样的良辰美景,现在的你会在何处教歌伎们吹箫作乐呢?""二十四桥"是扬州胜景,在这里饮酒赏月,听玉人吹箫,是多么惬意啊!

本诗通过遥想和追忆,表达了诗人对扬州美景的怀念和对好友的思念之情,也暗示了诗人此时孤独寂寞的状态。

> ◆ 语文小课堂 ◆
>
> 二十四桥是扬州瘦西湖一个具有代表性的景观。这座桥是单孔拱桥,长24米,宽2.4米,栏柱有24根,台阶有24级,采用汉白玉作为栏杆,像玉带一样飘逸。清李斗《扬州画舫录》卷十五载:"廿四桥即吴家砖桥,一名红药桥……扬州鼓吹词序云,是桥因古二十四美人吹箫于此,故名。"

蜀先主庙

[唐]刘禹锡

天地英雄气,千秋尚凛然。
势分三足鼎,业复五铢钱①。
得相能开国,生儿不像贤②。
凄凉蜀故妓,来舞魏宫前。

注释

①五铢钱:汉武帝刘彻时期发行五铢钱,王莽篡汉后废除,光武帝刘秀时期又恢复。此处用五铢钱指代匡复汉室的大业。②儿:指刘禅。

解析

诗人在夔州任刺史时曾经游览刘备的庙,有感而发,写下了这首诗。"蜀先主"就是刘备。

诗的开篇概括叙述了刘备的事迹,"天下英雄"一词指的就是刘备,运用了《三国志》中曹操和刘备煮酒论英雄的典故。"千秋尚凛然"写出了英雄的气势和神态,意思是说,即使很多年过去了,人们看到刘备的塑像时也会肃然起敬。"势分三足鼎，业复五铢钱"化用了两个典故。"三足鼎"指当时刘备、曹操、孙权三分天下，呈三足鼎立之势。"五铢钱"则是用五铢钱从西汉到东汉的兴衰，来指代汉室的盛衰，说明刘备有匡复汉室的抱负。紧接着，诗人笔锋一转，指出刘备在诸葛亮的帮助下建立蜀国，可惜他的儿子刘禅却不能继承父业，反而让国家灭亡，自己也被俘虏了。最后两句也是用典：刘禅投降后被封为安乐公，原来属于蜀国的歌舞伎也被迁往魏宫表演。蜀国的旧臣都很感伤，刘禅却像以前一样开心，甚至说出了"此间乐，不思蜀"。

诗人通过对比刘备的功绩和刘禅的无能，一褒一贬，一扬一抑，说明了盛衰的无常和人生的无奈，借古讽今，抒发古今兴亡之叹。

◆ 语文小课堂 ◆

史书《三国志》记载，曹操猜疑刘备也有争夺天下的野心，只是因为实力不够才故意示弱。一天，曹操请刘备喝用青梅煮的酒，然后把天下的英雄豪杰评价了一番，最后总结道："现在能称得上是英雄的，只有你和我两个人！"一句话把刘备吓得大惊失色，筷子都掉到了地上。刘备以为曹操看穿了自己，好在当时正好打了个雷，刘备赶忙掩饰说，自己是被雷声吓得掉了筷子。

破阵子·为陈同甫赋壮词以寄之

[宋]辛弃疾

醉里挑灯看剑,梦回吹角连营。八百里分麾下炙①,五十弦翻塞外声②,沙场秋点兵。

马作的卢飞快③,弓如霹雳弦惊。了却君王天下事④,赢得生前身后名。可怜白发生!

注释

①麾下:军旗下面,指部下。②五十弦:原指瑟,这里泛指乐器。③的卢:额部有白色斑点的马。④天下事:指收复北方失地的国家大事。

解析

从"醉里""梦回"可以看出,这首词所描绘的场面都是词人喝醉后的想象。

上阕写秋天沙场点兵的盛大场面。军营的号角声响亮,把烤牛肉分给将士们吃,还用乐器奏起了边塞的曲子。秋天在战场上阅兵,真是豪壮无比。"五十弦"对"八百里",对仗十分工整。

下阕写激烈的战斗场面:战马跑得像的卢一样快,弓弦的声音就像霹雳一样响。两句对"马"和"弓"的描写充满了动感,呈现出了万马齐嘶、将士奋勇杀敌的壮阔场面。而将士们为何要如此拼命呢?当然是为了替君王完成驱逐敌人、恢复山河的大业,赢得千古传颂的美名。结尾一句"可怜白发生"突然转入现实,前面所有的"梦"都化为了泡影,词人到老都没能实现理想,让人读来感到辛酸。

上、下两阕的六字句采用了平仄互对的方法,把舒缓和跳跃的音节结合在了一起。上、下阕的最后一句分别描写了理想和现实中的自己,雄壮与悲凉、梦境与真实形成了强烈的反差,给人带来心灵上的冲击。

秋词二首·其一

[唐]刘禹锡

自古逢秋悲寂寥,我言秋日胜春朝[①]。
晴空一鹤排云上,便引诗情到碧霄。

注释

① 春朝:初春,这里指春天。

解析

"悲秋"自古以来是文人常用的题材,多数人一提到秋天就有一种悲凉萧瑟之感,而刘禹锡却反其道而行之。他虽然也写秋,却写得开阔积极,催人奋进。其实,当时的刘禹锡正处于被贬官的时候,仕途上不得志,但这并没有影响到他,反而让他更积极向上,这是很难得的。

首句写出了千古文人的悲秋情结。但在诗人看来,秋高气爽的天气远远胜过了春天。原因就在于,晴空之上,一只仙鹤推开云层冲天而上,就把诗人的豪情引到了云霄。后两句瞬间让节奏变得明朗高亢,"排"字也给诗增添了活力。诗人表面写鹤,实际上是用鹤来比喻自己即使是在逆境中也要振翅高飞。

全诗意境壮阔、壮美,融情、景、理于一炉,表现出诗人通达的态度和乐观的精神。

山居秋暝

[唐]王维

空山新雨后①,天气晚来秋。

明月松间照,清泉石上流。

竹喧归浣女②,莲动下渔舟③。

随意春芳歇④,王孙自可留。

(收入义务教育教科书人民教育出版社《语文》五年级上册)

注释

①空山:空旷、空寂的山。新:刚刚。②竹喧:竹林里欢声笑语的,很热闹。喧,喧闹,指洗衣女的欢笑声。浣(huàn):洗衣服。③莲动:溪水中莲叶摇动。④随意:任凭,随便。春芳歇:春天的花都谢了。

解析

空寂的山里,因为刚刚下过雨,空气很清新。秋天的傍晚,天气凉爽。明月光照在松林之间,清澈的泉水流过石头。竹林间突然热闹起来,原来是洗衣服的姑娘们回来了。溪水中的莲叶在摆动,原来是有渔舟穿行。任凭春天的花朵凋谢,避世的王孙啊,这秋色值得你留下来。

这首诗描绘了一个世外桃源一般的山中世界,展现了秋雨后、傍晚时山中的美丽风光,刻画了淳朴勤劳的村民形象,表达了诗人对隐居生活的满足和怡然自得的心情。自然的美与心境的美完美融合,意境纯美。

绝句四首·其三

[唐]杜甫

两个黄鹂鸣翠柳,一行白鹭上青天。
窗含西岭千秋雪①,门泊东吴万里船②。

(收入义务教育教科书人民教育出版社《语文》二年级下册)

注释

①千秋雪:指西岭雪山上多年不化的积雪。②泊:停泊。东吴:古时候吴国的领地。万里船:从遥远的地方行来的船。

解析

这首诗描写的四个景色都是独立的,合在一起却能营造出一幅生机勃勃的画面。第一个景色:万物复苏,柳树催发出新芽,成双成对的黄鹂在柳枝上啼叫欢唱。鸟是黄色的,柳是绿色的,"黄"和"绿"相衬托,色彩鲜明,营造出一种清新的感觉。黄鹂的叫声让静景中有了动感,更显得生机勃勃,让人仿佛能听到清脆悦耳的鸟鸣声。第二个景色:碧空万里,白鹭排成一行,直冲天际。"白鹭"和"青天"也形成了颜色上的映衬,同时,空间上由下而上,由近而远,变得开阔。第三个景色:从窗口看去,可以看见西岭山上多年不化的积雪。山上的雪只有在晴天才能看见,暗示天气很好。一个"含"字,让所见的景色就像是被镶嵌在窗框中的一幅画一样,可见景色之美。第四个景色:从门里向外看,可以看到从东吴远道而来的船只。先前战乱使交通不便,现在既然有了从东吴而来的船,说明交通已经恢复,不禁让人喜悦,同时也触发了诗人思乡的情绪。

全诗色调欢快明亮，语言通俗自然，表达了诗人悠然闲适的心情，也暗含着淡淡的乡愁，十分感人。

> ◆ **语文小课堂** ◆
>
> 对仗是诗歌创作常用的一种技巧，它是指把同类或对立概念的词语按字音的平仄放在相对应的位置上，使之相互映衬。对仗可以使诗词在形式上显得整齐、匀称，也会让语句更具韵味，增强词语的表现力。大多数格律诗中都有对仗的诗句，这首诗的三四句就是一组经典的对仗。"窗"和"门"相对；"西岭"和"东吴"相对，"西"和"东"也相对；"千秋雪"和"万里船"相对，"千"和"万"也相对。这样，物与物、地点与地点、方位与方位、时间与空间、数字与数字就都形成了对仗，既整齐又巧妙。

丑奴儿·书博山道中壁

[宋]辛弃疾

少年不识愁滋味，爱上层楼。
爱上层楼，为赋新词强说愁。

而今识尽愁滋味，欲说还休。
欲说还休，却道"天凉好个秋"！

解析

少年时不知道愁的滋味，爱登高楼。爱登高楼，为了新作一首词而勉强说愁。现在尝尽了愁的滋味，想说却说不出口。想说却说不出口，最后只能说道："好一个凉爽的秋天啊！"

这首词是辛弃疾被免职后闲居带湖时所写的，通过少年时期和如今心境的对比，来抒发自己的满腹忧愁。上阕回顾少年时期。那时因为年纪小，经历得少，所以无忧无虑，只喜欢登高望远。为了写出一些有深度的词，只好无病呻吟，强说忧愁。少年时的辛弃疾满怀壮志，精力充沛，乐观自信，一心想要收复失地，报效国家。词里的纯真少年正是他当年的写照。下阕述说如今的心境。如今终于领略了愁苦的滋味，想说却又说不出来了，最后只能说一句："好一个凉爽的秋天啊！"辛弃疾的抗金主张得不到朝廷的重视，官职也一降再降，被起用后又被革职，起起伏伏的一生让他尝尽了愁苦的滋味。现在人已经老去，报国的理想离自己越来越远，眼看着不能实现了，他不由得满腔悲愤。可是又能向谁诉说呢？到最后也只能压在心头，说一句"天凉好个秋！"。"凉"字和"秋"字都暗含着凄凉和冷清之感，也加深了愁苦的程度。

全词写出了两种截然不同的思想感情和中间的变化过程，看似平白易懂，实际上意味深长，满含着词人知音难觅、无人赏识的悲凉和无奈之情，也表达了词人对南宋朝廷的讽刺和不满之意。

月

舟夜书所见[1]

[清]查慎行

月黑见渔灯,孤光一点萤[2]。
微微风簇浪[3],散作满河星。

(收入义务教育教科书人民教育出版社《语文》二年级下册)

注释

[1]舟:小船。书:写。[2]孤光:孤零零的灯光。[3]簇:簇拥。

解析

漆黑的夜里没有月亮,只有渔船上孤零零的灯光,就像萤火虫的光芒一样微弱。一阵阵微风吹过,簇拥起一层层浪花,让倒映水中的渔灯的光芒向四外散开,就好像星光撒落在河面上。

这是一首五言绝句,诗人采用鲜明对比、动静结合的手法,描绘了一幅美丽的水上夜景图。前两句是静态描写,全黑的夜色作为背景,衬托出渔灯微光的鲜明,明暗对比,反差很大。后两句转为动态描写,微风、浪涛、四散的光让整个画面活泼起来。

整首诗虽然是纯写景,却用由静转动的描写展现了巧妙的意境,也衬托出人物由平静转为兴奋的心情。尤其是黑暗中那一点鲜明的光芒,让人心中生起无限的希望。

作者小传

查慎行（1650年—1727年），清代诗人、文学家，浙江海宁人，是当代著名作家金庸的祖上。康熙年间举人，在南书房任职。他的诗有苏东坡、陆游的风格，曾为苏诗作注解。

竹里馆

[唐]王维

独坐幽篁里①，弹琴复长啸②。

深林人不知，明月来相照。

注释

① 幽篁：幽深的竹林。② 啸：撮口发出长音，即用嘴吹口哨。

解析

独自坐在幽深的竹林中，时而弹琴，时而吟唱长啸。深林僻静，无人知晓，只有明月殷勤相照。

这是王维晚年隐居在蓝田辋川时创作的一首五绝诗。诗人用浅淡的笔墨描绘出了一幅月夜独坐竹林弹琴长啸的画面，所写景色清幽深邃，语言明白晓畅。其中，"独坐"和"人不知"相呼应；明月照着"幽篁"和"深林"，形成了光影交织的画面，是明与暗的对比；弹琴和长啸反衬出竹林里的幽静。情景融为一体，体现了诗人恬静闲适的心情和自得其乐的情趣。

整首诗表面上很平淡，语句也简朴清丽，实际上营造出了一种清静宁谧的境界。短短二十个字，既写出了幽静之景，又写出了幽独之情；既有林月之景色，又有琴啸之声音，动静互补，虚实结合，对立统一，相映成趣。

◆ **语文小课堂** ◆

安史之乱的时候,王维被安禄山的手下抓住。安禄山很欣赏王维的才华,就授予他一个官职,并且没有经过他的同意就向外界公布了这个消息。王维不愿意,因此被关进监牢。后来,安史之乱平定,新任皇帝唐肃宗清算旧账,欲判处王维死刑。有人给皇帝读了王维写的表达心向唐王朝的《凝碧池》("万户伤心生野烟,百僚何日更朝天。秋槐叶落空宫里,凝碧池头奏管弦。"),皇帝才赦免了他。

锦 瑟

[唐]李商隐

锦瑟无端五十弦①,一弦一柱思华年。
庄生晓梦迷蝴蝶②,望帝春心托杜鹃③。
沧海月明珠有泪④,蓝田日暖玉生烟⑤。
此情可待成追忆,只是当时已惘然。

注释

①锦瑟:鲜艳华美的瑟。瑟,一种类似于琴的拨弦乐器,传说是伏羲所制,原来有五十根弦,后变为二十五根。②"庄生"句:此句化用了庄周梦蝶的典故。③"望帝"句:此句化用了古蜀国望帝杜宇死后化为杜鹃鸟,昼夜悲啼,一直到啼出血的典故。④"沧海"句:神话传说有云,南海之外有鲛人,他们像鱼一样居住在水里,流下的泪水会变成珍珠。⑤蓝田:地名,在今陕西蓝田县,因为产美玉而闻名于世。

> 解析

　　这首诗是李商隐的代表作之一，虽然题为"锦瑟"，却并不是一首咏物诗。关于它的主旨，很难有一个明确的结论。有人说它是悼亡之作，有人说是抒发爱国之情，有人说是自伤身世，还有人说是写闺思。从诗歌本身来看，是以锦瑟起兴，用象征和比喻的手法感叹年华易逝。

　　首联直接发出了感叹：华贵美丽的瑟竟然有五十根弦，每一弦、每一柱都让人想起了逝去的那些美好年华。中间两联化用庄周梦蝶、杜鹃啼血、鲛人泣珠和良玉生烟的典故，辞藻华美，对仗工整。尾联的"成追忆"呼应开头的"思华年"，采用递进的句式来加强语气，抒写"此情"的惆怅伤感，让人难以承受。

◆ 语文小课堂 ◆

　　象征指的是通过特定、容易引起联想的具体形象，表现特点与之相似或相近的概念、思想或感情。古诗词中有很多常见的表象征的意象：月亮是思乡之愁的象征，如"举头望明月，低头思故乡"；柳树是惜别的象征，如"今宵酒醒何处，杨柳岸，晓风残月"；蝉是品性高洁的象征，如"垂緌饮清露，流响出疏桐"。

长相思三首·其一

[唐]李白

长相思,在长安。

络纬秋啼金井阑①,微霜凄凄簟色寒。

孤灯不明思欲绝,卷帷望月空长叹②。

美人如花隔云端。

上有青冥之高天,下有渌水之波澜。

天长路远魂飞苦,梦魂不到关山难。

长相思,摧心肝。

注释

① 络纬:一种虫子,又名纺织娘、莎鸡。② 帷:窗帘。

解析

这首《长相思》传说是李白离开长安后的回忆之作。在诗中,诗人通过景物描写来烘托感情、渲染气氛,表面上是抒发自己的相思之苦,实际上也是在表达自己追求政治理想却未能实现的苦闷及执着的感情。

"美人如花隔云端"一句把整首诗分成了两部分。前半部分写相思的苦。开篇第一句倾诉对长安美人的思念之情,后面四句七言诗从听觉到触觉再到视觉角度对景物进行描写,渲染了一种凄凉孤独的气氛。后半部分写梦魂追求,用四句七言诗开始,以"长相思"收尾,呼应了前半部分的格式,产生了均衡对称的美感。最后一句重重一叹,虽然短促,却铿锵有力,情感饱满,酣畅淋漓。

清平调词三首·其一

[唐]李白

云想衣裳花想容,春风拂槛露华浓①。
若非群玉山头见②,会向瑶台月下逢③。

注释

①槛:栏杆。②群玉:仙山,传说是西王母的住处,《山海经》里称为玉山。③会向:当向。瑶台:神话传说中神仙居住的地方,在昆仑山的第九层,用五色玉作为台基。

解析

《清平调词》共三首,本诗是其中的第一首,借盛放的牡丹花来隐喻当时的第一美人杨贵妃。开篇一个"想"字赋予了云和花不一样的生命力。诗人把杨贵妃的衣服与天上的云彩联系到一起,把她的容貌与富贵的牡丹联系在一起,辞藻华丽,有花团锦簇之感。第二句写在春风、露珠的滋润之下,美人更显得娇艳欲滴。后两句借群玉山、瑶池仙境来使杨贵妃的美貌进一步形象化,衬托出她的雍容华贵。

诗人想象奇特、浪漫,通过反复的比喻和夸张的手法展现了美人的倾国之颜,相比其他咏美人的诗,显得开阔和大气。

◆ 语文小课堂 ◆

据说,唐玄宗和杨贵妃在沉香亭赏牡丹,召翰林供奉李白填词助兴。当时正赶上李白醉酒,他借着酒劲,故意要求高力士为他脱靴、杨国忠给他研墨、杨贵妃捧砚。所有要求得到满足后,他才挥笔写下了《清平调词三首》。诗成之后,宫廷的乐工谱曲,李龟年演唱,唐玄宗亲自用笛子伴奏,成为当时的一大盛事。

长恨歌

[唐]白居易

汉皇重色思倾国①,御宇多年求不得②。
杨家有女初长成,养在深闺人未识。
天生丽质难自弃,一朝选在君王侧。
回眸一笑百媚生,六宫粉黛无颜色。
春寒赐浴华清池,温泉水滑洗凝脂。
侍儿扶起娇无力,始是新承恩泽时。
云鬓花颜金步摇,芙蓉帐暖度春宵。
春宵苦短日高起,从此君王不早朝。
承欢侍宴无闲暇,春从春游夜专夜。
后宫佳丽三千人,三千宠爱在一身。
金屋妆成娇侍夜,玉楼宴罢醉和春。
姊妹弟兄皆列土③,可怜光彩生门户。
遂令天下父母心,不重生男重生女。
骊宫高处入青云,仙乐风飘处处闻。
缓歌慢舞凝丝竹,尽日君王看不足。
渔阳鼙鼓动地来④,惊破《霓裳羽衣曲》。
九重城阙烟尘生,千乘万骑西南行。
翠华摇摇行复止,西出都门百余里。
六军不发无奈何,宛转蛾眉马前死。
花钿委地无人收,翠翘金雀玉搔头⑤。

君王掩面救不得，回看血泪相和流。
黄埃散漫风萧索，云栈萦纡登剑阁。
峨嵋山下少人行，旌旗无光日色薄。
蜀江水碧蜀山青，圣主朝朝暮暮情。
行宫见月伤心色，夜雨闻铃肠断声。
天旋地转回龙驭，到此踌躇不能去。
马嵬坡下泥土中，不见玉颜空死处。
君臣相顾尽沾衣，东望都门信马归。
归来池苑皆依旧，太液芙蓉未央柳[6]。
芙蓉如面柳如眉，对此如何不泪垂？
春风桃李花开日，秋雨梧桐叶落时。
西宫南苑多秋草，落叶满阶红不扫。
梨园弟子白发新，椒房阿监青娥老。
夕殿萤飞思悄然，孤灯挑尽未成眠。
迟迟钟鼓初长夜，耿耿星河欲曙天。
鸳鸯瓦冷霜华重，翡翠衾寒谁与共。
悠悠生死别经年，魂魄不曾来入梦。
临邛道士鸿都客，能以精诚致魂魄。
为感君王辗转思，遂教方士殷勤觅。
排云驭气奔如电，升天入地求之遍。
上穷碧落下黄泉，两处茫茫皆不见。
忽闻海上有仙山，山在虚无缥缈间。

楼阁玲珑五云起，其中绰约多仙子。
中有一人字太真，雪肤花貌参差是。
金阙西厢叩玉扃，转教小玉报双成。
闻道汉家天子使，九华帐里梦魂惊。
揽衣推枕起徘徊，珠箔银屏迤逦开。
云鬓半偏新睡觉，花冠不整下堂来。
风吹仙袂飘飘举，犹似《霓裳羽衣舞》。
玉容寂寞泪阑干，梨花一枝春带雨。
含情凝睇谢君王，一别音容两渺茫。
昭阳殿里恩爱绝，蓬莱宫中日月长。
回头下望人寰处，不见长安见尘雾。
惟将旧物表深情，钿合金钗寄将去。
钗留一股合一扇，钗擘黄金合分钿。
但教心似金钿坚，天上人间会相见。
临别殷勤重寄词，词中有誓两心知。
七月七日长生殿，夜半无人私语时。
在天愿作比翼鸟，在地愿为连理枝。
天长地久有时尽，此恨绵绵无绝期。

注释

①汉皇：指唐玄宗。②御宇：统治天下。③列土：分封土地。④"渔阳"句：指安禄山在渔阳起兵造反。⑤翠翘金雀玉搔头：女人的发饰，指杨贵妃佩戴的钗簪等物。⑥太液：太液池。未央：未央宫。

解析

　　这首有着强烈抒情色彩的长篇叙事诗是白居易诗作中脍炙人口的名篇。在诗中，诗人用精练的语言、优美的形象、叙事和抒情结合的手法描写了唐玄宗、杨贵妃的爱情故事，情节回旋曲折，婉转动人，唤起了历代读者的共鸣。

　　诗的前半部分写唐玄宗重色误国。首句七个字统领全诗，引出后面杨贵妃因容貌出众而得到唐玄宗的盛宠，"赐浴""侍宴"还不算，甚至达到了"从此君王不早朝""姊妹弟兄皆列土"的程度，这就为后面的悲剧埋下了伏笔。安史之乱发生，皇帝、大臣仓皇出逃，贵妃惨死马嵬坡。后半部分写唐玄宗对杨贵妃的日思夜想和贵妃对皇帝的眷恋，两人在梦中相见，爱情至死不渝。结尾"天长地久有时尽，此恨绵绵无绝期"呼应"长恨"这一主题，意味悠长。

　　哀艳动人的文字、悠扬婉转的声调、缠绵悱恻的情致赋予了此诗超凡的艺术魅力，让人读来不由得为之动容。

◆ 语文小课堂 ◆

　　公元755年，安史之乱爆发。次年，唐玄宗带着杨贵妃等人逃往蜀中（今四川成都），途经马嵬驿时，以陈玄礼为首的随驾禁军军士哗变，乱刀杀死了杨国忠，并一致要求处死杨贵妃。唐玄宗本欲赦免杨贵妃，无奈禁军士兵皆认为杨贵妃乃祸国红颜，不诛难慰军心。不得已，唐玄宗赐杨贵妃白绫一条，让她缢死在佛堂的梨树下。这就是《长恨歌》中"六军不发无奈何，宛转蛾眉马前死"的故事。

乞 巧

[唐]林杰

七夕今宵看碧霄，牵牛织女渡河桥。
家家乞巧望秋月，穿尽红丝几万条。

（收入义务教育教科书人民教育出版社《语文》五年级上册）

解析

七月初七的晚上，抬头看着碧蓝的天空，遥想牛郎织女鹊桥相会的场景。家家户户都在乞巧和赏月，穿过的红线都要数以万计了。

这是一首描写民间七夕乞巧盛况的名诗，诗人通过对家家户户赏月乞巧场景的描述，表达了人们对美好生活的向往之情。前两句写牛郎织女的故事。又到七夕，牛郎织女又可以在鹊桥相会了，人们纷纷抬起头来，想看到他们团圆的景象。后两句具体交代了乞巧的事情，"家家""几万条"形容参与活动的人之多，愿望之强烈。虽然诗人没有表明人们具体的心愿是什么，但给读者留下了想象的空间，让读者能真切感受到人们过节的喜悦之情。

作者小传

林杰（834年—850年），唐代诗人。自幼聪慧过人，六岁就能写诗，下笔即成文章，又精通书法棋艺。英年早逝，死时只有十六岁。

◆ 语文小课堂 ◆

农历七月初七被称为"七夕"，是中国民间神话传说中牛郎和织女在鹊桥上相会的日子。民间女子在这一天主要有穿针乞巧、吃巧果、拜织女等活动，所以，七夕又称"女儿节"。所谓乞巧，就是向织女乞求一双巧手。她们对月穿针，如果线从针孔穿过，就叫"得巧"；把一种米粒大的蜘蛛放到准备好的瓜果盆上，如果蜘蛛结网，就是"应巧"。

行　宫

[唐]元稹

寥落古行宫①，宫花寂寞红。
白头宫女在，闲坐说玄宗②。

注释

①寥落：寂寥，冷清。②玄宗：指唐明皇李隆基，玄宗是他的庙号。

解析

行宫是皇帝在宫外居住的地方。这首诗通过描写行宫里的白头宫女寂寞无聊的生活，写出了她们的凄凉和哀怨，也表达了诗人对历史兴衰的感叹。

第一句中的"寥落"直接点出古行宫长时间空置，呈现出一派凄凉衰败的气氛。红色的宫花开得很繁盛，却是寂寞地开着。这是以乐写哀。后两句中，"白头宫女"说明时间之久，跟前面的"红花"互相映衬。"闲坐"可见宫女生活的枯燥和无聊。白头宫女之所以闲坐的时候"说玄宗"，是因为玄宗是很有争议的，他前期是有道明君，开创盛世；后期却变成昏君，招致安史之乱，让盛世衰败。这里也透露出诗人的感慨：多少治乱兴衰、是非曲直，都成为人们闲聊的话题了。

全诗只有短短四句，却以少写多，说尽红颜易老和兴衰变迁，言浅意深。

语文小课堂

在宫廷中，宫女的地位是最低的，人数也是最多的。在唐代，宫女的数量更是历代最多的，而且是终身制。她们中的大部分人都虚度了青春，老了就被送到各处打杂，直到死去。唐代宫女的采选一般有四种途径，分别是良家采选、因罪籍没、手下进献和特殊征召。良家采选就是选取出身于士人家庭的女子，因罪籍没是受到家族罪人的牵连而被贬为宫女，这两种是最常见的。

半死桐

[宋]贺铸

重过阊门万事非，同来何事不同归？
梧桐半死清霜后，头白鸳鸯失伴飞。

原上草，露初晞。旧栖新垅两依依。
空床卧听南窗雨，谁复挑灯夜补衣！

解析

词人贺铸和妻子曾经住在苏州，两人感情深厚，后来妻子因病在苏州去世。很多年后，词人再次来到这个地方，触景生情，想起了妻子，就写下了这首词，表达对亡妻深深的怀念之情。

上阕写故地重游，感叹物是人非，十分悲伤。"重过"指再次经过，"阊门"点出地点是苏州城西门，"万事非"让人悲从中来。"不同归"暗指妻子去世，这个问句是词人苦闷情绪的发泄，并不需要别人回答他。"梧桐"和"鸳鸯"常常用于写伴侣，此处用"梧桐半死""鸳鸯失伴"来比喻丧妻的自己。"清霜"

二字渲染了荒凉萧瑟的气氛，加重了词人的孤独和悲伤。

下阕中，"原上草，露初晞"暗指妻子去世，与上阕的"梧桐半死""鸳鸯失伴"呼应。两人共同住过的旧居还在，妻子却被埋入了坟墓，旧居、新坟对比鲜明。"依依"一词饱含着词人的一往情深。最后两句写词人独自躺在床上，听着窗外的雨声，回忆妻子夜里为自己"挑灯补衣"的情形，对比现在的寂寞孤苦和曾经的幸福温馨，把凄凉、寂寥、痛苦的感情推向高潮。

作者小传

贺铸（1052年—1125年），字方回，自号庆湖遗老，共州卫城（今河南辉县）人。他虽才兼文武，却一直沉沦下僚，长期为地方下层官吏。他长相奇丑，人称"贺鬼头"，为人豪爽精悍，如武侠剑客。他的词内容丰富，风格多样，兼有豪放、婉约二派之长。

◆ 语文小课堂 ◆

根据《宋史》的记载，贺铸曾说自己是唐朝谏议大夫贺知章的后代，并且亲自探寻贺姓的根源：贺氏原本姓庆，住在南越一个叫庆湖的地方，为了避汉安帝父亲刘庆的名讳，庆姓改为姓贺，庆湖也变成镜湖。不过，不知道贺铸当时的根据是什么。贺铸自号庆湖遗老，有《庆湖遗老集》二十卷。

逢雪宿芙蓉山主人

[唐]刘长卿

日暮苍山远[1]，天寒白屋贫[2]。
柴门闻犬吠[3]，风雪夜归人[4]。

注释

①苍山：青黑色的山。②白屋：穷人住的地方。③吠：狗叫。④夜归：夜晚回来。

解析

傍晚时分，苍山显得更加遥远。天寒时节，茅草屋显得更加贫寒。柴门外突然传来狗叫声，风雪交加的夜晚，来了我这个借宿的人。

这首诗为我们描绘出一幅风雪夜借宿图，诗人在赶路的夜晚突然遇到风雪，只好到芙蓉山上的屋子借宿。第一句中，"日暮"点明时间是傍晚，"苍山远"既是诗人所见，也是所感，他赶路辛苦，加上天气变差，急着投宿，就更觉得离得远了。第二句中，"白屋贫"点明借宿的地点，也写出了芙蓉山主人的贫苦。第三句没有直接写自己来借宿，而是借着狗叫声来暗指，"柴门"跟前面的"白屋"呼应。最后一句才点出自己冒着风雪来敲门。"风雪"与前面的"天寒"呼应。

全诗共四句，每一句都能构成一幅独立的画面，又能联合成一个整体，营造出苍凉悠远的气氛。诗人以敲门结尾，后面的情节不再交代，给了读者想象的空间。

作者小传

刘长卿（？—789年），字文房，河间（今属河北）人。为人性情刚直，曾两次被贬，始终没有改变气节。诗多写政治失意的感情，也有反映离乱的作品。擅长写五言，自称"五言长城"，与钱起并称"钱刘"。

◆ **语文小课堂** ◆

刘长卿一生都比较坎坷，前期考了十二年才考中进士，刚考上又遇上了安史之乱。为了避乱，他去了江南，却在做官的时候被人诬陷入狱。即使后来安史之乱被平定了，他也没有被放出来。好不容易遇到大赦，他又被派到了荒凉之地，回京后再次被诬陷，第二次入狱。此后，他看淡了官场，一直担任闲职，向往归隐生活。

登 高

[唐]杜甫

风急天高猿啸哀,渚清沙白鸟飞回①。

无边落木萧萧下,不尽长江滚滚来。

万里悲秋常作客,百年多病独登台②。

艰难苦恨繁霜鬓③,潦倒新停浊酒杯。

注释

①渚:水中的小洲。回:回旋。②百年:这里借指晚年。③繁霜鬓:像浓霜一样的鬓发。

解析

秋风瑟瑟,碧天高远,猿猴悲鸣。江心的沙洲冷冷清清,鸟儿正在回巢。无边无际的落叶萧萧飘下,无边无涯的江水滚滚奔来。在这样萧瑟的秋天,我悲叹自己常年在外漂泊,辗转万里,也迎来了人生的秋天,拖着病体独自登上高台。一生的艰辛染白了两鬓,因为病太重、太潦倒,连酒都喝不得了。

杜甫一生坎坷潦倒,五十六岁暂住在夔州时得了肺病,被迫戒酒。重阳节这天,他登高望远,满目凄凉,有感而发,写了这首诗,表达了自己常年漂泊、老病孤愁的复杂感情。这首诗是杜甫诗歌悲凉沉郁风格的典型代表,被称为"古今七律第一"。

前四句是诗人登高后的所见所闻。前两句中,"风急""天高""猿啸""渚清""沙白""鸟飞"各自构成了独立的画面,合在一起就是一幅万里秋色的长卷。颔联写眼前实景,勾勒出一幅萧瑟秋江图,对仗工整,气势宏大,暗含着年华易逝、人生苦短的感慨。颈联写自己长时间在外漂泊，年老患病，孤独凄凉。"万里"指地点之远，"常作客"指无法回家，"百年"指时间之久，"多病"指年老体弱，每一个词都含有悲意。尾联写出了诗人的穷困潦倒、穷途末路，他命运坎坷，头发白了，想借酒浇愁，却因为得了肺病，连酒都不能喝了。

诗人从壮美的秋景写起，在悲秋中融入了个人的伤感之情，也暗含了百姓和国家遭遇的苦难，具有很强的感染力。

乡村四月

[宋]翁卷

绿遍山原白满川①，子规声里雨如烟②。
乡村四月闲人少，才了蚕桑又插田③。

（收入义务教育教科书人民教育出版社《语文》五年级下册）

注释

①山原：山陵和平原。川：平地。②子规：杜鹃鸟。③才了：刚刚完成。蚕桑：种桑养蚕。插田：插秧。

解析

山坡上、原野间草木茂盛，稻田里的水色与天光相辉映。在杜鹃的叫声里，蒙蒙细雨像烟雾一样笼罩着天地。乡村的四月正是人们最忙的时候，刚刚忙完蚕桑，又要插秧了。

这首诗用白描的手法写了江南乡村初夏时节的风光和农民忙碌的景象，语言明快，格调轻松，形象鲜明，流露出诗人对乡村生活和劳动的赞美之情。

前两句主要写景，绿原、白川、子规、细雨，只用几个意象就把水乡初夏时特有的景色勾勒出来了。第一句有山有水，一绿一白，色彩明丽；第二句有杜鹃的叫声，有细雨飘洒，绘声绘色。后两句写人，突出江南初夏时节农事的繁忙。"才了""又"的连用，表现出节奏的紧张。整首诗把自然之美和劳动之美结合在一起，呈现出恬静和繁忙共存的特有的乡村景象。

作者小传

翁卷，生卒年不详，字续古，一字灵舒，乐清（今属浙江）人。擅长写诗，与徐照、徐玑、赵师秀并称"永嘉四灵"。只参加过一次科举考试就放弃了，一生都没有做过官。

石鼓歌

[唐]韩愈

张生手持石鼓文,劝我试作石鼓歌。
少陵无人谪仙死①,才薄将奈石鼓何。
周纲陵迟四海沸②,宣王愤起挥天戈③。
大开明堂受朝贺,诸侯剑佩鸣相磨④。
蒐于岐阳骋雄俊⑤,万里禽兽皆遮罗⑥。
镌功勒成告万世⑦,凿石作鼓隳嵯峨⑧。
从臣才艺咸第一,拣选撰刻留山阿。
雨淋日炙野火燎,鬼物守护烦㧑呵⑨。
公从何处得纸本,毫发尽备无差讹。
辞严义密读难晓,字体不类隶与蝌。
年深岂免有缺画,快剑斫断生蛟鼍⑩。
鸾翔凤翥众仙下⑪,珊瑚碧树交枝柯。
金绳铁索锁钮壮,古鼎跃水龙腾梭。
陋儒编诗不收入⑫,二雅褊迫无委蛇⑬。
孔子西行不到秦,掎摭星宿遗羲娥⑭。
嗟余好古生苦晚,对此涕泪双滂沱。
忆昔初蒙博士征,其年始改称元和。

故人从军在右辅，为我度量掘臼科。
濯冠沐浴告祭酒，如此至宝存岂多？
毡包席裹可立致，十鼓只载数骆驼。
荐诸太庙比郜鼎，光价岂止百倍过[15]？
圣恩若许留太学，诸生讲解得切磋。
观经鸿都尚填咽，坐见举国来奔波。
剜苔剔藓露节角，安置妥帖平不颇。
大厦深檐与盖覆，经历久远期无佗。
中朝大官老于事，讵肯感激徒媕娿[16]。
牧童敲火牛砺角[17]，谁复着手为摩挲。
日销月铄就埋没，六年西顾空吟哦。
羲之俗书趁姿媚，数纸尚可博白鹅。
继周八代争战罢，无人收拾理则那[18]？
方今太平日无事，柄任儒术崇丘轲[19]。
安能以此上论列[20]，愿借辩口如悬河。
石鼓之歌止于此，呜呼吾意其蹉跎。

注释

①少陵：杜甫自号少陵野老。谪仙：李白。②周纲：周朝的纲纪。陵迟：衰败。③宣王：周宣王，中兴周室的人。挥天戈：开疆扩土，平定叛乱。④剑佩：剑上的玉佩。⑤蒐（sōu）：打猎。岐阳：岐山的南面。⑥遮罗：被网住。⑦镌功勒成：功成名就后在石上刻字。勒，刻。成，成就。⑧镵（huī）：毁坏。⑨抈：同"挥"。呵：斥责。⑩斵（zhuó）：砍。蛟鼍（tuó）：蛟龙。⑪翥（zhù）：飞。⑫诗：《诗经》。⑬二雅：《诗经》中的《大雅》和《小雅》。褊（biǎn）迫：狭小。委蛇：绵延屈曲的样子。⑭掎（jǐ）摭（zhí）：摘取。

羲:羲和,代指太阳。娥:嫦娥,代指月亮。⑮光价:身价。⑯讵(jù)肯:怎么肯。婀(ān)娜(ē):没有主见,犹豫不决的样子。⑰敲火:敲石取火。砺:磨。⑱则那(nuó):又奈何。⑲丘:孔子。轲:孟子。⑳论列:议论。

解析

石鼓文是我国现存最早的石刻文字,大多记录当时的狩猎情景,刻在十块形状像鼓一样的石头上。关于它产生的年代,众人说法不一,在这首诗中,韩愈认为是周宣王时期的。他惋惜朝廷没有对这样的名贵文物好好爱护,就写了这首诗,来呼吁大家重视文物,对文物进行妥善保护。

开头四句说了写这首诗的原因,是张籍拿着石鼓文拓片来拜托他。诗人自谦比不上杜甫和李白,写得不好。接下来的十二句交代了石鼓文所记载的内容和它为什么出现。诗人运用了想象的手法,描述了周宣王开疆扩土、平定叛乱、驰逐围猎、勒石记功的事迹,场面壮阔,气势雄伟。石鼓经过千年的流传,经历过很多磨难,能够保存到现在,真是不容易。接下来的十四句中,诗人用瑰丽的文字具体描写了石鼓文字体奥妙,称赞它价值不菲。一系列比喻传递出丰富的审美感受,具有强烈的感染力。后面二十句惋惜自己保护文物的建议没有受到朝廷的重视,让人痛心。最后十六句,诗人为文物鸣不平,反复呼吁大家重视、善存石鼓文。

全诗风格大开大合,逻辑严密,话语铿锵有力,诗人对文化传承的一腔热情尽显其中。

雪梅二首·其一

[宋]卢钺

梅雪争春未肯降①,骚人阁笔费评章②。

梅须逊雪三分白,雪却输梅一段香。

（收入义务教育教科书人民教育出版社《语文》四年级上册）

注释

① 降：认输。② 阁：同"搁"，放下。评章：评议，这里指评议梅与雪的高下。

解析

梅花和雪花都认为自己是最具有早春特色的景物，争论起来谁也不肯认输。文人骚客也很难做出评判，只得放下笔来思考一番。梅花应该有三分比不上雪花的晶莹洁白，雪花却要在清香上输给梅花一筹。

古代有很多写梅花或雪花的诗句，一般都会在写一个时用另一个来打比方，这首诗却不一样。诗人把雪、梅并写，把它们放在平等的位置上，写出了各自的特色。第一句运用了拟人的修辞手法，别出心裁地把早春时节的梅花和雪花的美生动活泼地表现了出来。第二句写人的反应，诗人无法判断它们哪个更好，只好先放下笔来好好想想。后两句写诗人对雪和梅的评语，雪更洁白，梅更香。"三分"和"一段"把抽象的差距具体化，让人感知起来更容易。

作者小传

卢钺，生卒年不详，宋朝诗人，自号梅坡。具体生平事迹不详，与刘过是朋友，以两首《雪梅》出名。

藏在小学
语文课本里的
飞花令

③

林姝 编著

北京联合出版公司
Beijing United Publishing Co.,Ltd.

图书在版编目（CIP）数据

藏在小学语文课本里的飞花令.3/林姝编著.—北京：北京联合出版公司，2022.7
ISBN 978-7-5596-6252-1

Ⅰ.①藏… Ⅱ.①林… Ⅲ.①古典诗歌—中国—小学—教学参考资料 Ⅳ.①G624.203

中国版本图书馆CIP数据核字（2022）第113450号

藏在小学语文课本里的飞花令.3

编　　著：林　姝　　　　　　出版监制：辛海峰　陈　江
出 品 人：赵红仕　　　　　　责任编辑：牛炜征
产品经理：于海娣　　　　　　特约编辑：王周林
封面设计：U有志度 设计工作室 联系方式 qq461084　　内文排版：任尚洁

北京联合出版公司出版
（北京市西城区德外大街83号楼9层　100088）
北京联合天畅文化传播公司发行
天津丰富彩艺印刷有限公司印刷　新华书店经销
字数 438千字　710毫米×1000毫米　1/16　28.75印张
2022年7月第1版　2022年7月第1次印刷
ISBN 978-7-5596-6252-1
定价：99.00元（全3册）

版权所有，侵权必究
未经许可，不得以任何方式复制或抄袭本书部分或全部内容
如发现图书质量问题，可联系调换。质量投诉电话：010-88843286/64258472-800

目录

城

城中十万户	水槛遣心二首·其一 [唐] 杜甫	1
满城尽带黄金甲	不第后赋菊 [唐] 黄巢	2
洛阳城里见秋风	秋思 [唐] 张籍	3
但使龙城飞将在	出塞二首·其一 [唐] 王昌龄	4
晴翠接荒城	赋得古原草送别 [唐] 白居易	5
长烟落日孤城闭	渔家傲·秋思 [宋] 范仲淹	6
老木寒云满故城	金陵图 [唐] 韦庄	7

楼

楼高莫近危阑倚	踏莎行 [宋] 欧阳修	9
危楼高百尺	夜宿山寺 [唐] 李白	10
明月楼高休独倚	苏幕遮·怀旧 [宋] 范仲淹	11
伫倚危楼风细细	蝶恋花 [宋] 柳永	12
山外青山楼外楼	题临安邸 [宋] 林升	13
青天白日映楼台	同水部张员外籍曲江春游寄白二十二舍人 [唐] 韩愈	15
故人西辞黄鹤楼	黄鹤楼送孟浩然之广陵 [唐] 李白	16

来

来日绮窗前	杂诗 [唐] 王维	18
古来征战几人回	凉州词二首·其一 [唐] 王翰	19
燕子来时新社	破阵子 [宋] 晏殊	20
卷地风来忽吹散	六月二十七日望湖楼醉书五首·其一 [宋] 苏轼	21

羡金屋去来	风流子 [宋] 周邦彦	23
儿童散学归来早	村 居 [清] 高鼎	24
两山排闼送青来	书湖阴先生壁二首·其一 [宋] 王安石	25

去

去似朝云无觅处	花非花 [唐] 白居易	27
一去二三里	山村咏怀 [宋] 邵雍	28
念去去	雨霖铃 [宋] 柳永	29
大江东去	念奴娇·赤壁怀古 [宋] 苏轼	30
言师采药去	寻隐者不遇 [唐] 贾岛	32
若有人知春去处	清平乐 [宋] 黄庭坚	33
如今直上银河去	浪淘沙九首·其一 [唐] 刘禹锡	34

日

日出江花红胜火	忆江南三首·其一 [唐] 白居易	35
一日看尽长安花	登科后 [唐] 孟郊	36
锄禾日当午	悯农二首·其二 [唐] 李绅	37
长河落日圆	使至塞上 [唐] 王维	39
常记溪亭日暮	如梦令 [宋] 李清照	40
千里江陵一日还	早发白帝城 [唐] 李白	41
千门万户曈曈日	元 日 [宋] 王安石	42

夜

夜静春山空	鸟鸣涧 [唐] 王维	44
昨夜见军帖	木兰诗(北朝民歌)	45
天阶夜色凉如水	秋 夕 [唐] 杜牧	48
洞房昨夜停红烛	近试上张籍水部 [唐] 朱庆馀	49
昼出耘田夜绩麻	四时田园杂兴·其三十一 [宋] 范成大	50
有约不来过夜半	约 客 [宋] 赵师秀	52

忧

忧来其如何	古朗月行［唐］李白	53
心忧炭贱愿天寒	卖炭翁［唐］白居易	55
从此忧来非一事	岭南江行［唐］柳宗元	56
何以解忧	短歌行［汉］曹操	57
常怀千岁忧	生年不满百［汉］佚名	59
位卑未敢忘忧国	病起书怀二首·其一［宋］陆游	60
今日之日多烦忧	宣州谢朓楼饯别校书叔云［唐］李白	61

思

思君如满月	赋得自君之出矣［唐］张九龄	63
因思杜陵梦	商山早行［唐］温庭筠	64
至今思项羽	夏日绝句［宋］李清照	65
楚客相思益渺然	自夏口至鹦鹉洲望岳阳寄元中丞［唐］刘长卿	66
尘心未尽思乡县	桃源行［唐］王维	67
每逢佳节倍思亲	九月九日忆山东兄弟［唐］王维	69

冬

冬雷震震	上　邪（汉乐府）	71
经冬复立春	渡汉江［唐］宋之问	72
夏裘冬葛	贺新郎·寄辛幼安和见怀韵［宋］陈亮	73
疑是经冬雪未销	早　梅［唐］张谓	74
且如今年冬	兵车行［唐］杜甫	75

霜

霜刃未曾试	剑　客［唐］贾岛	78
边霜昨夜堕关榆	听晓角［唐］李益	79
鬓微霜	江城子·密州出猎［宋］苏轼	80
怒涛卷霜雪	望海潮［宋］柳永	81
疑是地上霜	静夜思［唐］李白	82

雪

雪一更	长相思 [清] 纳兰性德	84
大雪满弓刀	和张仆射塞下曲六首·其三 [唐] 卢纶	85
燕山雪花大如席	北风行 [唐] 李白	87
楼船夜雪瓜洲渡	书　愤 [宋] 陆游	88
独钓寒江雪	江　雪 [唐] 柳宗元	90
砌下落梅如雪乱	清平乐 [五代] 李煜	91

天

天涯若比邻	送杜少府之任蜀州 [唐] 王勃	92
念天地之悠悠	登幽州台歌 [唐] 陈子昂	93
我劝天公重抖擞	己亥杂诗 [清] 龚自珍	94
曲项向天歌	咏　鹅 [唐] 骆宾王	95
三顾频烦天下计	蜀　相 [唐] 杜甫	97
三山半落青天外	登金陵凤凰台 [唐] 李白	99
疑是银河落九天	望庐山瀑布 [唐] 李白	100

地

地崩山摧壮士死	蜀道难 [唐] 李白	102
此地空余黄鹤楼	黄鹤楼 [唐] 崔颢	105
天南地北双飞客	摸鱼儿·雁丘词 [金] 元好问	106
蒌蒿满地芦芽短	惠崇春江晚景二首·其一 [宋] 苏轼	108
酥润凌波地	点绛唇·试灯夜初晴 [宋] 吴文英	109
忽作玻璃碎地声	稚子弄冰 [宋] 杨万里	110
巴山楚水凄凉地	酬乐天扬州初逢席上见赠 [唐] 刘禹锡	111

梅

梅子金黄杏子肥	四时田园杂兴·其二十五 [宋] 范成大	113
寒梅最堪恨	忆　梅 [唐] 李商隐	114
柳眼梅腮	蝶恋花·离情 [宋] 李清照	115
却把青梅嗅	点绛唇 [宋] 李清照	116

	墙角数枝梅　　梅　花[宋]王安石	117
	江城五月落梅花　　与史郎中钦听黄鹤楼上吹笛[唐]李白	118

寒

	寒食东风御柳斜　　寒　食[唐]韩翃	120
	天寒红叶稀　　山　中[唐]王维	121
	拣尽寒枝不肯栖　　卜算子·黄州定慧院寓居作[宋]苏轼	122
	霜重鼓寒声不起　　雁门太守行[唐]李贺	124
	姑苏城外寒山寺　　枫桥夜泊[唐]张继	126
	萧萧梧叶送寒声　　夜书所见[宋]叶绍翁	127
	夜吟应觉月光寒　　无　题[唐]李商隐	128

悲

	悲风愁杀人　　战城南[唐]杨炯	130
	但悲不见九州同　　示　儿[宋]陆游	131
	人有悲欢离合　　水调歌头[宋]苏轼	132
	我心伤悲　　采　薇（节选）（《诗经·小雅》）	134
	高堂明镜悲白发　　将进酒[唐]李白	136

人

	人来鸟不惊　　画[唐]王维	139
	无人知是荔枝来　　过华清宫绝句三首·其一[唐]杜牧	140
	谁道人生无再少　　浣溪沙[宋]苏轼	141
	欲问行人去那边　　卜算子·送鲍浩然之浙东[宋]王观	142
	愿得一心人　　白头吟[汉]卓文君	143
	闻歌始觉有人来　　采莲曲[唐]王昌龄	145
	从此萧郎是路人　　赠去婢[唐]崔郊	146

城

水槛遣心二首·其一

[唐]杜甫

去郭轩楹敞①，无村眺望赊②。

澄江平少岸，幽树晚多花。

细雨鱼儿出，微风燕子斜。

城中十万户，此地两三家。

注释

①轩：长廊。楹：柱子。②赊：远的意思。

解析

这首诗写于诗人经过长期漂泊、定居在成都草堂之后，写出了诗人远离喧嚣的恬淡生活。首联交代了地点是在远离城镇的开阔地带，远远望去，都看不到别的村庄。颔联接着上一联写诗人望远所见：澄澈的江水高涨，跟江岸差不多齐平，还可以望见黄昏中郁郁葱葱的树木和各种各样的花朵。颈联是千古流传的名句，描写细致，刻画独到：细雨中的鱼儿从水面跳出来，微风吹拂，燕子斜掠着飞过天空。"出"字写出了鱼儿欢快的样子，"斜"字写出了燕子飞翔的姿态，衬托出风的轻柔、雨的温润，暗藏着诗人愉悦的心情。尾联用城中人多来与此地人少作对比，突出所在地方的幽静。

整首诗每一句都是一幅鲜活的画面，字里行间透露出诗人对春日的喜爱以及悠闲自得的心情。

不第后赋菊

[唐]黄巢

待到秋来九月八，我花开后百花杀。
冲天香阵透长安，满城尽带黄金甲。

解析

这是黄巢参加科举考试落第后写的一首诗，借咏菊花来抒发自己的愤怒和志向。

第一句写时间，等着秋天来临，到了九月重阳节的时候，菊花就开了。重阳节是中国传统节日，按风俗要登高赏菊，这时候菊花开得正好。"九月八"离"九月九"重阳节还差一天，一是为了押韵，二是为了显示诗人迫不及待要看到菊花盛开的心情。这里也隐喻了腐朽衰败的唐王朝很快就会迎来被新势力击垮的那一天。第二句用对比的手法写菊花比百花的生命力更顽强，气势更盛。"百花杀"隐喻腐朽的唐朝也会像其他花一样被肃杀的秋天清除干净。后两句是点睛之笔：浓郁的菊花香冲上云霄，浸透整个长安，整座都城被菊花占领，就像披上了金黄的铠甲。这两句暗示着菊花会带着冲天的气势取得最后的胜利。"黄金甲"一语双关，既指菊花像黄金甲，又指披着黄金甲的军队，展现出诗人高远的志向。整首诗气势恢宏，刚健豪迈，诗风别具一格。

作者小传

黄巢（820年—884年），曹州冤句（今山东菏泽）人，唐末农民起义领袖。出身于盐商家庭，擅长骑射，年轻的时候就很有才华，五岁就能跟人对诗，成年后参加科举考试却屡次不中。他所领导的起义是唐末民变中历时最久、范围最大、影响最深远的。

> ◆ **语文小课堂** ◆
>
> 相传，黄巢带领农民起义军攻打郓城前，曾秘密入城打探，得到了一个老人的献策。黄巢很感激他，临走的时候让老人去买一些红纸，扎成灯笼，正月十五那天挂在房檐上。后来，老人把这件事告诉了街坊四邻，一传十，十传百，所有的穷苦百姓都知道了，每家每户都买来红纸扎起了灯笼。到了攻城那天，起义军避开了门口挂着红灯笼的人家，只惩治贪官污吏。正月十五挂红灯笼的习俗就这样保留了下来。

秋 思

[唐] 张籍

洛阳城里见秋风，欲作家书意万重。
复恐匆匆说不尽，行人临发又开封。

解析

首句交代了地点和时间。洛阳不是诗人的家乡，这就点出了作客他乡的写作背景，为后面给家里写信做铺垫。"秋风"说明时间是秋季，悲秋、思乡的情绪自然而然地流露出来。第二句承接上一句，表明想给家里写信。想家了，却回不去，只能写一封家书报平安，也是对自己情感的寄托。"意万重"表明诗人感情复杂，想说的话有很多，为下文"说不尽"埋下伏笔。三四句通过写完信封好后又拆开的一系列动作，生动形象地写出了诗人对家书的重视和对亲人的思念。其中，"复恐"刻画出游子唯恐有遗漏的小心翼翼，"匆匆"表明诗人急切地想把心意送到亲人手里，"临发又开封"是对"匆匆"的加重渲染。

这首诗选取了在外游子的一个普通生活片段来写，擅于抓住细节，微妙地刻画出了人物复杂的心理。

作者小传

张籍（约766年—约830年），字文昌，祖籍吴郡（今江苏苏州），后移居和州（今安徽和县）。唐德宗贞元十五年（799年）登进士第，历任太常寺太祝、水部员外郎、主客郎中、国子监司业等职，世称"张水部"或"张司业"。曾从学于韩愈，其乐府诗主要反映社会现实，多用口语，平易自然，与王建齐名，并称"张王乐府"。绝句清新自然，风神秀朗。

出塞二首·其一

[唐]王昌龄

秦时明月汉时关，万里长征人未还。
但使龙城飞将在①，不教胡马度阴山②。

（收入义务教育教科书人民教育出版社《语文》四年级上册）

注释

① 但使：只要。龙城飞将：指西汉名将李广。这里泛指英勇善战的将领。
② 胡马：指侵扰中原的北方游牧民族骑兵。阴山：在今内蒙古中部及河北北部。

解析

秦汉时的明月，秦汉时的边关，远征万里的将士还没有回还。假若李广的雄风还在，绝不会允许匈奴的战马越过阴山。

这首诗是王昌龄早年在西域的时候所写的，首句"秦时明月汉时关"采用了互文的修辞手法，气势雄浑，具有厚重的历史感，被认为是千古妙句。身处唐朝的诗人望着秦汉时的关塞，想着明月从秦汉时期就照耀着这片土地，多年以来从未改变，而战争也一直没有平息。第二句中的"万里"写出了征战距离之远、过程之艰辛，在空间上给人以辽阔的感觉。后两句诗人发出感慨：要是有像汉朝的李广一样的将军率军出征，就能够平息战乱，给百姓带来和平了吧！这里表达了任用良将、平息战事的愿望。

全诗气势雄浑，语言流畅，意境高远，读起来铿锵有力。

◆ 语文小课堂 ◆

汉武帝时期，国力强盛之后，汉武帝对一直威胁中原地区安全的匈奴发动了三次大规模的战争，最终大大地削弱了匈奴的势力，让他们再也没有能力大举南下入侵中原。在这几次战争中，出现了好几位战功卓著、名垂青史的将领，其中就有李广。

赋得古原草送别

[唐]白居易

离离原上草①，一岁一枯荣。

野火烧不尽，春风吹又生。

远芳侵古道，晴翠接荒城②。

又送王孙去③，萋萋满别情④。

（收入义务教育教科书人民教育出版社《语文》二年级下册）

注释

①离离：形容草木茂盛的样子。②晴翠：阳光照耀下草色青翠鲜亮的样子。③王孙：代指送别的人。④萋萋：草木繁茂的样子。

解析

平原上茂盛的野草，每年都要经历一次枯萎和繁荣。野火也无法把它烧干净,只要春风一吹,它就又生长出来了。远处的芳草蔓延到了古老的驿道上,太阳照耀下,青翠鲜亮的草一直与荒城相接。又送游子离开,芳草萋萋,满是离别的感情。

这首诗是诗人白居易十六岁应考时写的,通过对繁茂、生命力顽强的野草的描写,表达了对新生事物的赞美,同时饱含着深深的离别之情。首联是千古名句,形象地展现出春草的生生不息,也用春草来比喻新生事物。叠词"离离"的使用增添了音韵之美。颔联"烧""吹""生"三个动词连用,进一步描写出春草的生命力顽强。颈联中,"远芳""古道"构建出一幅广阔的场面,"侵"和"接"的使用让野草充满了勃勃生机。尾联化用《楚辞》中的典故,用绵延的春草比喻依依惜别之情。整首诗以物言情,融情于景,情真意切,读来大气磅礴,引人深思。

渔家傲·秋思

[宋]范仲淹

塞下秋来风景异,衡阳雁去无留意①。
四面边声连角起②,千嶂里③,长烟落日孤城闭。

浊酒一杯家万里,燕然未勒归无计④。
羌管悠悠霜满地,人不寐,将军白发征夫泪。

注释

①衡阳雁去:秋季北雁南飞,传说至湖南衡阳城南的回雁峰而止。②边声:边塞特有的羌笛声、马嘶声、大风声等。③嶂:形容山峰又高又险,仿佛屏障。④燕然未勒:功业未成,这里指外患还没有平定。勒,刻。

> **解析**

边塞的秋天来临，就连风景都大不相同了，向衡阳飞去的雁群一点留恋的意思都没有。四面边地的声音随着号角响起，层峦叠嶂的山峰里，烟雾缭绕，落日下的孤城城门紧闭。喝一杯浊酒，想起万里之外的家乡，可是还没有平定外患、勒石刻功，无法回去。羌人的笛声悠扬，霜满大地。人们难以入睡，戍边的将军和战士头发白了，一起落泪。

范仲淹在镇守西北边塞的时候填了很多首《渔家傲》，只有这一首流传了下来。在诗中，他描述了守卫边疆的将士们内心的凄苦和郁闷，表达了对他们的同情。上阕描写边塞风光，第一句点明时间和地点。"异"字概括出边塞与内地风光的不同。"衡阳雁去""四面边声"都具有悲凉的色彩，和"长烟落日孤城闭"一起营造出一股肃杀之气，画面感极强。下阕抒情。"一杯"和"万里"形成悬殊的数字对比，更显得乡愁难以消除。最后一句把爱国之情和思乡之情推向了高潮，感人至深。

金陵图

[唐]韦庄

谁谓伤心画不成？画人心逐世人情。
君看六幅南朝事，老木寒云满故城。

> **解析**

《金陵图》是六幅描绘故都金陵经历南朝六代的彩色图画，诗人韦庄看了图画后，有感而发，写下了这首诗。

诗的开头写看完图画之后的心情：伤心。在这里，诗人化用了高蟾在《金陵晚望》中的一句诗"一片伤心画不成"。诗人对这句诗进行了反驳：谁说伤心是画不出来的呢？画这些画的人不是把伤心画得很突出吗？那些画不出伤心的人只是太注重迎合世人庸俗的心境，多去描画风花雪月了。

诗人抒发的感慨勾起了读者的好奇心：画上到底画的是什么呢？后两句明确给出了答案：画的是南朝六代亡国以后的金陵，每一幅画最终都被枯木和愁云笼罩，一派凄凉的境况。

诗人由观画引发感慨，借古讽今，暗喻现在的大唐王朝就像六朝晚景一样，表达了他的哀痛之情。

作者小传

韦庄（约836年—910年），字端己，京兆杜陵（今陕西西安东南）人，晚唐、西蜀著名词人、诗人。其词与温庭筠齐名，并称"温韦"，是花间派的代表词人。其诗多写伤时、怀古、离情、感旧的主题，诗风清丽飘逸。

◆ 语文小课堂 ◆

据《唐才子传》记载，韦庄为人十分节俭，每次做饭的时候，都要事先称好做饭要烧的柴，煲粥用的米也要一粒一粒数清楚。据说，他有个儿子，在八岁的时候夭折了。韦庄竟然把妻子给儿子穿上的入葬衣服脱下来，改用旧草席包裹埋葬，埋完以后还把旧草席带回来了。他对儿子的夭折还是很难过的，一想起来就会止不住哭泣，只是为人过于吝啬罢了。

楼

踏莎行

[宋]欧阳修

候馆梅残①，溪桥柳细。草薰风暖摇征辔②。离愁渐远渐无穷，迢迢不断如春水。

寸寸柔肠，盈盈粉泪。楼高莫近危阑倚③。平芜尽处是春山④，行人更在春山外。

注释

①候馆：驿馆。②摇征辔（pèi）：指策马远行。③危阑：高高的栏杆。④平芜：绵延不断、向远处伸展的草地。

解析

抒发离愁别绪的词很多，这首词与众不同的地方在于，它不是单写游子或思妇的离愁，而是把两者结合在一起：上阕写游子的离愁，下阕写思妇的相思，形成两个情境独立的画面。构思精妙，更胜一筹。

在上阕中，开头三句是一幅早春行旅图。梅残、柳细、草薰、风暖等点明了时间是在仲春。"候馆"则点明了地点和事件，即出门在外，住在驿馆里。接下来直接抒发离别的情感：离得越远，愁情越重，就像绵绵不断的春水一样。

比喻化抽象为具象，十分贴切。

下阕写游子想象中思妇的离愁。"寸寸""盈盈"写出了女子默默垂泪的柔情和愁苦。游子想到这里，于是劝慰说："不要独自倚靠高高的栏杆望着远方了，我还在草地和春山的另一头呢。"话语里的体贴和深情进一步深化了相思之情。

词人以乐写愁，又用比喻的手法化虚为实，把无形的"愁"比喻为具体可感的"迢迢春水"，写出了愁的深切，容易引人共鸣。

夜宿山寺①

[唐]李白

危楼高百尺②，手可摘星辰。
不敢高声语③，恐惊天上人。

（收入义务教育教科书人民教育出版社《语文》二年级上册）

注释

①宿：住宿，过夜。②危楼：高楼，这里指高高的寺庙。危，高。百尺：虚数，形容寺庙很高。③语：说话。

解析

山顶的寺庙好像有百尺那么高，站在上面，仿佛一伸手就能摘下星辰。人们不敢大声说话，生怕惊动了天上的仙人。

这首短诗描写的是诗人李白晚上借宿山上寺庙时的所见所感，全诗语言浅显，没有一个生僻字，却产生了惊人的效果。

前两句正面描写寺庙的高，运用了想象和夸张的修辞手法，给人一种身临其境的感觉。后两句从侧面写寺庙的高，"不敢"和"恐"写出了诗人在夜晚登上寺庙的心理状态,在他看来,寺庙与天上人是那么接近,可以想见山寺之高。

> ◆ **语文小课堂** ◆
>
> 　　李白在写诗的过程中有一个特别突出的特点,那就是想象力丰富,擅长使用夸张的手法。他用夸张的手法创作了许多动人的诗句,比如"危楼高百尺,手可摘星辰""飞流直下三千尺""千里江陵一日还""白发三千丈""燕山雪花大如席"等。

苏幕遮·怀旧

[宋]范仲淹

碧云天,黄叶地,秋色连波,波上寒烟翠。
山映斜阳天接水,芳草无情,更在斜阳外。

黯乡魂,追旅思,夜夜除非,好梦留人睡。
明月楼高休独倚,酒入愁肠,化作相思泪。

解析

　　上阕写秋天之景,意境广阔辽远。景中有天有地,有山有水,角度有高有低。"碧"对"黄","云"对"叶","天"对"地",对仗工整,色彩丰富。斜阳和芳草所代表的离别之情把前面的实景转为虚景,引出下阕的离愁和相思。"芳草无情"反衬出词人心中有情。

　　下阕的开头两句直接抒情,"乡魂""旅思"采用了互文的修辞手法,"黯"和"追"写出了词人愁闷的深重。只有晚上在睡梦中,词人才能忘了思乡的愁苦。"休"字表现出词人的无可奈何,他登楼望远,却望不见故乡,反而更添愁苦。最后一句有"举杯消愁愁更愁"的效果,更增添了思乡之苦。

◆ 语文小课堂 ◆

范仲淹不但是北宋著名的政治家、文学家、军事家，同时也是一位伯乐。他举荐过很多人才，比如当初是下级军官、后来成为一代名将的狄青，当初是将领、后来成为一代大儒的张载，当初是学生、后来成为一代名相的富弼。

蝶恋花

[宋]柳永

伫倚危楼风细细①，望极春愁②，黯黯生天际。
草色烟光残照里，无言谁会凭栏意③。

拟把疏狂图一醉④，对酒当歌，强乐还无味。
衣带渐宽终不悔，为伊消得人憔悴⑤。

注释

①伫（zhù）：长久站立。危楼：高楼。②望极：极目远眺。③会：理解。④拟：想要。⑤消得：值得，忍受得了。

解析

这是一首抒发相思离愁的词，无言的"愁"统领着全篇。上阕写景，词人在春日的傍晚独自一个人登高望远，看到在残阳映照下的"草色烟光"中，满眼都是让人生愁的景物。下阕直接抒情，写词人打算借酒消愁，但解决不了问题，反而更添愁苦。他一心只想着意中人，身体消瘦憔悴也无怨无悔。最后两句堪称千古佳句，让情感升华到了最高境界，把词人真挚深切的思念之情淋漓尽致地表达了出来；同时，也塑造了一个坚毅执着、为爱坚守的人物形象。

整首词也可以与词人的境遇联系起来。柳永一生不得志，经常漂泊在异乡，过着落魄的生活，所以，他的愁就像词中描写的一样，缠绵不绝，难以排遣。

作者小传

柳永（约987年—约1053年），字耆卿，初名三变，因排行第七，人称柳七，崇安（今福建武夷山市）人。曾做过屯田员外郎，世称"柳屯田"。性格放旷，仕途坎坷，最后漂泊流落而死。精通音律，创作了大量适合歌唱的慢词长调。其词题材广泛，尤擅写离情别意，写得含蓄委婉，雅俗并陈，深受时人尤其是市民阶层的欢迎，甚至出现了"凡有井水处，即能歌柳词"的盛况。

◆ 语文小课堂 ◆

词，又名长短句。词牌是词的格式，是人们为了便于记忆和使用，给词起的名字。词的格式和诗不同，诗的格式相对较少，而词则总共有一千多种格式。常见的词牌有《蝶恋花》《水调歌头》《如梦令》《相见欢》《卜算子》《江城子》等。

题临安邸[1]

[宋]林升

山外青山楼外楼，西湖歌舞几时休[2]？
暖风熏得游人醉，直把杭州作汴州[3]。

（收入义务教育教科书人民教育出版社《语文》五年级上册）

注释

[1]临安：在今浙江杭州，曾为南宋都城。邸（dǐ）：旅店。[2]几时休：什

么时候能停。③汴州：在今河南开封，曾为北宋都城。

解析

绵延不断的青山与楼阁望不见头，西湖的游船上，歌舞什么时候才会停止？温暖和煦的风把游客吹得醉醺醺的，都把杭州当成了汴州。

这是题写在临安城一家旅店的墙壁上的诗。诗人通过描写美景和乐景，反衬出南宋朝廷的苟且偷安，具有强烈的讽刺意味。前两句点明临安城的特征，青山挨着青山，楼台连着楼台，歌舞声热闹非凡。但是，诗人的第二句是问句，一个"休"字更是饱含着愤慨和痛心疾首的情绪。后两句中，诗人进一步抒发自己的愤慨之情。"暖风"一语双关，既指自然界的暖风，又指颓废的社会风气。"游人"指的是南宋朝廷里只知道寻欢作乐、醉生梦死的统治阶级，一个"醉"字具有辛辣的讽刺意味。

这首诗构思巧妙，措辞精准，用热闹的场面烘托哀情，不露痕迹地达到了讽刺的目的，是讽喻诗中的杰作。

作者小传

林升（约1123年—约1189年），字云友，号平山居士，大约生活在南宋孝宗时期，擅长诗文。

◆ 语文小课堂 ◆

靖康之变后，宋钦宗的弟弟赵构在应天府（今河南商丘）即位，重建宋朝。后逃到南方，定都临安（今浙江杭州），史称"南宋"。南宋朝廷只求苟安，所以重用投降派的官员，打压主战派。后来，秦桧以"莫须有"的罪名害死了抗金名将岳飞，南宋朝廷与金达成协议，双方以淮水至大散关一带为界，宋向金称臣，每年进贡银和绢。由此，宋、金南北对峙的局面形成。《题临安邸》就是在这样的历史背景下写成的。

同水部张员外籍曲江春游寄白二十二舍人①

[唐]韩愈

漠漠轻阴晚自开②，青天白日映楼台。
曲江水满花千树，有底忙时不肯来③？

注释

①水部张员外籍：指张籍，当时的官职是水部员外郎。白二十二舍人：指白居易，当时的官职是中书舍人。②漠漠：迷蒙一片的样子。自开：云散，天晴。③底：什么。

解析

这是一首写景记事的七绝诗，写得淡雅清丽，读来十分有趣。

雨后天晴，诗人韩愈邀请张籍和白居易一起去游览曲江的美景，可是白居易有事没有来。韩愈回来后，想着白居易居然错过了这么美的景色，就给他写了这首诗，一方面抱怨他失约，一方面替他感到惋惜。巧妙的是，他并没有直接表达出这种心情，而是委婉地透露了出来。

诗的前三句，诗人集中笔力描写春雨过后曲江的美景。雨过天晴的傍晚，薄薄的阴云轻盈地散开，蓝蓝的天空显现出来，落日照耀下的楼台也更加清晰。曲江清澈的水面上倒映着楼阁和美丽的花草树木，影子在雨天过后显得更加清楚。雾气散开，一切都变得明亮清晰，给人一种豁然开朗的感觉，读来不觉神清气爽，心情愉悦。最后一句，诗人话锋一转，好似不经意地问了一句：你有什么要忙的事情，竟然愿意错过这样的美景？虽然是问句，却问得不急切，嗔怪和遗憾的感情都是淡淡的，表现得自然顺畅又委婉。

黄鹤楼送孟浩然之广陵

[唐]李白

故人西辞黄鹤楼①,烟花三月下扬州②。
孤帆远影碧空尽③,唯见长江天际流④。

(收入义务教育教科书人民教育出版社《语文》五年级下册)

注释

①故人:老朋友,指孟浩然。孟浩然和李白是忘年之交,李白很喜欢孟浩然,经常在诗里提到他。②烟花:形容阳春三月鲜花盛开、柳树如烟的盛景。下:顺流而下前往。③尽:消失,没了。④唯见:只看见。天际:天边。

解析

老朋友在黄鹤楼告别,在繁花如烟的三月顺流而下前往扬州。那一艘船渐行渐远,消失在天空的尽头,只看见浩荡的江水向天边流去。

前两句点明了地点、时间和事件,地点是黄鹤楼,时间是三月,事件是朋友要离开去扬州。这两句因为意境优美、文字绮丽,被人们广为传诵。后两句写景,暗含着诗人依依惜别的感情。诗人站在江边望着朋友乘坐着离开的船只,一直到船消失在天边。这两句即景抒情,情景交融,感情真挚动人。

这虽然是一首离别诗,但因为是以明丽的烟花春色和浩渺无垠的长江为背景的,所以并没有很重的伤感之情,反而有一种轻快的节奏感。诗中更多的是对朋友的祝福,也表现出了诗人浪漫和豁达的胸怀。

◆ 语文小课堂 ◆

　　孟浩然一直拥有报国的志向,但是因为政治上的坎坷失意,不得不选择退隐山林。李白在游历的时候结识了孟浩然,两个人十分投缘,相见恨晚。后来,李白还专门去孟浩然隐居的鹿门山拜访他。李白曾在诗中毫不隐晦地说:"吾爱孟夫子,风流天下闻。"

杂 诗

[唐]王维

君自故乡来，应知故乡事。

来日绮窗前①，寒梅著花未②？

注释

①来日：来的那一天。绮窗：装饰精美的窗户。②著花：开花。未：没有。

解析

你是从我的家乡来的，那一定知道家乡的情形吧。请问你来的那一天，我家窗户前的那棵梅树开花了没有？

这首诗描写的是一个久在异乡的游子殷勤地向刚来的同乡询问家乡的情况。前两句写出了他急切的心情，两次出现"故乡"，正是他强烈地思念故乡的表现。纯粹的白描手法简洁地勾勒出了游子的心理、神态和感情。后两句是游子询问的具体内容，他没有问其他的，而是问梅花开了没有。这是一种通过特殊来展现一般的写作技巧，平淡质朴、如叙家常的问话让思乡之情显得更纯、更真，寓巧妙于朴素。

本诗语言质朴平淡，自然天成，看似信手拈来，没有任何技巧，实际上以小见大，于细微处见精神。

凉州词二首·其一

[唐]王翰

葡萄美酒夜光杯①,欲饮琵琶马上催。
醉卧沙场君莫笑,古来征战几人回?

(收入义务教育教科书人民教育出版社《语文》四年级上册)

注释

①夜光杯:一种用美玉制成的饮酒器皿,在古代很名贵。相传把美酒倒入杯中,杯子会在月光下闪闪发亮。这里指极精致的酒杯。

解析

我用葡萄酒倒满夜光杯,正要举杯痛饮的时候,却听到了马上弹起琵琶的声音,在催人出发了。如果我醉倒在沙场上,还请你不要见笑,自古征战能有几个人活着回来的?

凉州在今甘肃武威,诗人曾以驾部员外郎的身份前往西北前线,输送马匹与粮草等军需物资,亲身体会过边塞将士的生活。这首诗就描写了荒寒艰苦的边地中战时紧张、战后放松的生活场景,歌颂了战士们豪爽的个性和无畏的精神。

首句运用华丽的辞藻描写盛会的豪华气派,美酒和玉杯调动起将士们的情绪,大家准备趁着难得的休战机会,开怀畅饮,一醉方休。第二句让热闹的气氛顿时变得激昂,琵琶声让大家更兴奋了。这一句特意在气氛上进行了渲染,也展现了将士们的豪爽个性。后两句写的是即将出征的将士对伙伴的劝饮,即将来临的可能是战死疆场,但他们毫不畏惧,反而豪爽地开起了玩笑:如果我在沙场上醉倒，可千万不要笑我！这种视死如归的勇气带着极大的感染力，赋予这首边塞诗开朗昂扬、明快热烈的盛唐特色。

作者小传

王翰，生卒年不详，字子羽，并州晋阳（今山西太原）人，唐代边塞诗人，与王昌龄处于同一时期。他的诗感情奔放，辞藻华丽，当时有很多人喜欢。

◆ 语文小课堂 ◆

王翰虽然在唐代诗人中并不显眼，但很受人敬重和爱戴。当时有个学士叫杜华，他的母亲崔氏说过："我听说过孟母三迁的故事，现在我想要搬家，让你能与王翰当邻居，这就足够了！"可见当时王翰的才名之盛。

破阵子

[宋]晏殊

燕子来时新社①，梨花落后清明。

池上碧苔三四点，叶底黄鹂一两声，日长飞絮轻。

巧笑东邻女伴②，采桑径里逢迎。

疑怪昨宵春梦好，元是今朝斗草赢③，笑从双脸生。

注释

①新社：指春社。②巧笑：美好的笑貌。③斗草：又叫斗百草，古代民间妇女中间流行的一种游戏，用手中的草之优劣多寡斗输赢。

解析

上阕写景。开头一组对仗点明时节，也为全词奠定了明朗、欢快的基调。后三句通过写水波荡漾的池塘、几点碧绿的苔藓、鸣叫的黄鹂和太阳下飞舞的柳絮，勾勒出一个春意盎然的花园。下阕写人。两个少女在采桑径相遇，决定玩斗草的游戏。赢了的少女说："难怪昨天晚上做了一个好梦，原来是预示着今天的获胜啊！"少女的脸上挂着欢喜的笑容。

这首词用轻松欢快的笔调描写了古代少女在春天里的一个生活片段，刻画出了人物的内心活动与神态，语言明丽清新，引人入胜。

作者小传

晏殊（991年—1055年），字同叔，抚州临川（今江西抚州）人。七岁能写文章，十四岁时就因才华过人而被赐为同进士出身。宋仁宗时做到宰相，提拔了大批人才，如范仲淹、韩琦、欧阳修等。能诗能文，擅长写词。所写的词大多描写四季景物、男女恋情、诗酒悠游、离愁别恨，反映富贵闲适的生活。

六月二十七日望湖楼醉书五首·其一

[宋]苏轼

黑云翻墨未遮山①，白雨跳珠乱入船②。
卷地风来忽吹散③，望湖楼下水如天④。

（收入义务教育教科书人民教育出版社《语文》六年级上册）

注释

①翻墨：被打翻的墨，形容云层很黑。②白雨：夏天下暴雨，在湖光山色

的映衬下，雨点显得白而透明。跳珠：跳动的珍珠，形容雨点大，杂乱无序。③卷地风来：指狂风从地面席卷而过，势头迅猛。④水如天：形容湖面如天空一样开阔、平静。

解析

　　黑色的、厚厚的云层向上翻滚，就像打翻了墨汁一样。天边的山还没有被云层遮住的时候，夏天的急雨就来了，激起的水花就像跳动的珍珠一样飞溅进船中。忽然，狂风从地面席卷而来，吹散了天上的乌云，望湖楼下的湖水变得如天空一样开阔平静。

　　写这首诗的时候，诗人正在杭州做通判。他在六月二十七日这天去游览西湖，在船上看到了这幅奇妙的景色，然后到望湖楼上喝酒，醉酒后写下了这首诗。全诗都在一个"醉"字上，既醉于酒，也醉于山水美景。

　　第一句写云，第二句写雨，运用比喻，形象逼真。"未"字显示出天气变化得太快，"跳"和"乱"显示出暴雨的大和雨点的急。第三句写风，它席卷大地，一下子把湖面上的雨和云都吹散了。"忽"字显示出风的大和快。最后一句写天和水，湖面风平浪静，天光相映，一片安宁，刚才的狂风暴雨就好像从来没有出现过一样。

　　全诗有远有近，有动有静，有声有色，有景有情，让人读来如同身临其境，神清气爽，心中充满了风雨过后的安详和宁静之感。

风流子

[宋]周邦彦

新绿小池塘，风帘动，碎影舞斜阳。羡金屋去来，旧时巢燕，土花缭绕①，前度莓墙②。绣阁里，凤帏深几许③？听得理丝簧。欲说又休，虑乖芳信，未歌先咽，愁近清觞。

遥知新妆了，开朱户，应自待月西厢。最苦梦魂，今宵不到伊行。问甚时说与，佳音密耗，寄将秦镜，偷换韩香？天便教人，霎时厮见何妨！

注释

①土花：苔藓。②莓：青苔。③凤帏：闺阁门上装饰着凤凰图案的帘子，此处指华丽的闺阁。

解析

这首词主要写景，通过写景来抒发相思之情，多处化用典故，句句精工，结构细密。上阕写初春时节所居之处的景色，新绿在池塘中生长，风中的帘幕飘动，夕阳只剩下碎影，一派恬静的气氛。"金屋"化用汉武帝"金屋藏娇"的典故，"旧时巢燕""土花""莓墙"暗含着时光流逝、物是人非之感。"绣阁""凤帏""丝簧"都是为了突出闺阁的深，只见帘幕，只听见乐声，难以见到人。因为见不到人，所以有相思之苦，满怀幽怨无法倾诉。

下阕中，"遥知""应自"都是词人的猜测，承接上阕所说的见不到人。"待月西厢"化用《莺莺传》的典故。"最苦"句是说不能到爱人身边去,相思最苦。接下来的"秦镜"化用秦嘉送给生病的妻子镜子表达相思挂念的典故,"偷换韩香"化用贾午把外来的异香偷偷赠给情人韩寿的典故——这两个典故都包含了男女之间互赠信物表达情意的意味——来表达词人的相思之情。最后两句,词人把自己的感情与上天联系起来,画龙点睛,可以称得上是神来之笔。

村　居

[清]高鼎

草长莺飞二月天,拂堤杨柳醉春烟①。
儿童散学归来早②,忙趁东风放纸鸢③。

（收入义务教育教科书人民教育出版社《语文》二年级下册）

注释

① 春烟:春天时水和草木等被太阳照耀蒸腾出来的雾气。② 散学:放学。③ 东风:春风。纸鸢:指风筝。鸢,老鹰。

解析

农历二月,青草生长,黄莺飞翔,杨柳长长的枝条轻轻抚摸着堤岸。孩子们早早地放学回家了,急急忙忙趁着春风吹得起劲的时候去放风筝。

这首诗描写的是诗人在乡村居住时见到的景象:早春时节,在万物生机盎然的农村,一群孩子在放学后忙着放风筝。前两句点明时节和自然景色。"草""莺""杨柳""春烟"写出了农村特有的明媚春色和欣欣向荣,具体而生动。"长""飞"写出了万物复苏、生机勃发,"醉"字写出了杨柳娇柔的姿态和神韵。后两句写人,"儿童""东风""纸鸢"都给这一幅春光图增添了生机。景和人融合在一起,让人仿佛能听到里面的欢声笑语,能感受到诗里人物的欢快情绪。

作者小传

高鼎（1828年—1880年），字象一，又字拙吾，浙江仁和（今浙江杭州）人，清代后期诗人，最有名的诗就是这首《村居》。

◆ 语文小课堂 ◆

风筝别名"纸鸢""鹞子"等，是由春秋战国时期的墨翟发明的，已有两千多年的历史。墨翟发明的风筝是用木头做的，直至造纸业日渐发达，坊间才开始用纸做风筝。风筝曾被用于传递军事信息，也曾用作刑罚。到了宋朝，放风筝逐渐成为人们喜闻乐见的户外活动，许多文学作品和画作中都有风筝的身影。

书湖阴先生壁二首·其一

[宋]王安石

茅檐长扫净无苔①，花木成畦手自栽②。
一水护田将绿绕，两山排闼送青来③。

（收入义务教育教科书人民教育出版社《语文》六年级上册）

注释

①茅檐：茅屋屋檐下面，这里指庭院。②畦（qí）：这里指种有花木的一块块排列整齐的土地，周围有土埂围着。③排闼（tà）：推开门。闼，小门。

解析

茅屋屋檐下的庭院经常被人打扫，所以干净得没有生出青苔。花草树木成行成垄地排列，这些都是主人亲手栽种的。院子外面有一条小河环绕着大片绿苗,有两座山峰就像要推开院子的小门,为主人送来绿色。

这首诗是诗人王安石晚年退居江宁(今江苏南京)紫金山时,题写在一位号湖阴先生的隐士的墙壁上的,两人比邻而居,经常往来。前两句写湖阴先生庭院的景色。"净无苔"写庭院的整洁。"花木成畦"写庭院的精致。"手自栽"暗示这么精美的院子都是湖阴先生亲手布置的,体现出他勤劳整洁、爱护花草的品性。后两句写院子外的自然环境之美,可见把居所选在这样的环境下的湖阴先生对自然山水的热爱。

这首诗运用了映衬和拟人的手法,把写景和写人熔于一炉,既表现出了客观景物的美,又表现出了景物中人的美,真实自然,一举两得。

◆ 语文小课堂 ◆

相传,王安石少年读书的时候读到一本《开元天宝遗事》,上面写李白曾经梦到自己用的毛笔上长出了一朵美丽的花,后来就变得才华满腹,名扬天下。于是,王安石就去请教当时的老师,问他是否真的有生花妙笔。老师拿来九百九十九支毛笔,告诉他,生花妙笔就在其中,但肉眼是看不见的,只有他自己拿去写文章,用完一支再用下一支,才会找到。王安石信以为真,写秃了九百九十八支毛笔。当拿起最后一支笔写文章时,他突然感到得心应手,这才恍然大悟:自己真的拥有生花妙笔了!

花非花

[唐]白居易

花非花，雾非雾，夜半来，天明去。
来如春梦几多时？去似朝云无觅处。

解析

　　这首词据说是白居易在杭州和苏州当官时为一位歌伎所写的，表达了词人对美好事物充满向往却又抓不住的遗憾心情。

　　前两句用了两个像谜语一样的比喻，好像是花，可又不是花；好像是雾，可又不是雾，勾起了人们探究的欲望。词人用花和雾写出歌伎容貌的美丽和体态的轻盈，也为后面做了铺垫。"夜半""天明"写出了歌伎行踪飘忽，和前面的"雾"一样，给人一种捉摸不定的朦胧之感。后两句化用了楚襄王梦见巫山神女的典故，比喻欢乐的相聚时光转瞬即逝，美人的行踪无处寻觅。

　　这首词结构短小，体式灵活，语言明白如话，却含有很深的意蕴，一系列的比喻把歌伎的美刻画得生动形象，把词人对她的爱慕表现得淋漓尽致。

山村咏怀

[宋]邵雍

一去②二三里①,烟村四五家②。
亭台六七座③,八九十枝花。

注释

①去:距离。②烟村:烟雾缭绕的村庄。③亭台:途中供人们休息的建筑物。

解析

距离家乡二三里远的地方,有烟雾缭绕的四五户人家。路边有六七座亭台楼阁,还盛开着八九十枝鲜花。

在这首诗里,诗人通过列锦的表现手法串联起烟村、人家、亭台、鲜花等意象,勾勒出一幅淡雅的田园风光图,表现出诗人对大自然的热爱和赞美之情。

前两句表现为线状的视觉印象,第一句的"一去"是水平移动,"二三"是虚指;第二句的"烟"是垂直移动的状态,"四五"也是虚指。后两句转换为点状视觉印象:座座亭台、朵朵鲜花。

诗人为每一处景色都安排了不同的量词,比如"里""家""座""枝",富于变化;又在每个量词前都安排了不同的虚指数字,这些数字还能够从一到十按照自然数序排列起来,显得又整齐又富有情趣。

作者小传

邵雍(1011年—1077年),字尧夫,对天象地理和伏羲八卦有很深的造诣。曾在宋仁宗和宋神宗时期被举荐做官,都借口生病,没有应召。自号安乐先生,出门时必定坐一辆小车,让一个人在前面拉车。

雨霖铃

[宋]柳永

寒蝉凄切,对长亭晚,骤雨初歇。都门帐饮无绪①,留恋处,兰舟催发②。执手相看泪眼,竟无语凝噎③。念去去,千里烟波,暮霭沉沉楚天阔④。

多情自古伤离别,更那堪、冷落清秋节!今宵酒醒何处?杨柳岸、晓风残月。此去经年⑤,应是良辰好景虚设。便纵有千种风情⑥,更与何人说?

注释

①都门帐饮:在京城城门外设酒宴。无绪:没有兴致。②兰舟:兰木做成的小船,这里泛指船。③凝噎(yē):喉咙里好像被东西堵住,形容说不出话来。④暮霭:傍晚的云气。楚天:长江中下游一带的天空。⑤经年:一年又一年。⑥风情:意趣,情怀。

解析

词人在仕途上没了希望,就决定离开都城开封,去四处流浪。他在郊外长亭与唯一来送他的女子依依惜别,心中充满了感伤,于是写下这首词来表达自己的心情。此词一向被认为是柳永词的代表作,特别是在宋元时期被广为传唱,风靡一时,名列"宋金十大名曲"。

上阕写临别的场景。前三句描写送别地点周围的景色,短短十二个字就点明了时间、地点和事件,"寒蝉""长亭""骤雨"等意象勾勒出了离别的凄凉。接下来讲述离别的人的活动。面对美酒佳肴毫无兴致,想倾吐相思留恋的感情却又被连连催促,两人只好双手紧握,泪眼相望,激动得一句话也说不出来。结尾三句寓情于景,以有尽之景写无限之情,深化了离别的愁绪。

下阕是想象中的离别之后的情形。离别伤感的情绪自古就有，碰上这清寒的秋天，伤感就更加深重了。"更那堪"使情绪又被推进了一层。"今宵酒醒何处？杨柳岸、晓风残月"是全篇最精彩的句子，汇聚了"酒""杨柳岸""晓风""残月"等诸多会触动离愁的意象来表达感情，烘托出一派孤清寂寞的氛围。结尾四句表情达意，更深一层地推想分别后自己的落寞，表示自己的情怀无人可诉、无人能懂。

此词在意境、音律等方面都有绝佳的造诣，但最让人动容的还是真切的情意，不愧是宋代婉约词的巅峰之作。

念奴娇·赤壁怀古

[宋]苏轼

大江东去，浪淘尽，千古风流人物①。故垒西边，人道是，三国周郎赤壁②。乱石穿空，惊涛拍岸，卷起千堆雪。江山如画，一时多少豪杰。

遥想公瑾当年③，小乔初嫁了，雄姿英发。羽扇纶巾④，谈笑间，樯橹灰飞烟灭⑤。故国神游，多情应笑我，早生华发。人生如梦，一尊还酹江月⑥。

注释

①风流人物：优秀杰出的人物。②周郎：三国时期吴国的周瑜，二十四岁就当上了中郎将，年少有为。③公瑾：周瑜的字。④羽扇纶（guān）巾：（手持）羽扇，（头戴）纶巾。这是儒者的装束，形容周瑜有儒将风度。⑤樯（qiáng）橹（lǔ）：挂帆的桅杆和摇船的桨，这里指曹操的战船。⑥酹（lèi）：把酒洒在地上来祭奠或起誓，这里指洒酒来酬敬月亮。

解析

  长江的水向东流去，在滚滚波浪的冲刷下，千百年来的英雄豪杰都被淹没了。旧营垒的西边，人们传说那是三国时期周瑜大获全胜的地方——赤壁。参差的石头指向天空，吓人的浪涛拍打着江岸，卷起一堆堆如雪的浪花。江山美如画，一段时期出了很多英雄豪杰。

  遥想当年的周瑜，小乔刚刚嫁过来，他充满英雄气概，意气风发，拿着羽毛做的扇子，戴着青丝带做的头巾，说说笑笑间，曹军就烧成了灰烬。现在我神游曾经的吴国，应该笑自己太多愁善感了，以致早早地就长出了白发。人生就像一场梦，还是举起酒杯来敬江上的明月吧。

  这首词被认为是宋代豪放词的代表作，是苏轼被贬官后游览赤壁时写下的。词中以炽热的情感，驰骋想象，描写了赤壁古战场的景色，追忆赤壁之战的指挥者周瑜的事迹，表达了对古代英杰的仰慕与对历史和人生的深思之情。

  上阕描写赤壁的雄奇景色，前三句由物兴感，在对长江浩大声势的描述中包含了永恒与短暂的反差，发人深省。接着引入对赤壁古战场的刻画，引入主角周瑜。其中，"穿""拍""卷"等字生动形象，气势逼人。结尾总结了景物的特点，为后面过渡到写人和事做了铺垫。下阕对周瑜的形象做了精细的刻画。开始三句概括出他拥有英雄气概和如花美眷，接着三句写了他的才华和儒雅气质。"谈笑间，樯橹灰飞烟灭"把战事的惊心动魄和周瑜的淡定做了对比，进一步突出其形象。最后，词人由周瑜想到了自己，发出人生如梦的感慨。

◆ 语文小课堂 ◆

  周瑜是历史上的名将，长得高大俊美。他不仅足智多谋，擅于作战，还精通音律。《三国志》记载，周瑜听人演奏的时候，即使多喝了几杯酒，有点醉了，依然能够发现演奏者出错的地方。每当这时，他就会看演奏者一眼，示意对方弹错了。因此，民间有两句歌谣曰："曲有误，周郎顾。"

寻隐者不遇

[唐]贾岛

松下问童子①,言师采药去②。
只在此山中,云深不知处③。

(收入义务教育教科书人民教育出版社《语文》一年级下册)

注释

①童子:小孩子,指隐者的徒弟。②言:回答说。③云深:山上云雾缭绕。处:地方。

解析

在松树下遇到了隐者的徒弟,问这个小孩子他的师父去哪里了,他回答说师父采药去了,就在这座山中,可是山上云雾缭绕,不知道具体在哪里。

这是一首问答诗,诗人采用寓问于答的手法,写拜访隐士却没有见到人,抒发了自己的遗憾和对隐居生活的向往之情。

首句交代诗人去拜访隐士却没有见到,于是询问隐士的徒弟,场景生动。其中"松"字暗含着隐士如松树一样的风骨。后三句都是隐士徒弟的答话内容,从中可以看出诗人问了不止一句话:"采药去"回答的是"隐士干什么去了","此山中"回答的是"去哪里采药了","不知处"回答的是"在山里的什么地方"。从"采药"可以看出隐士济世救人的情怀,"云深不知处"则塑造了隐士缥缈高洁的形象。

◆ **语文小课堂** ◆

贾岛是一个半俗半僧的诗人。科考几次落榜之后,他心灰意冷,就去做了和尚,法名无本,决心一辈子念经拜佛。但是,后来,他结识了韩愈,在韩愈的劝说和鼓励下,他决定还俗,重新参加科考,最后考中了进士。即使回归了红尘俗世,他也保留着僧人的一些观念和习惯,这在他的诗作中经常体现出来。

清平乐

[宋]黄庭坚

春归何处?寂寞无行路。
若有人知春去处,唤取归来同住。

春无踪迹谁知?除非问取黄鹂。
百啭无人能解,因风飞过蔷薇。

（收入义务教育教科书人民教育出版社《语文》六年级下册）

解析

春天回哪里去了?到处都无行迹,找不到它走的是哪一条路。如果有人知道春天回到了哪里,请把它叫回来跟我住在一起。

春天一去便无影无踪了,又有谁能知道呢?除非去问黄鹂鸟。它叽叽喳喳地叫个不停,也没人能理解它说的是什么。它趁着风起,飞过了蔷薇花丛。

词中句句探究春的去处,可见这是一首惜春之作。而词中的话语看似无理取闹,却把惜春、恋春的感情表达得淋漓尽致,构思精巧,引人入胜。上阕写惜春之情,引发想象。开始点明了季节,"春归"说明是初夏时节。词人深深地遗憾春天的离去，感到无比失落和寂寞，所以才会异想天开，想要叫回春天。下阕转为现实，词人明白，不会有人知道春天的去向，而可能知道的黄鹂也因为人们不懂它而飞走了。"蔷薇"的出现说明现在已经是夏天了，春天是真的回不来了。整首诗的情节和感情真是百转千回，跌宕起伏。

浪淘沙九首·其一

[唐]刘禹锡

九曲黄河万里沙①，浪淘风簸自天涯②。
如今直上银河去，同到牵牛织女家③。

（收入义务教育教科书人民教育出版社《语文》六年级上册）

注释

①九曲：传说黄河有九道弯。万里沙：黄河在流向大海的过程中会挟带大量泥沙。②浪淘：用水淘洗。簸：上下摇动。③牵牛织女：银河系的牵牛星和织女星，这里指古代神话传说中牛郎织女的故事。

解析

九曲黄河挟带着大量的泥沙，经过波浪的淘洗和狂风的摇动，从遥远的天边一直来到这里。现在它要去往天上的银河了，不如带我一起去拜访牛郎和织女的家吧。

诗人刘禹锡因为得罪权贵而一再被贬官，到了离京城很远的穷乡僻壤。在这首诗中，他生动形象地写出了黄河一往无前的气势，用夸张的手法抒发了自己的浪漫主义情怀。

前两句写九曲黄河的沉积和不畏风浪、勇往直前的精神，后两句写黄河的去处和对生活在银河边的牛郎织女恬静生活的羡慕。还有一种说法认为，这首诗中的银河暗指朝廷，诗人希望能够回到朝堂，继续为国家效力。

忆江南三首·其一

[唐]白居易

江南好，风景旧曾谙①。

日出江花红胜火，春来江水绿如蓝②。

能不忆江南？

（收入义务教育教科书人民教育出版社《语文》三年级下册）

注释

① 谙（ān）：熟悉。② 蓝：植物名，品种很多，叶子可以用来制作青绿染料。

解析

江南真是美好啊，那里的风景我已经很熟悉了。太阳出来时，江边的花红得赛过了火焰；春天来临时，清澈的江水就像蓝草一样碧绿。叫人怎么能不想念江南呢？

词人白居易曾经游历过江南，后来回到了洛阳。晚年的时候，他厌倦了官场生活，怀念在秀丽的江南体验过的自由美好，所以写下了这首词。全词以追忆的情怀，描写了白居易曾经熟悉的江南春景。

首句一个"好"字总领后文，把词人的喜爱和向往之情总括其中。接着，词人围绕"江"来展开画笔，描绘了一幅色彩绚丽的江南春景图：日出百花争艳、生机勃勃，春来江水荡漾、碧波万顷。这些描述都体现出了江南春色的浓艳和热烈。"红胜火""绿如蓝"采用异色相衬的手法，造成了强烈的视觉冲击，让人深受震撼，印象深刻。结尾一句收束全词，再次咏叹江南令人怀念，韵味悠远深长。

◆ 语文小课堂 ◆

相传，白居易晚年的时候非常欣赏李商隐的作品。有一次，他喝多了，叹着气说："如果我死后投胎转世，希望能做李商隐的儿子。"后来，白居易在七十五岁的时候去世，数年后，李商隐的大儿子出生了。李商隐认为这是白居易的转世，就给大儿子取名为"白老"，来纪念白居易。

登科后

[唐]孟郊

昔日龌龊不足夸①，今朝放荡思无涯②。
春风得意马蹄疾，一日看尽长安花。

注释

① 龌（wò）龊（chuò）：窘迫，困顿，指多年来的困窘和抑郁。不足夸：不值得说出口。② 放荡：无拘无束，自由自在。

解析

诗人孟郊多年来穷困潦倒，两次参加科举考试都没有考中。他周游各地，也没找到施展抱负的地方。到了四十六岁的时候，他终于考中了进士，不禁欣喜若狂，一扫以前的抑郁不得志，一气呵成，写下了这首别具一格的《登科后》，诗中洋溢的酣畅淋漓的喜悦之情具有强烈的感染力。

前两句用对比的手法表达心情,把以前的怀才不遇和困窘一笔带过,着重刻画了此刻内心的狂喜。数十年的困顿生活因为一朝得中而发生了翻天覆地的变化,诗人多年积攒的愁闷一下子烟消云散,只剩下了说不出的畅快。后两句是第二句中"放荡思无涯"的具体表现。诗人表面上说"春风得意",实际上得意的不是春风,而是诗人自己。"马蹄疾"不一定是马真的跑得很快,而是诗人因为心情愉快,所以一切事情在他眼中都变得轻松了。他踌躇满志,感觉自己一天就能看尽长安的风光。"一日看尽"明显是用了夸张的修辞手法,为的是刻画人物志得意满的心情。

◆ 语文小课堂 ◆

科举考试开始于隋朝,因为采取的是分科取士的方法,所以叫科举。唐代延用隋制,分常举和制举两种。到武则天时,创殿试和武举。科举制度一直延续到清光绪三十一年(1905年),一共存在了一千三百年。

悯农二首·其二

[唐]李绅

锄禾日当午①,汗滴禾下土。
谁知盘中餐,粒粒皆辛苦。

(收入义务教育教科书人民教育出版社《语文》一年级上册)

注释

① 锄禾:给禾苗锄草。

解析

正午烈日当空的时候,农民还在田里给禾苗锄草,汗水滴落到禾苗下的土里。那些浪费粮食的人，有谁知道餐盘中的粮食，每一粒都是这么的来之不易呢？

首句以农民辛苦劳动的场景开篇，一幅烈日炎炎、农夫辛勤劳作的图卷展现在读者眼前。第二句是细节描写，详细描绘了农民汗水滴落的画面，呼应前面所写的农民种植庄稼时的辛苦。后两句是耐人寻味的评论，"谁知"一词具有讽刺和控诉的意味，表示农夫的辛苦明明是人人都知道的事情，却有人刻意忽视，不以为意。

这首诗流传广泛，妇孺皆知。它并没有说教似的讲道理，而是选取经典鲜明的场面，采用虚实结合、正反映衬的手法，以具体的形象感人。它对骄奢淫逸的人做出的诘问和控诉也虽不是非常激烈，却起到了振聋发聩的效果。

◆ **语文小课堂** ◆

据说，有一天，李绅和朋友一起登上了城东的观稼台。两个人看着远处的田野，心潮起伏。朋友首先作了一首诗，意思是但愿升官就像登台阶这样快。而李绅看到的却是田野里的农夫在烈日下辛苦锄地的场景，他深受震动，脱口而出的是"锄禾日当午，汗滴禾下土。谁知盘中餐，粒粒皆辛苦"。

使至塞上

[唐]王维

单车欲问边①,属国过居延②。
征蓬出汉塞③,归雁入胡天。
大漠孤烟直④,长河落日圆⑤。
萧关逢候骑⑥,都护在燕然⑦。

注释

①问边:到边塞视察,指慰问守卫边疆的官兵。②属国:即典属国。汉代称负责少数民族事务的官员为典属国,诗人在这里借指自己出使边塞的使者身份。居延:地名,在今甘肃张掖北,这里泛指辽远的边塞地区。③征蓬:被风吹得到处飘的蓬草,这里指诗人自己。④烟:狼烟,遇到敌情时报警的烽烟。古代边关烽火多燃狼粪,因其烟轻直且不易被风吹散。⑤长河:黄河。⑥候骑:军队中负责侦察和联络的骑兵。⑦都护:官名,汉代始置,唐代边疆设有大都护府,其长官称大都护,这里指前线统帅。燕然:古山名,今蒙古国杭爱山,这里代指战事的前线。

解析

开元二十五年(737年)春天,诗人王维被排挤出朝廷,作为监察御史去边塞慰问守卫边疆的官兵。他在路途中被大漠雄奇的风景震撼,于是写下了这首诗,在描绘壮丽景色的同时表达自己悲壮的心情。

首联交代事件,诗人单车单骑从长安出发,前往边塞慰问,要去的地方比居延还要远。颔联写自己像被风卷起的蓬草飘出汉塞,又像归雁飞入胡地的天空，情景交融，悲壮和凄凉之情流露笔端。颈联镜头一转，出现大漠孤烟、长河落日，画面变得开阔宏大，雄奇瑰丽。"直""圆"二字让气象变得更加雄浑，让人的心胸也变得开阔。尾联写半路遇到侦察骑兵，对方说统帅正在前线坐镇。

在这首诗中，王维一改之前追求宁静冥思的写诗特点，笔下描绘的景物美丽辽阔，抒发了自己漂泊天涯的悲壮情怀和孤寂之情。

◆ **语文小课堂**

王维不但作诗很厉害，还是个了不起的画家。据说，王维曾为岐王画过一幅巨石图，虽然只有简单的几笔，却栩栩如生。岐王非常喜欢这幅图，时不时就会取出来欣赏，仿佛自己进入画中，并游览了一番一样。一天，电闪雷鸣，风雨大作。突然，"轰"的一声，一个东西冲出了岐王府邸的屋顶，飞上了天空。众人都不知道那是什么东西，等见到巨石图的空轴时，才发现原来飞走的是画中的石头。

如梦令

[宋]李清照

常记溪亭日暮，沉醉不知归路。
兴尽晚回舟，误入藕花深处。
争渡，争渡，惊起一滩鸥鹭。

解析

经常会想起那时在溪亭玩到傍晚才回家，因为玩得太入迷而忘了回家的路。直到尽兴了，看到天晚了，才划船往回走，一不小心划进了荷花深处。待到奋力划出，却吓得栖息在荷塘边的水鸟都飞了起来。

在这首小令中，词人回忆了少女时代一段愉快游玩的经历，展现了她当时自由欢快的生活状态和热爱自然的情趣。词人没有刻意地写景，而是用游玩过程中的几个片段描绘出了一幅日暮晚归图，侧面衬托出溪亭景色之美。

开篇"常记"二字总领全词，引出词人对往昔的追忆，并点明了地点和时间。"沉醉""兴尽"可见溪亭的景色之美，让人沉迷。"晚"和前面的"日暮"呼应，"误入"与前面的"不知归路"呼应，表现出词人玩得太忘情了。两个"争渡"连用，表现出词人紧张和焦急的心情。被惊吓得飞起来的水鸟把气氛推向了高潮，让整个意境得到了延展。

整首小令用词简练，语调平淡悠然，却内容丰富，把事、情、景熔于一炉，写得节奏明快，富有感染力。

◆ **语文小课堂** ◆

李清照出身书香门第，在文学方面自小就受到父母的熏陶。后来，她嫁给了太学生赵明诚。夫妻两人都喜欢读书、藏书，每次吃过饭后都要一起煮茶，然后用比赛背书的方式决定谁先喝茶。李清照的记忆力很强，往往很轻易就能说出某个典故出自哪本书哪一卷的第几页第几行。他们玩得太开心了，往往茶水还没喝到嘴里就洒到了身上。后来，人们就用"赌书泼茶"来形容夫妻美满的爱情和高雅的生活情趣。

早发白帝城①

[唐]李白

朝辞白帝彩云间，千里江陵一日还。
两岸猿声啼不住，轻舟已过万重山。

（收入义务教育教科书人民教育出版社《语文》三年级上册）

注释

① 白帝城：在今重庆奉节。

> **解析**

　　早晨离开耸立在彩云之间的白帝城，一天之内就可以到达千里之外的江陵。江水两岸猿猴的鸣叫声还在耳边回响，轻快的小舟已经行驶过一重重青山了。

　　李白被流放夜郎，途经白帝城时，突然接到了朝廷大赦天下的号令。他惊喜异常，然后坐船向东，前往江陵。为了表达自己轻松愉快的心情，他写下了这首《早发白帝城》。

　　首句写白帝城地势高，就好像耸立在彩云之间。"彩云"一词可见当时的天气很好，情景交融，诗人的心情也很好。因为从白帝城到江陵，地势是从高到低、顺流而下的，所以船走得很快。第二句就写行船迅速，远隔千里的江陵一天就到了。"千里""一日"让空间之远和时间之短形成鲜明的对比。三四句用猿声和万重山来衬托船速很快。一个"轻"字有两重含义，一是写出船的轻盈快捷，一是传达出诗人轻松愉快的心情。

◆ **语文小课堂** ◆

　　安史之乱发生的时候，李白正在庐山隐居。唐玄宗的儿子永王率领大军平定叛乱时，邀请李白下山为自己效力。李白很高兴自己有了报国的机会，就答应了邀请。后来，唐玄宗的另一个儿子当了皇帝，开始排挤永王。两兄弟开始内斗，永王败，所以追随永王的李白受牵连，被判流放夜郎。

元 日①

[宋]王安石

爆竹声中一岁除，春风送暖入屠苏②。
千门万户曈曈日③，总把新桃换旧符④。

（收入义务教育教科书人民教育出版社《语文》三年级下册）

注释

①元日：农历正月初一。②屠苏：指屠苏酒，古代常在元日饮用。③瞳瞳：形容太阳出来后天逐渐变亮的样子。④这一句是说用新桃符换下旧桃符。桃符是春联的前身，古代新年时会在大门上悬挂桃符，用来辟邪。

解析

在爆竹燃放的响声中，一年又过去了，人们在屠苏酒的香味中感受到了春天带来的暖意。家家户户在旭日的照耀下，用新的桃符换下原来的旧桃符。

这首诗描写了民间百姓除旧迎新的景象，刻画了燃爆竹、喝屠苏酒、换新桃符等富有生活气息的经典场景，表达了诗人的喜悦和对新生事物的欢迎。

首两句写古代春节的经典习俗，"爆竹""屠苏"是具有代表性的生活物品。第三句中的"瞳瞳日"指由暗转明的旭日，家家户户都被春天的太阳照耀着，给人一种生机勃勃、蓬勃向上之感。最后一句指家家户户都用新桃符换上了旧桃符，一派欣欣向荣的景象，揭示了"除旧布新"的主题。

◆ 语文小课堂 ◆

古人在不同的节日要喝不同的酒。八月桂花香，人们顺应节气，酿酒时加入桂花，这就是大名鼎鼎的桂花酒。春节时，古代有全家老小喝屠苏酒的习俗，认为屠苏酒可以祛病强身和辟邪。到了端午节，人们还要喝雄黄酒。人们普遍认为，雄黄酒有驱妖辟邪、杀虫解毒的功效，所以有"喝了雄黄酒，百病都远走"的俗语。

夜

鸟鸣涧

[唐]王维

人闲桂花落①,夜静春山空②。
月出惊山鸟③,时鸣春涧中。

(收入义务教育教科书人民教育出版社《语文》五年级下册)

注释

①闲:悠闲,寂静。②空:空寂无声。③惊:惊动,惊扰。

解析

人的心闲静下来,春桂的花朵悄悄地飘落。深夜万籁俱寂,春天的青山也显得很空旷。月亮出现在天空中,惊动了栖息于山里的鸟,它们在山涧中不时鸣叫几声。

这是一首描写静境的名篇。前两句是一组工整的对仗,人的心境闲适,自然会注意到周围的变化,所以能觉察春桂的花瓣悄悄落下,夜里的春山格外空旷。心静和山静相辅相成,和谐统一。后两句中,山中的鸟被惊动,更体现出了春山的寂静。鸟叫声打破了春山的静,这明显是以动衬静、以声写静的写作技巧,增添了整首诗的美感。

整首诗擅于用空和静来渲染意境,桂花落、月出、鸟鸣等描写静中有动,动静结合,生机盎然,在极静之中体现出自然的真意,禅味十足。

◆ **语文小课堂** ◆

王维虽然很有才华,但是第一次进京参加科考的时候并没有考中。因为当时的考试被权贵掌控着,权贵想让谁考中,只需要跟科考官打个招呼,就可以预定名额。王维用了一年的时间去拜访各个王爷,希望得到他们的支持。后来,他被引荐给玉真公主,才华得到了玉真公主的赏识。第二年,他顺利考中了进士。

木兰诗

北朝民歌

唧唧复唧唧,木兰当户织。不闻机杼声,唯闻女叹息。问女何所思?问女何所忆?女亦无所思,女亦无所忆①。昨夜见军帖,可汗大点兵。军书十二卷,卷卷有爷名。阿爷无大儿,木兰无长兄。愿为市鞍马②,从此替爷征。

东市买骏马,西市买鞍鞯,南市买辔头,北市买长鞭。旦辞爷娘去,暮宿黄河边。不闻爷娘唤女声,但闻黄河流水鸣溅溅。旦辞黄河去,暮至黑山头。不闻爷娘唤女声,但闻燕山胡骑鸣啾啾。

万里赴戎机③,关山度若飞。朔气传金柝④,寒光照铁衣。将军百战死,壮士十年归。

归来见天子,天子坐明堂。策勋十二转,赏赐百千强。可汗问所欲,木兰不用尚书郎,愿驰千里足⑤,送儿还故乡。

爷娘闻女来,出郭相扶将⑥。阿姊闻妹来,当户理红妆⑦。小弟闻姊来，磨刀霍霍向猪羊。开我东阁门，坐我西阁床。脱我战时袍，著我旧时裳。当窗理云鬓⑧，对镜帖花黄⑨。出门看火伴⑩，火伴皆惊忙：同行十二年，不知木兰是女郎。

雄兔脚扑朔⑪，雌兔眼迷离⑫。双兔傍地走⑬，安能辨我是雄雌？

注释

①忆：回想。②市：购买。③戎机：军机，此处指战争。④朔气：北方的寒冷。金柝（tuò）：即刁斗。⑤驰：一作"借"。⑥郭：外城。相扶将：互相搀扶着。⑦理红妆：梳妆打扮。⑧云鬓：指头发。⑨帖：同"贴"。花黄：古代妇女面部的装饰物。⑩火：通"伙"。⑪扑朔：形容兔子前后脚扑打跳跃的样子。⑫迷离：形容眼神模糊不定。⑬傍：挨着。走：跑。

解析

全诗共六段，塑造了一个纯朴善良、果敢坚强的女性形象。故事情节完整，详略得当，人物性格丰满，形象真实感人。

第一段写木兰决定代父从军的原因。开篇写织机声，展现了一个勤劳的少女劳动的场景。接着写木兰停机叹息，一问一答，引出代父从军这件事。"军帖"是征兵的文书，"十二卷"形容征兵文书很多，战事紧急，其中"十二"是虚指。"可汗"是古代西北地区少数民族对统治者的称呼。"阿爷"在古代是对父亲的称呼。

第二段写木兰为出征做准备，然后奔赴战场。连用四个排比句，说明木兰对出征的重视和心思的细腻周到。后面八句采用重复的句式，表现了战事的紧迫和木兰对家乡的思念，使人物有血有肉，真实可感。

第三段简略写木兰的征战生活。"万里""度若飞"采用夸张的手法，描写了木兰作战的英勇。后面两句用对仗的手法描写边塞军营的艰苦。最后两句概述了战争的持久和激烈，从侧面来展现木兰的英勇善战。

第四段写木兰立功还朝和辞官回家的过程。前面所写的木兰功劳大、天子赏赐多与后面的木兰辞官形成对照，突出木兰不热衷名利，只想与家人团圆。

第五段写木兰归家和恢复女儿身，通过描写父母、姐姐、弟弟对木兰回归的不同反应，营造了一派欢乐的气氛，洋溢着浓浓的亲情。最后，木兰恢复女儿装，跟伙伴们相见，以故事的高潮结尾。

第六段用兔子难辨雌雄的比喻来做结论，增加了故事的趣味性，令人回味无穷。

◆ **语文小课堂** ◆

《木兰诗》是北朝民歌，与汉乐府《孔雀东南飞》合称"乐府双璧"。两首诗都属于叙事长诗，具有深刻的社会意义和极高的艺术成就。《木兰诗》又叫《木兰辞》，讲的是北魏时期花木兰女扮男装替父从军、建立功勋又辞官回家的故事。《孔雀东南飞》又叫《古诗为焦仲卿妻作》，讲的是刘兰芝与焦仲卿这对恩爱夫妻被拆散后以死抗争的悲剧故事。

秋 夕

[唐]杜牧

银烛秋光冷画屏，轻罗小扇扑流萤①。
天阶夜色凉如水②，卧看牵牛织女星。

注释

①轻罗小扇：丝绸做的轻巧的小团扇。②天阶：露天的台阶。

解析

　　这首诗给读者描绘了一幅深宫寂寞图。秋天的夜晚，白色的蜡烛光芒微弱，影子映照在清冷的绘图屏风上，女子用轻巧的丝绸团扇去扑打飞舞的萤火虫。夜色清凉如水，她一个人坐在露天的台阶上，仰头看着天上的牵牛星和织女星。

　　开头两句交代了时间、地点、环境和人物。"银烛"一词表明时间是夜里，"秋光"表明是秋季；"冷"字渲染了周围清冷孤寂的环境，也为全诗奠定了凄凉的基调。团扇是夏天常用的东西，出现在秋天里，暗示了它被遗弃的命运。"扑流萤"这个动作暗示了女子的寂寞无聊。萤火虫在古代传说中是荒凉之地的草木腐朽后所化的，出现在这里也暗示了环境的荒凉。后两句进一步写女子的孤独寂寞。一个"凉"字既是在说台阶凉，又是在说夜色凉，更是在说心境凉。"牵牛织女星"化用的是牛郎织女一年一度鹊桥相会的故事，他们还有团圆的日子，而女子只能一个人度过孤独凄凉的夜晚，幽怨凄婉之情油然而生。

　　全诗通篇写景叙事，虽然没有直接抒发感情，其中却满含感情，有女子的怨，有诗人对她的同情，同时也有诗人怀才不遇的失意之情。

◆ 语文小课堂 ◆

据说,汉代班婕妤在失去皇帝的恩宠后写了一首《怨歌行》:"新裂齐纨素,皎洁如霜雪。裁作合欢扇,团团似明月。出入君怀袖,动摇微风发。常恐秋节至,凉飙夺炎热。弃捐箧笥中,恩情中道绝。"诗中以团扇自喻,借团扇被遗弃的遭遇来比喻自己的悲惨命运,抒发痛苦的心情。从那以后,扇子经常被人们用来指代弃妇。

近试上张籍水部

[唐]朱庆馀

洞房昨夜停红烛,待晓堂前拜舅姑①。
妆罢低声问夫婿,画眉深浅入时无?

注释

①舅姑:公公婆婆。

解析

这首诗是诗人在临近考试的时候写给当时任水部郎中的张籍的,希望能得到他的举荐和提携。

按照古代风俗,新婚后的第二天早上,新娘子要早早起床去拜见公公婆婆,期望给对方留下好印象。所以诗人就以新娘自喻,借新娘的心态和口吻写下这首诗,来试探主考官的态度,比喻又精妙又恰当贴切。

前两句写新婚和婚后的拜见:洞房的红烛一晚上都没有熄灭,新娘子早早地就起床梳妆打扮,只等着天一亮就去堂前给公公婆婆行礼。但是,她的心情是忐忑的,不知道自己的打扮讨不讨公公婆婆的喜欢。后两句写她的言行,是忐忑心情的具体体现:她小声地询问旁边丈夫的意见,问他自己画的眉深浅程度合不合适。"低声问"表现出新娘的娇羞,刻画入微。"入时无"是全诗的诗眼,表面上是在问打扮入不入时,实际上是在问考官自己的前途怎么样。

作者小传

朱庆馀,生卒年不详,名可久,字庆馀,越州(今浙江绍兴)人。因为仕途不顺,经常去边塞游历。和诗人张籍是好朋友,两人作诗的风格十分接近。诗以五律居多,虽然题材不太丰富,多为赠别酬答、行旅题咏之作,但是立意很新,描写细致。

四时田园杂兴·其三十一

[宋]范成大

昼出耘田夜绩麻①,村庄儿女各当家②。
童孙未解供耕织③,也傍桑阴学种瓜④。

(收入义务教育教科书人民教育出版社《语文》五年级下册)

注释

①耘田:给田地除草。绩麻:把麻搓捻成线或绳。②各当家:各有各的任务。③未解:不懂。供:从事,参加。④傍:靠近。

解析

范成大在晚年退休后到石湖过起了田园生活,其间写了一组大型的田家诗《四时田园杂兴》,共计六十首。本诗是其中的一首,描绘了初夏时节农村生活的一个场景,笔调清新,描写细腻,读来很有趣味性。

首句描写了农村紧张的劳动场面:白天去地里给秧苗除草,晚上要忙着搓麻线,好用来织布。第二句是对第一句的解说,在农村,无论男女都要各司其职，完成自己手头的工作。儿女，即男女。后两句写孩子，"童孙"指孩子们，他们不懂得耕田，也不懂得织布，却也不会偷懒，在靠近树荫的地方学着大人的样子去种瓜。孩子学种瓜是很有特色的场景，在大人的影响下，他们热爱劳动，天真质朴。

作者小传

范成大（1126年—1193年），字致能，号石湖居士，平江昆山（今江苏昆山）人。绍兴二十四年（1154年）进士，在任期间颇有政绩。孝宗乾道六年（1170年）奉命出使金国，慷慨陈词，不辱使命。官拜参知政事，晚年退居石湖。作品清逸淡远，与尤袤、杨万里、陆游并称"中兴四大诗人"。

◆ 语文小课堂 ◆

宋朝因为隆兴北伐失败而被迫与金国签订隆兴和议，忘了议定接受国书时应使用什么样的礼仪。很多大臣因为惧怕而不愿意作为使臣出使金国，范成大却痛快地接受了使命。临行前，皇帝宋孝宗再三嘱托他，一定要向金国索求北宋历代皇帝的陵地，还要更定接受国书的礼仪。到了金国后，范成大慷慨陈词，再三要求，即使面对金国太子的死亡威胁也没有退让，最终完成了使命，保全了气节回朝。

约 客

[宋]赵师秀

黄梅时节家家雨①,青草池塘处处蛙。
有约不来过夜半,闲敲棋子落灯花②。

注释

①黄梅时节:夏初江南梅子成熟的时节。家家雨:家家户户都在下雨,形容处处都在下雨。②落灯花:使灯花掉落。灯花,灯芯燃烧后形成的花状物。

解析

这首诗描写了江南黄梅时节典型的景致,抒发了诗人久等客人不至时百无聊赖的心情。首句点明了时间是梅子成熟的江南雨季,到处都是烟雨蒙蒙的场景。第二句写被烟雨笼罩的青草池塘里蛙鸣阵阵,以动衬静,反衬出江南夏天夜晚的宁静和安详。前两句描写构成了一幅具有江南特色的风景画,也为后面的叙述做了铺垫。第三句点题,诗人正是因为有约,没有睡下,才会听到雨声和蛙声。"过夜半"说明诗人等待之久。第四句是全诗的诗眼,诗人在等待中感到无聊,下意识地用棋子敲击棋盘,震落了灯花。全诗生活气息浓郁,通过一步步的铺垫和对比,把窗外热闹的雨声、蛙声与屋内久等的闲人做对照,突出了诗人无奈、怅惘的心情。

作者小传

赵师秀(1170年—1219年),字紫芝、灵芝,号灵秀、天乐,永嘉(今浙江温州)人。他官场失意,向往恬静淡泊的生活。与徐照、徐玑、翁卷并称"永嘉四灵",擅长写五言诗,诗的风格承袭了姚合和贾岛。

忧

古朗月行

[唐]李白

小时不识月，呼作白玉盘。

又疑瑶台镜①，飞在青云端。

仙人垂两足，桂树何团团②。

白兔捣药成，问言谁与餐？

蟾蜍蚀圆影，大明夜已残。

羿昔落九乌，天人清且安③。

阴精此沦惑④，去去不足观⑤。

忧来其如何？凄怆摧心肝。

（收入义务教育教科书人民教育出版社《语文》一年级上册）

注释

①瑶台：神话传说中神仙的住所。②团团：圆圆的样子。③天人：天上人间。④沦惑：沉沦，指被蟾蜍吃掉。⑤去去：越去越远。

解析

小时候不认识月亮，叫它白玉盘。又疑心它是瑶台的仙镜，飞到了青云之上。住在月亮上的仙人垂下两只脚，月宫里的桂树长得圆圆的。白兔捣好了药之后，请问给谁吃呢？蟾蜍把月亮啃得缺了一块，明亮的月儿变得昏暗。后羿曾经射下了九个太阳，天上人间从此变得清静安宁。月亮现在变得沉沦了，可看性也离人越来越远。满心忧虑又能怎么样呢？悲哀、伤心已经让我肝肠寸断。

唐玄宗晚年时期，朝政腐败，奸臣、宦官当道。李白在一个晴朗的夜里独自赏月，想起现实中的情景，写下了这首乐府诗，借蟾蜍蚀月来抒发忧国忧民的情怀。

◆ 语文小课堂 ◆

李白既是诗仙，又是酒仙。据说，他每日必饮酒，每次都会喝醉，醉了就吟诗作句，妙语连珠，所以有"李白斗酒诗百篇"的说法。他因为喝酒而误了不少事，也因为喝酒，他专门写了一首诗来向妻子道歉："三百六十日，日日醉如泥。虽为李白妇，何异太常妻。"意思是自己没有尽到做丈夫的责任，让妻子跟着自己受委屈了。

卖炭翁

[唐]白居易

卖炭翁,伐薪烧炭南山中①。

满面尘灰烟火色,两鬓苍苍十指黑②。

卖炭得钱何所营?身上衣裳口中食。

可怜身上衣正单,心忧炭贱愿天寒。

夜来城外一尺雪,晓驾炭车辗冰辙③。

牛困人饥日已高,市南门外泥中歇。

翩翩两骑来是谁④?黄衣使者白衫儿。

手把文书口称敕⑤,回车叱牛牵向北。

一车炭,千余斤,宫使驱将惜不得。

半匹红绡一丈绫,系向牛头充炭直⑥。

注释

①南山:即终南山,在今陕西西安以南。②苍苍:灰白的样子。③辗:同"碾",轧。④骑:指骑马的人。⑤敕(chì):指皇帝的命令。⑥直:同"值",价钱。

解析

《卖炭翁》是白居易组诗《新乐府》中的一首,描写了一个靠烧炭为生的老人悲惨的遭遇,控诉了统治阶级对劳动人民的剥削和掠夺,有力地抨击了当时腐败的社会现实,表达了诗人对普通百姓的同情。

开篇两句直接写卖炭翁以卖炭为生,后面两句对他的形象做了具体描写,突出了他的苍老和贫苦。接着,诗人采用设问的方式,再次强调卖炭翁生活困苦,吃和穿全靠卖炭得的钱。这为后面卖炭翁遭遇强买强卖埋下了伏笔。接下来六句写卖炭翁强忍着寒冷,却希望天气越来越冷。经过半天的跋涉,牛困人乏,他终于来到了集市。"忧"和"愿"相对,写出了卖炭翁反常的心理。"夜"和"晓"相对,写出了卖炭翁的劳苦和心里的迫切。"牛困人饥""泥中歇"进一步表现出卖炭翁的艰辛。接下来是事件的转折和结尾:"翩翩两骑""黄衣""白衫"与卖炭翁的人物形象形成了鲜明的对比,也表现出了采买太监的高高在上。他们借着皇帝的名义,低价向卖炭翁强行购买,让他几天的辛苦和期望都化成了泡影。

全诗描写具体生动,语言明白如话,在对比与反衬中,把情感融于叙事之中,含蓄有力,震撼人心。

岭南江行

[唐]柳宗元

瘴江南去入云烟①,望尽黄茆是海边②。
山腹雨晴添象迹③,潭心日暖长蛟涎④。
射工巧伺游人影⑤,飓母偏惊旅客船⑥。
从此忧来非一事,岂容华发待流年⑦。

注释

①瘴(zhàng)江:古时对岭南地区的江河的称呼。云烟:云雾,烟雾。②黄茆(máo):黄茅。③山腹:山腰。象迹:大象的踪迹。④蛟涎:蛟龙的口水,此处指水蛭。⑤射工:即蜮,传说中一种能含沙射人的动物。伺:偷偷观察,等待时机。⑥飓母:飓风要来的时候天空出现的一种像彩虹的景象,也

指飓风。⑦流年：如流水般消逝的岁月。

解析

江水往南流淌，进入茫茫云烟之中，遍地黄茅的尽头就是海边。雨过天晴后，半山腰有大象的踪迹，阳光炙热的时候能看到潭中有水蛭浮现。射工偷偷地探察行人的身影，准备偷袭，飓母经常惊吓行船的旅客。从今以后，忧虑之事不止一件，怎么能容我在还没有彻底年老时就消极应对呢！

这首诗是柳宗元被贬到岭南后所写的，通过描述岭南的特异风物，如瘴江、黄茆、象迹、蛟涎、射工、飓母等，展现了当地荒凉落后的自然环境，同时也暗示了自己所处政治环境的险恶。诗人虽然对未来心怀忧虑，但是并没有意志消沉，而是想抓紧时间做出一番成绩。

短歌行

[汉]曹操

对酒当歌①，人生几何②！譬如朝露③，去日苦多④。
慨当以慷，忧思难忘。何以解忧？唯有杜康⑤。
青青子衿⑥，悠悠我心。但为君故，沉吟至今。
呦呦鹿鸣⑦，食野之苹⑧。我有嘉宾，鼓瑟吹笙。
明明如月，何时可掇⑨？忧从中来，不可断绝。
越陌度阡⑩，枉用相存⑪。契阔谈䜩⑫，心念旧恩。
月明星稀，乌鹊南飞。绕树三匝⑬，何枝可依？
山不厌高，海不厌深。周公吐哺，天下归心。

注释

①对酒当歌：面对着酒与歌，即饮酒听歌。当，对着。②几何：多少。③朝露：清晨的露水，比喻生命短暂或事物存在时间极短。④去日：过去的日子。苦：苦于。⑤杜康：相传是最早造酒的人，这里代指酒。⑥青青子衿（jīn）：指代有学识、有才干的人。子，对对方的尊称。衿，衣领。⑦呦（yōu）呦：鹿的叫声。⑧苹：艾蒿。⑨掇：拾取，摘取。⑩越陌度阡：穿越纵横交错的小路。陌，东西向的田间小路。阡，南北向的田间小路。⑪枉用相存：屈驾前来。存，问候。⑫䜩：同"宴"。⑬三匝：三周。

解析

一边喝酒一边听着歌，人的一生多么短暂！就像早晨的露水转瞬即逝，可悲的是有太多逝去的时光了。歌声慷慨激昂，心中的忧愁却无法排遣。什么能用来排解忧愁呢？只有酒。有学识的人才啊，你们让我朝思暮想。因为你们，我一直念念不忘到现在。鹿群呦呦地叫着，在原野上吃艾蒿。我将奏瑟吹笙，欢迎人才来做我的嘉宾。明亮的月儿啊，什么时候才可以摘取呢？心中产生的忧愁，绵绵不断而来。我期待的人穿越纵横交错的小路屈驾前来，我们在宴会上再续久别重逢后的情谊。月儿明亮，星星稀疏，乌鹊飞向南边，绕树三周，却没有找到可以停歇的地方。山不满足于高，海不满足于深，我愿意像周公一样，让天下的英才都归附到我这里。

这首《短歌行》是曹操按汉乐府的旧题写的拟乐府，以前的古辞已经失传。整首诗的主题就是表达求贤若渴的思想，虽然政治性很强，但是运用了比兴手法，发挥了诗歌的优势，感情色彩很丰富，所以也达到了寓理于情、以情感人的效果。

全诗分为四节，每八句为一节。第一节抒发人生苦短的感叹，感情低沉。"何以解忧？唯有杜康"成为流传千古的名句。第二节化用《诗经》中的句子，表达对人才的念念不忘之情，具有感人的力量。第三节写自己仍然为求才而忧愁，愁绪难以断绝。这几句对诗的主题进行反复咏叹，加强了抒情的色彩。第四节用比喻手法进一步加重感情色彩，最后四句化用周公吐哺的典故，更是起到了画龙点睛的作用。

◆ 语文小课堂 ◆

许攸原来是袁绍的谋士,后来对袁绍失去希望,转而投奔了敌对的曹操。许攸来投奔的时候,曹操高兴得未及穿鞋,赤脚去迎接他,后来又不计前嫌地重用他。这对曹操取得官渡之战的胜利起到了很大的作用。这个故事成为曹操求贤若渴的典型案例。

生年不满百

[汉]佚名

生年不满百,常怀千岁忧①。
昼短苦夜长,何不秉烛游②!
为乐当及时,何能待来兹③?
愚者爱惜费④,但为后世嗤⑤。
仙人王子乔,难可与等期。

注释

①千岁忧:指深深的忧虑。千岁,泛指时间很长。②秉:用手拿着。③来兹:来年。④费:指钱财。⑤嗤:讥笑,嘲笑。

解析

人生在世还不到一百年,却常常生出无限的忧愁。总是苦于白天太短、黑夜漫长,为什么不拿上蜡烛在夜间游玩呢?时光易逝,就应该及时行乐,怎么能拖拖拉拉地等待以后?只有愚蠢的人才会去吝惜钱财,这样只会被后来人讥笑。像王子乔那样乘鹤成仙,这样的事情恐怕很难再等到。

这首五言诗收录在《古诗十九首》中,一般被认为是汉代的作品。整首诗都在感叹人生苦短，劝诫人们把握当下，及时行乐，不要像那些贪图名利或一心求仙问道的人一样，到头来两手空空，被人耻笑。

前两句写人生短暂，却有人怀着仿佛积累了千年的忧愁。"百"和"千"的对照，展现出自寻烦恼者的可笑。接着四句劝诫人们与其抱怨，不如热爱生活，及时行乐。最后四句讽刺了那些守财奴和求仙问道的人，他们追求的名利或仙缘都是空的，不如把握当下。

全诗采用对比的手法，层层推进，用词简单却寓意深刻，典故的运用起到了强化主题的作用。

病起书怀二首·其一

[宋]陆游

病骨支离纱帽宽，孤臣万里客江干①。
位卑未敢忘忧国，事定犹须待阖棺②。
天地神灵扶庙社③，京华父老望和銮④。
出师一表通今古⑤，夜半挑灯更细看。

注释

①客：旅居，作客他乡。江干：江边。②阖棺：盖上棺材。③庙社：宗庙社稷，代指国家。④和銮：皇帝的车驾。⑤出师一表：指诸葛亮的《出师表》。

解析

这一年，诗人陆游被免官。他独自一个人离开都城，暂时居住在都城西南的浣花村。由于身心都受到了巨大的打击，他大病一场，病好后写下了两首诗，这是其中的一首。

开头两句点题，描述自己病后憔悴消瘦，头上的纱帽变得宽松。其中"纱帽宽"是一语双关，既是说帽子松，又暗指被免官。三四句写自己虽然遭遇坎坷，壮志难酬，但是心中坚定地怀抱着对国家的忠诚，仍然对前途充满希望。这两句是全篇的主旨，其中，"位卑未敢忘忧国"是千古名句，成为后世很多爱国志士的座右铭。五六句抒发了对国家形势的忧虑之情，寄托了诗人对国家统一的殷切期望。最后两句化用诸葛亮在出征前作《出师表》，劝说后主刘禅兴复汉室的典故，表达自己的爱国情怀。"夜半挑灯"一词也侧面说明了诗人收复河山的建议不被采纳。

全诗从病写起，到细读《出师表》结束，通篇都在表达深深的爱国之情，这种感情不会因为被打击而磨灭，在境界上高人一筹，令人佩服。

宣州谢朓楼饯别校书叔云

[唐]李白

弃我去者，昨日之日不可留。
乱我心者，今日之日多烦忧。
长风万里送秋雁，对此可以酣高楼。
蓬莱文章建安骨①，中间小谢又清发②。
俱怀逸兴壮思飞，欲上青天览明月③。
抽刀断水水更流，举杯销愁愁更愁。
人生在世不称意，明朝散发弄扁舟。

注释

①蓬莱文章：蓬莱是神话传说中的仙山，藏有很多宝典秘录。东汉时人们称国家藏书的地方为蓬莱山，所以这里用来代指汉代的文章。建安骨：曹操父子和建安七子的作品风格苍健遒劲，被称为"建安风骨"。②小谢：指谢朓。他擅长山水风景诗，后人常把他和谢灵运并称为"二谢"，谢朓是其中的"小

谢"。清发：清新秀发。③览：同"揽"，摘取。

解析

  抛下我离开的昨天已经无法挽留，扰乱我心绪的今日让我很烦忧。不远万里而来的长风吹送着回归南方的鸿雁，见到此景，就可以登上高楼痛饮一番了。汉代的文章和建安风骨值得赞颂，小谢清新秀发的诗风也让人欣喜。满怀豪情逸兴，神思飞扬，好像要飞上高高的青天去摘取明月。抽取宝刀砍流水，水却流得更急了；举起酒杯消愁，却是愁上加愁。人生在世有太多的不如意，明天就披散了头发，坐上一只小舟，自由地漂流于江湖吧。

  这首诗是李白在谢朓楼为族叔李云置酒饯行时写下的，诗中并没有直接写离别，而是重点抒发了自己怀才不遇的愁苦，表达了对现实的不满和对未来自在生活的向往。诗的一开篇就直接抒发强烈的思想感情，感叹时间流逝，难以挽回，当下又烦恼多多。接着出现转折，诗人看到壮美的景色，苦闷散去，豪情又起，幻想上青天揽月。接着思绪又是一个大转折，诗人想起理想和现实的冲突，又陷入苦闷。最后，诗人做出了归隐江湖的打算。

  整首诗风格豪迈飘逸，有着彻骨的潇洒之意，读来让人感觉酣畅痛快，神思飞扬。

◆ 语文小课堂 ◆

  谢灵运与谢朓在中国文学史上被称为大谢、小谢。谢朓活着的时候就被誉为当世最出色的诗人，他的作品对后来的王维、李白等人都有深远的影响。特别是李白，他很敬仰和赞赏谢朓，现存的李白诗中，直接提到谢朓的诗有十二首之多。

思

赋得自君之出矣

[唐]张九龄

自君之出矣，不复理残机。
思君如满月，夜夜减清辉。

解析

"赋得"是一种诗体，专指摘取古人现成的句子为题的诗歌。因为这首诗中的"自君之出矣"一句摘取自乐府诗杂曲歌辞名，所以诗名为"赋得自君之出矣"。首句摘取现成的乐府诗句"自君之出矣"，介绍了事情的起因，埋下了离别后的相思情调。第二句写爱人离开后思妇没有心思织布的生活状态，"残机"暗示时间之久，织布机已经坏了。后两句由情即景，用比喻的手法写思妇的心理活动，一方面是说思妇思念爱人，就像月亮一样越来越瘦；一方面也暗示了时间过了很久，月亮一天天残缺。

整首诗仅用一台残机、一个思妇就塑造了一幅寂寥的画面，饱含相思之情，语言清新淡雅，富有生活气息。

商山早行

[唐]温庭筠

晨起动征铎①,客行悲故乡。

鸡声茅店月,人迹板桥霜。

槲叶落山路②,枳花明驿墙③。

因思杜陵梦④,凫雁满回塘⑤。

注释

①征铎（duó）：挂在马脖子上的铃铛。铎，大铃铛。②槲（hú）：一种落叶乔木。③枳（zhǐ）：一种落叶灌木或小乔木。驿：驿站，古代为传递公文的人或过往官员设置的暂住、换马的地方。④杜陵：地名，这里指长安。⑤凫（fú）：野鸭。回塘：堤岸弯弯曲曲的湖塘。

解析

早上起床，出行的车马已经震响了马脖子上的铃铛。漂泊在外的人心里还在想念家乡。鸡叫声中，茅草店沐浴在晓月的余晖之下；人行走在布满寒霜的板桥上，留下串串足迹。槲叶落满了荒山的小路，枳花照亮了驿站的墙。我于是想起昨夜梦里见到的长安城，那一群群野鸭和大雁落满了弯弯曲曲的池塘。

这首诗是温庭筠离开长安经过商山时写下的。首联写早行的经典场景：一大早就起床了，听到驿站外面的车马铃铛响个不停，早行的人正忙着套马、驾车，而出门在外的人轻易地就被勾起了思乡之情。首联奠定了全诗的感情基调：旅行之苦、客思之悲。颔联选取了鸡叫声、茅草店、晓月、足迹、板桥和白霜等六个意象，勾勒出一幅早行图，既有听觉描写又有视觉描写，既有远景又有近景，路途的艰辛和思乡的忧伤都包含其中。颈联写路上所见，其中"明"字的意思是，早起的天光还没有太亮，显得白色的枳花有一种照亮了墙壁的错觉。尾联用梦回故乡来表达思乡之情，呼应首联。

◆ 语文小课堂 ◆

花间词派主要活跃在晚唐和五代时期，因为《花间集》而得名。《花间集》是最早的文人词总集，选取了晚唐至五代温庭筠、韦庄等十八人的作品，共十卷，五百首。其中收录最多的是温庭筠的作品，他是花间词派的鼻祖。花间词派词风香软迷离，内容多是旅愁闺怨、合欢离恨，比如"懒起画蛾眉，弄妆梳洗迟""垆边人似月，皓腕凝霜雪"等，字字唯美，句句温柔，让人读来心动不已。

夏日绝句

[宋]李清照

生当作人杰，死亦为鬼雄。
至今思项羽，不肯过江东。

（收入义务教育教科书人民教育出版社《语文》四年级上册）

解析

活着的时候要当众人中的豪杰，死了也要做鬼魂中的英雄。到现在还在悼念西楚霸王项羽，因为他不肯为了苟活而逃回江东。

诗人李清照得知丈夫赵明诚在战乱时临阵脱逃的举动，深深感到耻辱，在经过乌江的时候，想起项羽宁死不愿苟且偷生的精神和气节，于是写下了这首诗。同时，诗人也是在借古讽今，抒发对朝廷苟安江南的悲愤之情。

前两句直抒胸臆，震撼人心，饱含了一种顶天立地、无惧生死的英雄气概，一个女子在这里显示出了巾帼不让须眉的气魄。后两句化用典故，追思当年的西楚霸王项羽，指出他不是"不能"而是"不肯"逃到江东去，反衬宋朝当政者的苟安态度，强烈对比之下，讽刺意味更浓。

◆ 语文小课堂 ◆

项羽可以称得上是中国历史上最强的武将之一，有"羽之神勇，千古无二"的说法。巨鹿之战的时候，项羽率领军队渡过漳水，然后下令把船全部凿沉，把做饭的器具全部毁去，只带上三天的补给去迎战秦军。他手下的士兵被激发出了超强的战斗力，几乎以一敌十，最后取得了巨鹿之战的胜利。这就是成语"破釜沉舟"的由来。

自夏口至鹦鹉洲望岳阳寄元中丞

[唐]刘长卿

汀洲无浪复无烟①，楚客相思益渺然②。

汉口夕阳斜渡鸟③，洞庭秋水远连天。

孤城背岭寒吹角④，独树临江夜泊船。

贾谊上书忧汉室，长沙谪去古今怜。

注释

①汀洲：水中的小洲，指鹦鹉洲。②楚客：在楚地漂泊流浪的人。③汉口：这里指汉水流入长江的地方。④孤城：指汉阳城。角：号角。

解析

诗人被贬官，中途从夏口出发来到鹦鹉洲，触景生情，想到西汉时贾谊曾经被贬到长沙，就以此来自喻，表达幽愤的心情，词句哀婉凄清。

前六句以写景为主,写诗人沿途的所见所闻。鹦鹉洲没有风浪,也没有云烟,漂泊到楚地的诗人思绪渺然深远。汉口沐浴在夕阳的光辉下,归来的鸥鸟在江上斜着飞过。洞庭湖秋水浩荡,远处与天相连。孤城后的山上传来阵阵号角声,孤树对着江面,那里停泊着夜晚暂留的客船。苍凉的景色引发了诗人悲凉的情绪,在最后两句中,他想到了贾谊忧心汉室,多次上书,却未被采纳,反而被贬谪到了长沙。他以贾谊暗指自己,委婉地道出了写诗给元中丞的意图。

桃源行

[唐]王维

渔舟逐水爱山春①,两岸桃花夹古津②。
坐看红树不知远,行尽青溪不见人。
山口潜行始隈隩③,山开旷望旋平陆。
遥看一处攒云树,近入千家散花竹。
樵客初传汉姓名,居人未改秦衣服。
居人共住武陵源,还从物外起田园④。
月明松下房栊静⑤,日出云中鸡犬喧。
惊闻俗客争来集,竞引还家问都邑。
平明闾巷扫花开,薄暮渔樵乘水入。
初因避地去人间,更问神仙遂不还。
峡里谁知有人事,世中遥望空云山。
不疑灵境难闻见⑥,尘心未尽思乡县。
出洞无论隔山水,辞家终拟长游衍。
自谓经过旧不迷⑦,安知峰壑今来变。

当时只记入山深，青溪几度到云林。
春来遍是桃花水，不辨仙源何处寻。

注释

①逐水：挨着溪水。②津：渡口。③隈（wēi）隩（yù）：曲折幽深。④物外：世外。⑤栊（lóng）：窗户。⑥灵境：仙境。⑦自谓：自己以为。

解析

在这首七言乐府诗中，诗人以陶渊明的叙事散文《桃花源记》为基础，进行了艺术上的重新创造，展示了一幅幅形象生动的画面，令人回味无穷。

前四句是第一个画面，描绘了一幅色彩艳丽的"渔舟逐水图"：渔舟在青山绿水中前行，夹岸的桃花林落英缤纷。五六句写渔人弃舟登岸，到达了桃花源。这两句是过渡句，推动着情节的发展。接下来两句，桃源的全景展现出来：远远看到茂盛的树木层层聚集，近看家家户户门前都有鲜花翠竹。描写由远及近，云、树、花、竹，美得让人目不暇接，一股和谐安宁、生机勃勃的氛围油然而生。接着，人物开始出场：桃源中的人和外来的渔人发现了彼此的不同。然后展现了桃源中的景色和各种生活场景：夜晚在月光和松影下的寂静和安宁，白天在艳阳、云彩笼罩下的热闹，各有各的美。桃源人日出而作、日落而息的生活充满了人间田园生活的气息，他们对外来客表现出了惊奇和热情，也表达出他们对这种生活的满足和对故乡的思念之情。最后八句写渔人离开桃源后怀念却再也找不到的怅惘，融情于景，把人物心理刻画得细致入微。

九月九日忆山东兄弟[1]

[唐]王维

独在异乡为异客,每逢佳节倍思亲。
遥知兄弟登高处,遍插茱萸少一人[2]。

（收入义务教育教科书人民教育出版社《语文》三年级下册）

注释

[1]九月九日：指农历九月初九重阳节。山东：这里指华山以东。[2]茱萸（yú）：一种落叶小乔木，开小黄花，有浓香，古人每到重阳就会佩戴上来辟邪。

解析

独自漂泊在外，在异地他乡作客，一到过节就会加倍思念亲人。在远方能够想见兄弟们登高祈福的场景，大家头上都插着茱萸，唯独少了我。

这首诗是诗人王维十七岁游历长安的时候写的。首句中的一个"独"字和两个"异"字，渲染了他作为漂泊浪子感受到的孤独凄凉和陌生环境对他的排斥。第二句自然而然地引出思念家乡的感情，一个"倍"字突出了感情的强烈。后两句独辟蹊径，不直接写思念兄弟，而是遥想兄弟登高、遍插茱萸而独缺自己的情景，用兄弟们团聚的热闹来衬托自己的孤独凄凉，表达出不能与亲人团聚的伤感、凄凉之情。

◆ **语文小课堂** ◆

　　王维初入官场的时候,担任掌管音乐宴饮事务的官职,上司是得宠太监高力士的亲戚高凤成。高凤成见王维没有奉承自己,怀恨在心,就利用职务之便陷害他,把给宰相府训练舞狮队的任务交给了他。结果,舞狮当天,所有狮子的衣服都变成了黄色,这就犯了忌讳,因为只有皇帝才有资格观看舞黄狮。王维因此被贬官。

冬

上 邪

汉乐府

上邪①！

我欲与君相知②，长命无绝衰③。

山无陵④，江水为竭，

冬雷震震⑤，夏雨雪⑥，天地合⑦，

乃敢与君绝⑧！

注释

①上邪（yé）：上天啊。上，指天。邪，同"耶"，语气助词，表感叹。②相知：相爱。③命：古与"令"字通，使。衰：衰减、断绝。④陵：山峰、山头。⑤震震：形容雷声。⑥雨雪：降雪。雨，名词用作动词。⑦天地合：天与地合二为一。⑧乃敢：才敢。

解析

上天作证！我要和你相知相爱，感情永永远远，丝毫不会衰减、断绝。除非高高的山峰消失不见，滔滔的江水断流枯竭；除非严寒的冬日雷声阵阵，炎炎的夏日雪花降落；除非天地聚合，合二为一，我才敢放弃对你的深情！

这是一首感情强烈、奔放的情诗，以女子的口吻表达了对爱情的忠贞不渝。

她指天发誓，要和她倾心相爱的男子永远在一起。

这首情诗以"上邪"开篇，呼告"上天"，气势不凡。后面两句是指天发誓的内容。一个"欲"字突出了女子的直接和大胆，她完全没有把封建礼教的条条框框放在眼里，什么矜持、含蓄，远没有追求幸福重要。"长命无绝衰"五个字铿锵有力，掷地有声，充满了坚定。诗歌没有对人物进行形象上的刻画，但一个情真意切、勇敢坚定的女子形象已经清晰地展示出来，她的神情就像在眼前，誓言就像在耳边。

接下来，为了证明她的决心，女子连续列举了五种自然界不可能出现的现象来进行反证。她充分发挥她的想象力，把五种不可能出现的现象作为"与君绝"的条件，无异于在说"与君绝"是绝对不可能发生的，情感炽烈，震撼人心。

全诗写情不加点缀，诗短情长，三言、四言混用，音节张弛有度；想象奇特，极富浪漫主义色彩，又具有强烈的主观色彩，气势就像岩浆喷发一样不可遏止。透过明快的诗句，读者仿佛可以触摸到痴情女子跳动、火热的心。

渡汉江

[唐]宋之问

岭外音书绝①，经冬复立春。
近乡情更怯，不敢问来人②。

注释

①岭外：岭南。②来人：来自故乡的人。

解析

诗人被流放到岭南，这首诗是他从被贬的地方逃回来，经过汉江的时候写的。全诗用浅白的语言描写了一个长期漂泊在外、无法得到家乡音信的人在回到家乡之后矛盾复杂的心情，描写真切细致。

前两句写诗人长期远离家乡，一年年收不到消息，看似平淡的话语为下面的抒情做了铺垫。这两句中既有诗人与家乡在空间上的隔绝，又有时间上长期的音信断绝，从侧面衬托出他的孤苦和凄凉，以及对家乡深深的思念。后两句抒情清晰流畅，将诗人内心的激动和惶恐之情描摹得细致入微，那种急切的心理变成了胆怯，急着打听消息的心情变成了不敢问，合情合理，具有很强的艺术感染力，轻易就引起了读者的共鸣。

作者小传

宋之问（约656年—约712年），又名少连，字延清，汾州隰城人（今山西汾阳市）人，上元进士。诗多歌功颂德之作，文辞华丽，自然流畅，是律诗的奠基人之一。

贺新郎·寄辛幼安和见怀韵

[宋]陈亮

老去凭谁说？看几番、神奇臭腐，夏裘冬葛。父老长安今余几？后死无仇可雪。犹未燥、当时生发。二十五弦多少恨，算世间、那有平分月！胡妇弄，汉宫瑟。

树犹如此堪重别！只使君、从来与我，话头多合。行矣置之无足问，谁换妍皮痴骨？但莫使伯牙弦绝。九转丹砂牢拾取，管精金、只是寻常铁。龙共虎，应声裂。

解析

陈亮是南宋著名的爱国词人，他和辛弃疾志同道合，交往密切。辛弃疾送了一首词《贺新郎》给陈亮，陈亮就写了这首词来应答。

上阕首句写时光飞逝，自己已经年老，志向却没有实现，连个知音也找不到，凄凉之感顿生。接着，词人化用《庄子·知北游》中神奇和臭腐的转化与《淮南子》中夏和冬的颠倒，来控诉南宋朝廷的荒唐。靖康之难已经发生很久了，当时经历的人所剩无几，后一辈已经忘了报仇之事。这几句是控诉朝廷不思雪耻，恢复中原的希望越来越渺茫。"平分月"代表圆月不圆，暗含离恨。最后借胡妇弹奏汉宫瑟来指故国被侵占。到这里，都是词人对国土难以收复的忧愤和悲痛之情。

下阕首句化用《世说新语》中"木犹如此，人何以堪"，表达了对辛弃疾的情谊。接着三句解释了原因，又回答了上阕首句的疑问。接着，词人鼓励友人和自己，表明即使受到了弃用和误解，志向也不会改变。"但莫使伯牙弦绝"一句化用伯牙摔琴谢知音的典故，抒发对两个人友情的祝愿。最后，词人勉励自己和友人要有恒心，经得起考验，等到石破天惊的那一天。

这首词多处用典，而且对典故进行了灵活处理，含义深刻，引人深思。

作者小传

陈亮（1143年—1194年），字同甫，原名汝能，后改名为亮，号龙川，人称"龙川先生"，婺州永康（今属浙江）人。南宋著名思想家，在文学方面也有所成就。喜欢兵法，曾经多次上书朝廷，主张恢复中原，但是没有得到采纳。他的词多是豪迈之作。

早　梅

[唐]张谓

一树寒梅白玉条，迥临村路傍溪桥①。
不知近水花先发②，疑是经冬雪未销③。

注释

①迥：远。傍：靠近。②发：开花。③经冬：过冬。销：通"消"，融化。

解析

这首咏梅诗突出了一个"早"字，通过对早梅形、色与神的描写，赞颂了梅花的孤傲和高洁。前两句交代了梅花所在的环境：在远离乡村道路、傍溪近水的小桥边，有一棵枝条洁白如玉的梅树。"寒"和"白"字写出了梅花凌寒盛放的傲然丰姿。第三句用"近水"呼应第二句的"傍溪桥"，第四句用"冬雪"呼应第一句的"白玉"，给人一种原来如此的感觉。

作者小传

张谓，生卒年不详，字正言，河内（今河南沁阳）人。天宝二年（743年）考中进士，担任过尚书郎，后来做到了礼部侍郎、三典贡举。他的诗多是饮宴送别的内容。

兵车行

[唐]杜甫

车辚辚①，马萧萧②，行人弓箭各在腰。
爷娘妻子走相送③，尘埃不见咸阳桥。
牵衣顿足拦道哭，哭声直上干云霄④。
道旁过者问行人，行人但云点行频⑤。
或从十五北防河⑥，便至四十西营田⑦。
去时里正与裹头⑧，归来头白还戍边。
边庭流血成海水，武皇开边意未已。

君不闻汉家山东二百州，千村万落生荆杞。

纵有健妇把锄犁，禾生陇亩无东西。

况复秦兵耐苦战，被驱不异犬与鸡。

长者虽有问，役夫敢申恨？

且如今年冬，未休关西卒。

县官急索租，租税从何出？

信知生男恶，反是生女好。

生女犹得嫁比邻，生男埋没随百草。

君不见青海头，古来白骨无人收。

新鬼烦冤旧鬼哭，天阴雨湿声啾啾。

注释

①辚（lín）辚：车辆前进时发出的声音。②萧萧：马的叫声。③妻子：妻子和儿女。④干：冲。⑤点行：按照丁口册上的记录强制征人入伍。⑥北防河：在黄河以北防御。⑦营田：将士们在不打仗的时候要开荒种田。⑧裹头：扎头巾，包头。古代男子成年后要裹头巾，类似于加冠。

解析

唐玄宗时期，统治者好大喜功，连年发动对西北、西南少数民族的战争，强制征兵，百姓不堪其苦，厌恶战争，有的甚至不惜折断手臂来逃避兵役。诗人杜甫根据在咸阳桥畔的所见所闻，写下了这首乐府诗，并通过路人与征夫的对话，控诉了朝廷穷兵黩武对人民造成的伤害。

前七句是征兵场面的描写。兵车隆隆作响，战马嘶鸣，出征的兵士腰间都系着弓箭。父母妻儿都来送别，尘埃滚滚，遮盖住了咸阳桥。人们互相牵着衣角，跺着脚拦道哭泣，哭声震天。这段描写画面感十足，震人心弦，"牵衣顿足拦道哭"更是细致地刻画出了离别之人的眷恋、悲怆、愤恨和绝望之情。接下来是过路的人向征夫询问，引出下文：有人十五岁就去黄河以北戍防了，到了四十岁又去西北屯田，去的时候里正替他裹头巾，回来的时候已经白发苍苍，却还得再从军。边境上血流如海，皇帝却从未停止过开疆拓土的心。紧接着，征夫讲述了征兵后田地荒芜、妇女留守、人不如鸡狗还要交税的凄惨景象，得出了生男孩不如生女孩的结论。结尾新鬼和旧鬼的哭泣与开篇震天的哭声呼应，又用阴雨来烘托悲凉的气氛，催人泪下。

这首诗巧用顶真的修辞手法，增强了音律感和节奏感；三、五、七言错杂使用，增强了诗歌的表现力；对话的形式和口语化的诗句浅白自然，易于理解，使诗歌更富于感染力。

◆ 语文小课堂 ◆

顶真，又叫顶针、连珠、联珠、蝉联，是一种修辞手法，要用前面句子结尾的字或词作为后面句子的开头，使相连的两个句子实现首尾蝉联，两个句子不限制字数和平仄。运用顶真，不但能使句子结构更加整齐，语气更加连贯，而且能突出事物之间环环相扣的联系，引人入胜。

剑 客

[唐]贾岛

十年磨一剑,霜刃未曾试①。
今日把示君②,谁有不平事?

注释

①霜刃:剑刃寒光闪耀,像秋霜一样。②把示:拿着展示出来。

解析

在这首诗中,诗人用剑客的口吻,通过展示一柄宝剑来抒发自己想要施展才华、建功立业的理想抱负。

首句直接写剑客用十年的时间打磨宝剑,可见宝剑蕴含着其深厚的功力和心血。"十"和"一"形成对比,展现出剑客的艰辛和毅力。第二句写宝剑锋利的剑刃闪着寒光,像秋霜一样,但是一直没有施展过。后两句写剑客把宝剑展示出来,询问谁有不平事,暗含着急切地想要铲除不平的意思。末尾的问句带有一股行侠仗义的豪气和自信。

从全诗来看,诗人是用剑客自喻,托物言志,用剑来比喻自己的才华和本事。他跃跃欲试,想要施展自己的本领,希望得到重用,进而报效国家。

全诗节奏明快,直抒胸臆,把一个剑客的形象塑造得具体生动,跃然纸上。

听晓角[①]

[唐]李益

边霜昨夜堕关榆,吹角当城汉月孤。
无限塞鸿飞不度,秋风卷入《小单于》。

注释

① 晓角:报晓的号角声。

解析

这首描绘边声的诗构思独特,整首诗都写角声,没有出现任何人物,征人的所思所想却通过环境的渲染烘托,随着景物的出现变得清晰。所以,角声就是征人的心声。

第一句中,"霜"和"昨夜"点明了季节是秋天,时间是晚上;"边"和"关"点明了地点在边关;"堕"字形象地描绘出榆树叶经过风霜打击后纷纷坠落的状态。第二句中,吹角声响起,空中是一轮孤月,角声回荡在边城中。"当"和"孤"烘托出边城的寂寥荒凉、人烟稀少。这两句通过对听觉的描写来表现人物和他们的情感,身处这样环境中的征人是什么感受可想而知。第三句写边塞的鸿雁在迁徙过程中被角声触动,在天边徘徊,不愿意往南飞,以雁代人,更衬托出角声的悲凉。第四句写曲子《小单于》被秋风卷着飘散在天际,苍茫荒凉的感觉油然而生。

作者小传

李益(748年—约829年),字君虞,陇西姑臧(今甘肃武威)人,唐代宗大历四年(769年)考中进士。掌握各种文体,尤其擅长七绝,诗的风格凝练含蓄,意味深长,被人称道。

江城子·密州出猎

[宋]苏轼

老夫聊发少年狂①，左牵黄，右擎苍，锦帽貂裘，千骑卷平冈。为报倾城随太守，亲射虎，看孙郎②。

酒酣胸胆尚开张。鬓微霜，又何妨！持节云中，何日遣冯唐③？会挽雕弓如满月，西北望，射天狼④。

注释

①聊：姑且。②孙郎：三国时期的孙权，这里指词人自己。③冯唐：汉文帝时期的臣子。《史记·张释之冯唐列传》记载，云中郡守魏尚抵御匈奴有功，但是因为上报战功的时候多报了而被贬职。冯唐为之向文帝辩白此事，文帝即派冯唐持节去赦免魏尚，复为云中郡守。这里词人以魏尚自许。④天狼：星名，传说中主侵掠，这里指侵扰西北边境的西夏军队。

解析

这是苏轼在出任密州知州的时候所写的一首豪放词。这个时期的苏轼在仕途上比较坎坷和失意，但是他仍然不改自己乐观积极的人生态度。这首词通过对一次狩猎过程的描述，抒发了他热爱国家、渴望建功立业的心愿。整首词感情激烈奔放，境界开阔，气势雄浑。

上阕写出猎的盛况。首句一个"狂"字总领全篇，接着描写了威武雄壮的狩猎队伍，场面壮阔，声势浩大。一连串的动词，如发、牵、擎、卷、射、挽、望，增强了场面的生动性。下阕抒发自己的雄心壮志，表示自己即使已经上了年纪，也不改英雄本色。接着，词人用汉文帝时期冯唐拿着符节去云中赦免魏尚的典故，暗示自己盼望着朝廷能够派遣和冯唐一样的使节来召自己回朝，并得到重用。到那时，他一定会用尽全力报效国家。

望海潮

[宋]柳永

东南形胜①，三吴都会②，钱塘自古繁华。烟柳画桥，风帘翠幕，参差十万人家。云树绕堤沙，怒涛卷霜雪，天堑无涯③。市列珠玑，户盈罗绮，竞豪奢。

重湖叠巘清嘉④，有三秋桂子，十里荷花。羌管弄晴，菱歌泛夜⑤，嬉嬉钓叟莲娃。千骑拥高牙⑥，乘醉听箫鼓，吟赏烟霞。异日图将好景⑦，归去凤池夸⑧。

注释

①形胜：地理位置优越。②三吴：指吴兴（今浙江湖州）、吴郡（今江苏苏州）、会稽（今浙江绍兴）。③天堑：天然的险阻，这里指钱塘江。④重湖：北宋时期的西湖分为里湖和外湖。叠巘（yǎn）：层峦叠嶂。⑤菱歌：采菱姑娘的歌声。⑥高牙：牙旗，将军之旗。这里借指孙何。⑦异日：他日。图：描绘。⑧凤池：凤凰池，这里指朝廷。

解析

这是一首经典的歌颂杭州的自然风光和都市繁华的词，词人用尽各种美好的词语，描绘了杭州的富庶与美丽。不同于其他歌功颂德的词作，这首词在渲染和描绘的时候采用了别致的方法,有一种清新脱俗的气质,而其中描绘的美景就连图画都难以描画出来。

上阕写杭州的美和繁华。开头三句揭示主题,说明杭州在地理位置、悠久历史和城市繁华等方面的突出之处。接着具体描绘盛景:如烟的柳树、彩绘的桥梁、挡风的帘子、翠绿的帷幕、高高低低约十万户的人家。高耸入云的大树环绕着沙堤,汹涌的浪涛卷起霜雪一样洁白的浪花,钱塘江无边无际。最后两句写市场的繁荣和百姓生活的富足:集市上陈列着珠玉,家家户户穿着绫罗绸缎,大家都追逐奢华。

下阕写西湖的山水之美和歌舞升平。前三句写西湖重重的湖与叠叠的山,有三秋桂花、十里荷花,景色怡人。接下来三句写游湖的人。不管是白天还是黑夜,游客都络绎不绝,有乐声,有歌声,有莲娃钓叟,有采莲女子,一派繁华的景象。后面写的是贵族出游的队伍,阵势很大。最后,词人表达了对美好前景的向往,表示自己就算离开了,也不会忘了向别人夸赞西湖的美。

◆ **语文小课堂** ◆

柳永在《望海潮》中对杭州极力赞美,把它形容成了人间天堂。宋代《鹤林玉露》一书记载,这首词流传很广,金主完颜亮读到"有三秋桂子,十里荷花"等句时,心中忍不住兴起了把杭州据为己有的念头,这才有了后来完颜亮带领兵马南下入侵的历史。

静夜思

[唐]李白

床前明月光①,疑是地上霜②。
举头望明月③,低头思故乡。

(收入义务教育教科书人民教育出版社《语文》一年级下册)

注释

①床：坐卧的器具。②疑：好像。③举：抬。

解析

床前有一片明亮的月光，好像一地白霜一样。抬头仰望明亮的月亮，低下头来无比思念自己的故乡。

这首诗是李白在湖北安陆小寿山暂住时所写，虽然没有华丽的辞藻和高明的写作技巧，却脍炙人口，妇孺皆知，诗里蕴含的深深的思乡之情极易引起读者的共鸣。

前两句直接写景，一幅秋夜场景在读者面前缓缓展开。明月一出，思乡的氛围就自然而生了。夜深人静，诗人还没有入睡，看着明亮的月光倾洒，误以为是秋霜降临。"霜"字一出，寒意也就出现了。独自一个人站在清冷的月下，看着类似于霜的事物，流落他乡的孤独和悲凉之情就不自觉地流露出来了。后两句中，诗人通过"举头"和"低头"的动作展现出内心活动。他抬头看月亮，想着家乡是不是也在这样的月光之下，随后意识到自己无法回去，不禁难过得低下了头。

◆ 语文小课堂 ◆

在唐代，床是对坐卧器具的统称，还可以指类似现代单人沙发的"胡床"，或者跟现代马扎类似的椅子。即使是大型的床也不是单纯用来睡觉的，还可以用来坐卧、会友、饮酒、休息、抚琴、下棋、读书、写字等。

雪

长相思

[清]纳兰性德

山一程，水一程，身向榆关那畔行①，夜深千帐灯②。

风一更，雪一更，聒碎乡心梦不成③，故园无此声。

（收入义务教育教科书人民教育出版社《语文》五年级上册）

注释

①榆关：山海关。那畔：另一边，指山海关外。②帐：行军的帐篷。③聒：声音嘈杂，这里指风雪声。

解析

翻过一重重山，越过一道道关，跋山涉水，不停地向山海关进发。夜深了，一顶顶营帐中仍燃着灯火。一阵阵风刮着，一层层雪下着，风雪声惊扰着睡梦中的将士，让他们都不能梦回故乡。

这是一首羁旅词，是词人随从康熙皇帝拜谒皇陵，在山海关外写下的。上阕中，"一程"又"一程"的重复写出旅程的曲折漫长，也表明随着时间的推移，词人离家越来越远。"夜深千帐灯"表明将士们白天行军，晚上却都难以入睡。"千帐"的场面壮观，可见离乡的人数之众、乡愁之多。下阕呼应上阕，

"一更"又"一更"的重复写出风雪的严重、夜晚的漫长。风雪的噪声扰得人无法入睡，梦回家园自然也不能实现，词人不由得抱怨道：故乡没有这样聒噪的风雪声。

整首词采用白描的手法，语言朴素自然，情感真诚恳切，在大的自然景观中寄托了细腻的思乡情怀，是引人共鸣的佳作。

作者小传

纳兰性德（1655年—1685年），满洲人，字容若，号楞伽山人，被称为"满清第一词人"。原名成德，为避太子"保成"的名讳，改名性德。他是名臣纳兰明珠的儿子，出身富贵，词风真挚自然而多凄恻哀艳，具有独特鲜明的风格。

和张仆射塞下曲六首·其三

[唐]卢纶

月黑雁飞高，单于夜遁逃①。
欲将轻骑逐②，大雪满弓刀。

（收入义务教育教科书人民教育出版社《语文》四年级下册）

注释

①单（chán）于：古代北方匈奴人的首领，这里泛指侵扰唐朝的游牧民族首领。遁：逃跑。②将：率领。轻骑：装备轻便、动作迅捷的骑兵。逐：追赶。

解析

没有月亮的夜晚，大雁高飞，单于趁夜奔逃。将士们正打算率领轻骑部队追赶敌人，却发现弓刀上瞬间落满了大雪。

这是卢纶组诗《和张仆射塞下曲六首》中的第三首，诗人用寥寥数字描绘出将士们准备追逐逃窜敌人的片段，体现出边疆战士英勇杀敌、奋不顾身的英雄气概。

前两句写景和交代事件，此时战争已经进入了尾声，敌人战败，想要趁夜逃跑。首句的"月黑"和"雁飞高"既交代了时间，又渲染了静谧和紧张的气氛。后两句写将士们准备出发追击敌人的场景。一个"满"字写出了大雪的纷纷扬扬、又大又疾，反映出边疆生活环境的艰苦和将士们英勇报国的精神。这首诗没有正面描写战斗的激烈，而是选取战后的一个片段，以雪落结尾，留给读者广阔的想象空间，意味深远，扣人心弦。

◆ 语文小课堂 ◆

单于是匈奴部落联盟对头领的专称，意思是广大的样子。最开始使用这个称号的是冒顿单于的父亲头曼单于。在三国时期，也有乌丸、鲜卑的部落使用过这个称号。到了两晋十六国时期，单于演变成大单于，不过地位已经一落千丈。

北风行

[唐]李白

烛龙栖寒门①,光曜犹旦开。

日月照之何不及此?惟有北风号怒天上来。

燕山雪花大如席,片片吹落轩辕台②。

幽州思妇十二月,停歌罢笑双蛾摧③。

倚门望行人,念君长城苦寒良可哀④。

别时提剑救边去,遗此虎纹金鞞靫⑤。

中有一双白羽箭,蜘蛛结网生尘埃。

箭空在,人今战死不复回。

不忍见此物,焚之已成灰。

黄河捧土尚可塞,北风雨雪恨难裁⑥。

注释

①烛龙:古代神话中的神,据说它睁开眼睛就能照耀天下。②轩辕台:用来纪念黄帝的建筑物,故址在今河北境内。③双蛾摧:紧皱双眉,形容伤心、忧愁的样子。④良:实在。⑤鞞(bǐng)靫(chá):应该是"鞴(bèi)靫",指箭袋。⑥裁:消除。

解析

《北风行》原本是乐府"时景曲"调名,大多描写北风雨雪天气,行人外出不归时思妇心中的忧伤和愁怨之情。这首诗沿用乐府旧题,也是写思妇的愁怨。诗中大量运用夸张的修辞手法,来表达思妇心中的哀怨和对战争的憎恶,感情激烈,动人心弦。

  诗歌一开始是景物描写:烛龙栖息在寒冷的幽州,散发出的微弱光芒暗示着白天来临。接下来两句发出疑问:日月的光芒为什么照不到这里,只有呼号的北风从天上往下狂吹?燕山上乱飞的雪花就像席子那么大,一片片被吹落在轩辕台上。直到这里,都是对环境的关注,营造出一股凄凉、悲惨的气氛。接下来人物才出现:幽州城中一位思念征夫的女子在苦寒的十二月里停止了歌舞和欢笑,只紧皱着双眉,靠着门看着过往的行人,满心哀怨。她的丈夫参军去了边关,只留下绘有虎纹的箭袋。箭袋里有一双白羽箭,早就布满了蜘蛛网和灰尘。箭还在,人却已经战死沙场,再也回不来了。思妇不忍心再睹物思人,就把箭袋烧成了灰。最后两句点题:黄河可以用捧土的方法去填满,心中的怨恨却难以用北风雨雪来消除。

书　愤

[宋]陆游

早岁那知世事艰①,中原北望气如山②。
楼船夜雪瓜洲渡③,铁马秋风大散关④。
塞上长城空自许⑤,镜中衰鬓已先斑⑥。
出师一表真名世,千载谁堪伯仲间⑦!

注释

  ①早岁:早年,年轻的时候。那:通"哪"。②气:气概。③楼船:采石之战中宋朝军队使用的战船,因为它高大有楼,所以叫楼船。瓜洲渡:长江渡口,在今江苏扬州,与镇江隔江相对。④铁马:装备着铁甲的战马。大散关:在今陕西宝鸡西南大散岭上,是当时宋金的西部边界。⑤塞上长城:指能守住

边疆的将领。⑥衰鬓：因为上年纪而鬓角头发花白。斑：头发黑白相间。⑦堪：能够。伯仲：本是兄弟之间的排序，这里指不相上下，分不出高低。

解析

　　这首诗题名为"书愤"，书就是书写，愤就是悲愤，全诗都围绕着"愤"这个字展开。诗人陆游在年轻时就立下了"上马击狂胡，下马草军书"的宏愿，立志北伐来恢复中原，却屡次遭遇挫折和打击。眼看着之前的努力化为泡影，再没有北伐的希望，陆游心中的失望和苦闷顿时达到了前所未有的高度。但是，诗人的爱国热情依然未减，虽然自己的年龄越来越大，但他还是渴望能效仿诸葛亮，建立一番功业。

　　首联追忆自己年少时立下的雄心壮志，感叹世事艰难，抗金事业举步维艰。"中原北望"是"北望中原"的倒装，"气如山"指气概豪迈，爱国热情高涨。颔联也是追叙，写自己以前在镇江前线为北伐事业所做的努力。这里采用列景手法，分别用三个名词传神地写出了征战的情形和诗人抗金杀敌的豪情。颈联感慨时不我待，自己老了，壮志却没有实现，同时也讽刺了那些自诩"塞上长城"却退缩苟安的将领。一个"空"字，饱含嘲讽的意味。尾联化用诸葛亮写《出师表》的典故，追慕前贤，以古讽今，暗讽当权者不作为，并表示自己想要效仿诸葛亮，施展抱负，名满天下。

　　全诗紧紧围绕一个"愤"字，句句是愤，字字是愤。诗人除了巧用典故，还善用对比，用自己年轻时和年老时对比，用理想和现实对比，用坚持北伐的诸葛亮和当权者的妥协对比，三处对比之下，显得感情更加沉郁，气势更强。

江 雪

[唐]柳宗元

千山鸟飞绝,万径人踪灭。

孤舟蓑笠翁①,独钓寒江雪。

(收入义务教育教科书人民教育出版社《语文》二年级上册)

注释

① 蓑笠翁:披着蓑衣、戴着斗笠的渔翁。蓑(suō),用草或棕毛编织的雨具。笠(lì),用竹篾或棕皮编织成的帽子。

解析

崇山峻岭之中,飞鸟绝迹,每一条小路上都看不见人影。只有一叶孤舟上,坐着一个身披蓑衣、头戴斗笠的老渔翁,独自在大雪中的江面上垂钓。

全诗只有二十个字,却勾勒出一幅渔翁寒江独钓图,而且单纯用了白描的手法,显得意境深远,构思巧妙。

前两句是环境描写,"千山"对"万径",对仗工整,用巨大的数目来渲染苍茫远大的背景,而且这个背景仿佛可以无限延伸,能迅速引起读者的注意力。"鸟飞绝"和"人踪灭"是用飞鸟和人踪的磨灭来衬托环境的沉寂和苍茫,迅速产生一股凛冽肃杀的寒气。如果说前两句的画面是死寂的,那么后两句就为整幅图画增添了一丝生气:垂钓的老渔翁安然地坐在这冰天雪地之间。在这样严酷的环境中,老渔翁的存在更显得孤傲不屈,耐人寻味。可以说,这个孤独的渔翁是诗人自身的写照,他借渔翁的寒江独钓,来抒发自己孤高坚贞的情怀。

> ◆ **语文小课堂** ◆
>
> 柳宗元除了诗歌和"古文运动"的成就以外,还留下了很多游记、寓言等体裁的优秀作品。比如他的"永州八记"就是古代山水游记的名作,被人们千古传诵。除了寓言诗外,他的寓言故事也是古代寓言名篇,比如《黔之驴》《永某氏之鼠》等。

清平乐

[五代]李煜

别来春半,触目愁肠断。
砌下落梅如雪乱,拂了一身还满。

雁来音信无凭,路遥归梦难成。
离恨恰如春草,更行更远还生。

解析

这首词被认为是李煜因思念弟弟李从善而写,其主题是抒发离愁别绪。

上阕直接抒发自己对弟弟的思念之情,开篇一个"别"字直接点明主旨。自从离别以来,春天已经过去了一半,看到的风景令词人愁情无限。是什么风景勾起了他的愁绪呢?后面两句给出了说明:台阶下落下的梅花像雪一样纷乱繁多,花瓣落了一身,刚拂去,一会儿又落满了。这里的落梅就是词人愁情的象征,"如雪"可见愁情之多,拂落了还有。

下阕想象弟弟思念自己。前两句写鸿雁已经飞回而家乡的音信还没有传来,路途遥远,弟弟连回家的梦都很难做成,可见思乡之苦。既然想回却不能回,那么只能满怀离恨了。最后两句巧用比喻,极言离恨之多:离别的怨恨就像春草一样,离得越远就生得越多、越茂盛。

天

送杜少府之任蜀州

[唐]王勃

城阙辅三秦①,风烟望五津②。
与君离别意,同是宦游人③。
海内存知己,天涯若比邻。
无为在歧路④,儿女共沾巾。

注释

①城阙:宫城,这里指长安城。阙,宫门两边的望楼。三秦:指关中地区。项羽灭秦后,把秦故地分封给秦王朝的三名降将,故称"三秦"。②五津:岷江上的五个渡口,这里代指蜀州。③宦游人:远离故乡出门做官的人。④歧路:岔路口。

解析

这是王勃送朋友去四川上任时写的一首送别诗。自古以来,送别诗大多写得悲切缠绵,所描绘的景物也都含伤带悲,这首诗却是个例外。整首诗写得意境开阔,积极开朗,别有一番情趣。

首联写送别的地点,引出了朋友即将上任的地方是在蜀川:三秦拱卫着长安城,在风烟中遥遥望着千里之外的蜀川。"三秦"与"五津"是地名对仗,气势壮阔。颔联写依依惜别之情,指出两人都是远离家乡在外漂泊的人,从而引起同病相怜之感。颈联一改离别的伤感，安慰友人，只要两心相连，就算远在天涯，也如近邻一样。这两句使两人深厚的友情脱离了时空的限制，让主题得到了升华，成为千古传诵的名句。尾联则劝说友人没必要像小儿女一样在岔路口哭哭啼啼，写得豁达豪迈，让离别的伤感之情一扫而空。

登幽州台歌

[唐]陈子昂

前不见古人，后不见来者。
念天地之悠悠①，独怆然而涕下②。

注释

①悠悠：形容时间的久远和空间的广阔。②怆然：悲伤的样子。涕：眼泪。

解析

才华横溢、满腹经纶的陈子昂一直找不到施展抱负的机会。有一次，直言进谏被贬职之后，他登上幽州的蓟北楼，想起战国时期燕昭王在此地建造黄金台招贤纳士的往事，想到自己怀才不遇的遭遇，心怀悲愤，写下了这首诗。

前两句连用两个"不见"，置身漫长的时间，向前追溯遥远的过去，向后遥望渺茫的未来。"古人"和"来者"在这里都指圣主和明君。后两句转入空间，在广阔的天地间，仿佛只剩下自己一个人，想到这里，不禁流下伤心的泪水。一个"独"字写出了诗人的孤独和凄凉。

全诗句式长短不一，音节上富于变化，意境上苍茫辽阔，感染力极强。

作者小传

陈子昂（661年—702年），字伯玉，梓州射洪（今属四川）人。曾任右拾遗，被称为"陈拾遗"。武则天时期进士出身，但怀才不遇，最后被陷害下狱，忧愤而死。陈子昂提倡"汉魏风骨",主张改革六朝以来纤弱靡丽的诗风,是唐代诗文革新运动的先驱。

己亥杂诗

[清]龚自珍

九州生气恃风雷①,万马齐喑究可哀②。
我劝天公重抖擞③,不拘一格降人材。

（收入义务教育教科书人民教育出版社《语文》五年级上册）

注释

①九州:指中国。生气:生机勃勃的样子。恃(shì):依靠。②喑(yīn):哑,沉默。③天公:造物主。抖擞:振作精神。

解析

整个中国只有依靠风雷激荡的巨大力量才能变得生机勃勃,而死气沉沉的现实社会还是很悲哀的。我奉劝造物主重新振作精神,能够不拘泥规格,降下更多的人才。

这是一首充满战斗色彩的政治诗。诗人用比喻的修辞手法描写了死气沉沉的现实社会,渴望有风雷一样的巨大力量来改变这种状态,为国家注入生机,呼吁当政者招揽更多人才加入社会变革,共同创造一个新的世界。

首句中,"风雷"比喻新兴的社会力量和猛烈的改革,一开篇就从大局着眼,营造出大气磅礴的境界。第二句的"万马齐喑"出自苏轼《三马图赞》,比喻在旧社会中,人们只能沉默来自保,整个社会都是一片死气沉沉。"哀"字表达出诗人的痛心疾首。后两句是脍炙人口的名句,经常被人们引用,来劝谏当权者爱惜人才。"天公"不是玉皇大帝或老天爷,而是指当政者。诗人用的是

"劝"而不是"求",因为只有杰出的人才能改变社会现状,朝廷只有破格提拔人才,国家才有希望,其中包含着诗人莫大的信心。"不拘一格"显示出诗人胸怀的开阔和目光的长远。

整首诗善用典故,想象奇特,气势不凡,具有深刻的历史背景和很强的现实意义。

◆ **语文小课堂** ◆

龚自珍因为多次揭露时弊,倡导改革,触及了权贵的利益,所以不断受到排挤,最后他决定辞官南归。后来,龚自珍在书院做老师,因为鸦片战争的爆发,他准备辞去教职,去上海参加反抗外国侵略的战斗。遗憾的是,他还没有出发就突发疾病而辞世。

咏 鹅

[唐]骆宾王

鹅,鹅,鹅,曲项向天歌①。
白毛浮绿水,红掌拨清波②。

（收入义务教育教科书人民教育出版社《语文》一年级上册）

注释

①曲项:弯着脖子。歌:鸣叫。②拨:划水。

解析

一群鹅弯着脖子朝天鸣叫,就像在唱:"鹅,鹅,鹅!"它们洁白的羽毛在碧绿的水面上飘荡,红色的脚掌划着清澈的水波。

这首咏物诗相传是骆宾王七岁时写的,被千古传诵。虽然诗中没有蕴含什么深刻的思想感情或哲理，但清新欢快的语言、自然传神的特征描写都为这首诗增添了韵味。

首句接连出现的三个"鹅"字既是描写鹅的叫声，又是诗人对鹅的呼唤，体现出孩子看到鹅的欢喜之情。次句是对鹅鸣叫时的神态描写，运用拟人的手法，说白鹅的叫声像唱歌一样，形象贴切。最后两句写鹅在水面上悠然自得地玩耍的样子，"浮"字是静态描写，"拨"字是动态描写。"白毛""红掌""绿水""清波"组成了色彩鲜明的画面，在视觉上让人印象深刻。

这首诗通过白描的手法勾勒出白鹅戏水的神态，既有声又有色，既有动又有静，写得生动活泼，趣味十足。

◆ **语文小课堂** ◆

相传，骆宾王幼时住在今义乌县城北的一个小村庄里，村外有一口池塘。有一天，骆家来了一位客人。客人问了骆宾王几个问题，他都对答如流，客人很惊奇。他们走到村外池塘边的时候，看见一群白鹅在游水，于是客人就指着白鹅让骆宾王作诗。骆宾王想了想，就作了这首《咏鹅》，当时他才七岁。

蜀 相

[唐]杜甫

丞相祠堂何处寻①？锦官城外柏森森②。
映阶碧草自春色③，隔叶黄鹂空好音。
三顾频烦天下计④，两朝开济老臣心⑤。
出师未捷身先死，长使英雄泪满襟。

注释

①丞相祠堂：诸葛武侯祠，在今四川成都。②森森：草木茂盛繁密的样子。③自：空。④三顾：指刘备三顾茅庐。频：多次。烦：烦扰。⑤开：开创。济：扶助，救助。

解析

武侯诸葛亮的祠堂去哪里能找到？它就在成都外面柏树茂盛的地方。碧绿的春草映照着台阶，呈现出春色，黄鹂鸟隔着树叶徒然啼唱出好听的歌声。先主曾三顾诸葛亮的茅庐，寻求夺取天下的计策；诸葛亮也鞠躬尽瘁，辅佐两朝君主开创社稷，挽救时局。只可惜他出师伐魏，还没有成功就病死在军中，这一直让后代英雄忍不住流下热泪！

杜甫在安史之乱期间流落到成都，游览武侯祠时，写下了这首赞颂诸葛武侯的名作。全诗将现实和历史融合在一起，情景交融，情感自然流露，容易引起共鸣。

首联设问，点出丞相祠堂的位置。"森森"写出了祠堂周围树木的繁茂，营造了一种安静肃穆的气氛。颔联写祠堂的环境，"自""空"暗指碧草和黄鹂对人世间的时事并不关心，无法体会人的情感，为景色蒙上一股荒凉没落的色调。后两联议论。颈联追述诸葛亮的人生际遇和政治理想，赞美了他的雄才大略和忠心耿耿。尾联笔锋一转，叹息诸葛亮壮志未酬的悲凉结局，同时也影射了半生奔波、报国无门的自己。所以，"泪满襟"的"英雄"既指诸葛亮，又是诗人自指，也指所有报国无门、心怀遗恨的人。

◆ 语文小课堂 ◆

三国时著名的谋士徐庶和司马徽都向刘备推荐过诸葛亮，称赞他很有学识和才能，刘备就备了重礼，带着关羽、张飞去隆中卧龙岗请诸葛亮出山。不巧的是，这天诸葛亮没有在家，刘备只好失望地回去了。不久，刘备又带着关羽、张飞冒风雪第二次去请诸葛亮，不料诸葛亮又外出了。刘备只好留下一封信说明来意，就又回去了。到第三次的时候，关羽和张飞都对诸葛亮有了意见，不愿意再去拜访他，只有刘备坚持要去。这次诸葛亮倒是在家，只是正在睡觉。刘备不让人惊动他，一直在外面等着他自己醒来。正是因为这三次诚心的拜访，诸葛亮才同意出山，帮刘备争夺天下。这就是三顾茅庐的故事。

登金陵凤凰台

[唐]李白

凤凰台上凤凰游,凤去台空江自流。

吴宫花草埋幽径①,晋代衣冠成古丘②。

三山半落青天外③,二水中分白鹭洲④。

总为浮云能蔽日,长安不见使人愁。

注释

①吴宫:三国时吴国的王宫,在金陵。②晋代:东晋的都城也在金陵。衣冠:代指名门贵族。古丘:坟墓。③三山:三峰并列的一座山,在南京市西南长江边。④二水:秦淮河流经金陵后,西入长江,被横在中间的白鹭洲一分为二。

解析

传说李白曾经到过黄鹤楼,本来想题一首诗,但是看到崔颢的《黄鹤楼》之后,觉得自己难以超越,就什么也没写就出来了。他一直想要写一首能比得上《黄鹤楼》的同类题材的诗,后来就有了这首《登金陵凤凰台》。

开篇二句的十四个字出现了三次"凤"、两次"台",展现出了鲜明的今昔对比,产生了一种一唱三叹的效果。"吴宫"两句是诗人登上凤凰台的所见,"吴""晋"两个字展现了历史的沧桑和诗人的无奈。"三山"两句转到现实之中,写诗人登高远眺所见,画面壮阔,意境悠远,气势磅礴。最后两句是诗人情感的抒发,也是登台的总结。"浮云能蔽日"比喻朝中奸臣当道,有志之士壮志难酬。

本诗把用典、写景、抒情完美结合，语言自然、清新、洒脱，读来如行云流水，意境深远，耐人寻味。

望庐山瀑布

[唐]李白

日照香炉生紫烟①，遥看瀑布挂前川②。

飞流直下三千尺，疑是银河落九天。

（收入义务教育教科书人民教育出版社《语文》二年级上册）

注释

① 香炉：指香炉峰。紫烟：阳光透射云雾，从远处看去就像是紫色的烟。
② 遥看：远远看去。挂：悬挂。川：河流，这里指瀑布。

解析

太阳照在香炉峰上，就像生出了紫色的烟雾。远远望去，能看到瀑布悬挂在前面。瀑布的水奔腾直下，大概有三千尺长，让人怀疑是不是银河从天上落下来了。

李白游历金陵东南，第一次来到庐山，感慨于庐山瀑布的美，挥笔写下了这首诗。全诗运用了夸张的手法，构思新奇，节奏明快，比喻新颖，自然真切，让人如临其境，千百年来广为流传。

整首诗围绕一个"望"字，重点描画了庐山香炉峰雄壮的景色。首句点明了庐山瀑布在香炉峰，在阳光的照耀下，袅袅升起的轻烟呈现出紫色，在青山绿水间飘荡，显得旖旎动人。次句正面写瀑布，一个"挂"字化动为静，把奔腾不息的瀑布描画得更具立体感。第三句展现了瀑布的雄壮和险峻，"三千尺"是夸张的写法，体现出瀑布的高和险。最后一句用银河来做比喻，认为只有天上的银河才能和这样气势雄壮的瀑布相媲美。

◆ **语文小课堂** ◆

　　明朝冯梦龙的《警世通言》中记载了这样一个故事：传说，唐玄宗天宝年间，渤海国派遣使节送来一封国书，皇帝打开后发现上面全是蝌蚪一样的文字，没有人认识。翰林学士贺知章推荐了借住在他家的李白，皇帝立刻派人召李白进宫。李白当即一手拿着国书，一手拿着毛笔，一个字一个字地翻译出来，并当众朗读了一遍。不但如此，他还用渤海国的文字写了一封回信，令对方心悦诚服。

地

蜀道难

[唐]李白

噫吁嚱,危呼高哉!

蜀道之难,难于上青天!

蚕丛及鱼凫①,开国何茫然!

尔来四万八千岁,不与秦塞通人烟②。

西当太白有鸟道③,可以横绝峨眉巅。

地崩山摧壮士死④,然后天梯石栈相钩连⑤。

上有六龙回日之高标⑥,下有冲波逆折之回川⑦。

黄鹤之飞尚不得过,猿猱欲度愁攀援。

青泥何盘盘,百步九折萦岩峦。

扪参历井仰胁息⑧,以手抚膺坐长叹。

问君西游何时还?畏途巉岩不可攀。

但见悲鸟号古木,雄飞雌从绕林间。

又闻子规啼夜月,愁空山。

蜀道之难,难于上青天,使人听此凋朱颜!

连峰去天不盈尺,枯松倒挂倚绝壁。

飞湍瀑流争喧豗,砯崖转石万壑雷。

其险也如此,嗟尔远道之人胡为乎来哉!

剑阁峥嵘而崔嵬,一夫当关,万夫莫开。

所守或匪亲,化为狼与豺。

朝避猛虎,夕避长蛇,磨牙吮血,杀人如麻。

锦城虽云乐⑨,不如早还家。

蜀道之难,难于上青天,侧身西望长咨嗟⑩!

注释

①蚕丛、鱼凫:传说中古蜀国的国王。②秦塞:秦地的关塞。古蜀国原来与中原隔绝,直到秦惠王灭蜀才开始相通。③太白:秦岭峰名。鸟道:只能供鸟飞过的道路,形容山路特别狭窄。④地崩山摧壮士死:传说秦惠王曾把五位美女嫁往蜀国,蜀国派遣五壮士去迎接,在返回的途中遇到大蛇钻入洞中,五壮士牵住蛇尾用力往外拉,最后山崩地裂,五壮士和美女都被压死,山从此分为五岭,入蜀之路遂通。⑤石栈:在岩壁上凿开石头架上木头建成的通道。⑥六龙:传说中太阳神用六条龙来拉车。高标:高耸的山峰。⑦回川:回旋曲折的河流。⑧参、井:星宿名。胁息:屏住呼吸。⑨锦城:成都。⑩咨嗟:叹息。

解析

《蜀道难》本是乐府古题,在这里,李白运用了浪漫主义的表现手法,用丰富的想象描绘了蜀道的险峻、突兀、崎岖等特点,同时表达了对国家形势的忧虑,气势磅礴,震撼人心。李白也因为这首诗,被贺知章冠以"谪仙"的称号。

诗的开头直接感叹蜀道的高,接着从古代蚕丛和鱼凫创立蜀国开始叙述,算出其有四万八千年的历史。然后开始具体叙述蜀道的地形地貌,西边是太白山,小路只有飞鸟才能通过,从这里可以横越峨眉山。地崩山裂,高山塌陷,压死了五壮士,才成就了天梯石栈,让秦和蜀可以连接。接下来具体描述蜀道山的高：它的上面是挡住太阳神六龙车的山顶，下面是巨浪激荡、回旋曲折的山川。飞得很高的黄鹤也飞不过去，擅于攀岩的猿猴也发愁怎么过去。青泥岭曲折回环，百步之内的距离就要绕九道弯。这里仿佛能摸到天上的星星，上面的人抬起头就不得不屏住呼吸，用手抚摸胸口，吓得坐在地上。要是问人向西游历什么时候能回来，都会因为路途艰险、山岩陡峭、难以攀登而心怀忧惧。后面用耳闻目见之景来强调蜀道的险：只看见鸟儿在枯木上悲鸣，雄鸟在前，雌鸟在后，在林间盘旋；又听见子规鸟对着月亮啼叫，哀愁在空山里回荡。蜀道难于攀登，能比得上登天！让人听了能脸色大变。连绵的山峰离天不足一尺，枯松倒挂着紧贴悬崖峭壁。瀑布飞泻，水流湍急，水声喧哗；水击岩石，就像万壑雷鸣。蜀道这样艰险，让人不禁感叹为什么还有人大老远过来。接下来写蜀道的易守难攻：剑山的剑阁林立，高峻险要，一个人把守，千军万马都难以攻下来。如果把守的人不是亲信，就可能会在这儿造反，变成豺狼一样的人。白天躲猛虎，晚上防长蛇，磨尖牙齿，吮吸人血，杀人如麻。虽说锦官城能让人快乐，但还是早早回家比较好。蜀道难于攀登，堪比登天！转身向西望，还是会让人发出感叹。

整首诗按照由古及今、自秦入蜀的线索，描写了蜀道上各处山水的特点，展现出蜀道之难，难于上青天。其中，诗人把传说和想象、现实和历史融合在一起，再加上夸张和渲染等手法，增强了艺术感染力，引人心潮激荡。三言、四言、五言、七言，甚至十一言，句式参差不齐，充分体现出诗人奔放的语言风格。

黄鹤楼

[唐]崔颢

昔人已乘黄鹤去①,此地空余黄鹤楼。

黄鹤一去不复返,白云千载空悠悠。

晴川历历汉阳树②,芳草萋萋鹦鹉洲③。

日暮乡关何处是④,烟波江上使人愁。

注释

①昔人:传说中骑鹤飞走的仙人。②历历:分明的样子。汉阳:地名,今湖北武汉的汉阳区,与黄鹤楼隔江相望。③萋萋:草木茂盛的样子。鹦鹉洲:长江中的小洲,在黄鹤楼东北。④乡关:故乡。

解析

黄鹤楼是中国四大名楼之一,历代有很多文人都登临过,并留下了诗句。而崔颢的这首诗被公认为其中的绝唱,据说连"诗仙"李白都甘拜下风。

这首诗没有写黄鹤楼的位置、外形等特征,而是从由来起笔。首联从传说写起,诗人初见黄鹤楼,触景生情,不由得想起了那个令人心驰神往的传说:仙人乘坐黄鹤西去,只留下了这座高楼。颔联从传说生发开来,感叹时光荏苒,千年的光阴给人以世事苍茫之感。三个"黄鹤"和一个"白云",不拘对仗,一贯而下,意境阔大,气势雄浑;同时也引出了对人生的思考,为后面的抒情做了铺垫。颈联写登楼所见:天气晴朗下的汉阳平原,绿树成荫,清晰可见;芳草茂盛,长满了鹦鹉洲。尾联写诗人由看到的景物引起了乡愁。日暮时分,诗人看见江面上的烟波,心里不禁感到忧愁:哪里是家乡呢?由景入情,气势也从豪放转为淡淡的忧伤。

诗人本来不愁,登临之后看到景物才生出了愁,情绪过渡自然顺畅,语言淳朴生动,感情真挚感人,的确是吊古怀乡的佳作。

作者小传

崔颢(？—754年),汴州(今河南开封)人。进士出身,以才思敏捷著称,但是酷爱喝酒和赌博,行为放浪不羁。后期因为游历边塞、游览山川,诗风转为雄浑自然。经常与王昌龄、高适、孟浩然一起被提及。

摸鱼儿·雁丘词

[金]元好问

问人间、情是何物,直教生死相许？天南地北双飞客①,老翅几回寒暑。欢乐趣,离别苦,就中更有痴儿女②。君应有语,渺万里层云,千山暮雪,只影向谁去？

横汾路③,寂寞当年箫鼓④,荒烟依旧平楚。招魂楚些何嗟及,山鬼暗啼风雨⑤。天也妒,未信与,莺儿燕子俱黄土。千秋万古,为留待骚人,狂歌痛饮,来访雁丘处。

注释

①天南地北:比喻距离遥远。②就中:于此。③横汾路:在汾河岸,是汉武帝曾经巡幸的地方。④箫鼓:用排箫与建鼓合奏,泛指用作仪仗的音乐。⑤山鬼:神话传说中一位美丽的女神。

解析

元好问十几岁进京赶考，路过并州时，遇到了一个捕雁的人。捕雁人那天捕到了两只大雁中的一只，另一只挣脱网逃走了。逃走的那只雁看到伴侣死后，悲啼盘旋，然后从高空坠地，自杀殉情。元好问感动于两只大雁生死不弃的感情，就买下了它们的尸体，埋在了汾水边，用石头垒了一座坟墓，称为雁丘，所写的词称为《雁丘词》，寄托对殉情者的哀思。

这首词明是咏物，实则抒情，它紧紧围绕着一个"情"字展开。上阕开篇就发出疑问：请问世间人，情到底是什么，竟叫两只大雁用生死对待？与其说是疑问，不如说是感叹和赞美。问句起到了先声夺人的效果，为后面写大雁殉情蓄势。不管是南飞还是北归，它们都双宿双飞，经过了很多寒暑，依然恩爱如初。"天南地北"从空间着笔，"几回寒暑"从时间着笔，都是写大雁的情深，为后面的殉情做铺垫。在一起时快乐，离别时痛苦，到哪里去找这样的痴情儿女？大雁应该会说：此去万里之遥，要经过漫漫长路、暮雪晨风，形单影只的话怎么熬得过去？失去伴侣，苟活下去有什么意义？"万里""千山"形容路途遥远，前程茫茫。"层云""暮雪"形容前景的艰难。这四句刻画出了大雁的心理活动，也暗示了殉情的深层原因。

下阕通过对景物的描绘，衬托大雁殉情后的悲苦。前三句写埋葬大雁的地方：这里曾是帝王驾临的地方，当时是何等热闹，现在却一派荒凉衰败的景象。词人接着写雁死不能复生，山鬼枉自哀哭，把写景和抒情融合，用哀景衬托大雁的悲苦，表达词人的哀悼与惋惜之情。然后词人将雁的殉情与莺、燕的死做对比，表达了对殉情大雁的高度赞美。最后四句则肯定地说，雁丘将永远受人凭吊。

词人运用丰富的想象，采用比喻、拟人等多种艺术手法，细致地描述了大雁殉情的故事，并用悲景进行烘托，谱写了一曲凄婉缠绵的爱情悲歌，可以说是古往今来歌颂忠贞爱情的佳作。

作者小传

元好问（1190年—1257年），字裕之，号遗山，太原秀容（今山西忻州）人，金代最重要的诗人、词人，也是杰出的诗论家。生逢金代后期的动乱时代，亲身经历了亡国之痛，其诗歌生动地展现了金、元易代之际的历史画卷。

惠崇春江晚景二首·其一

[宋]苏轼

竹外桃花三两枝,春江水暖鸭先知。
蒌蒿满地芦芽短,正是河豚欲上时。

(收入义务教育教科书人民教育出版社《语文》三年级下册)

解析

  一片竹林外有三两枝桃花。春天的江水奔流,水的温度鸭子是最先了解的。河岸上长满了蒌蒿,芦芽也刚刚露出个头。这个时节正好是河豚逆流而上的时候!

  这是一首著名的题画诗,画作《春江晚景》的作者惠崇是北宋名僧,能诗善画。惠崇跟这首诗的作者苏轼并不在同一个时代,苏轼是根据惠崇的画写成的诗。虽然现在这幅画已经失传,但我们仍可以从诗中大致了解其内容。

  诗人紧紧围绕画题画意,仅仅用桃花初放、江暖鸭嬉、芦芽短嫩、河豚欲上等几个物象,就勾勒出了早春江景的优美画面。尤其是"春江水暖鸭先知"一句,用拟人化的手法写出了画里无法画出的水温冷暖,而且写得富有情趣、生动传神。同时,诗人还从画里联想到了画外,从而提及河豚欲上,更加重了对春天万物复苏的渲染,深化了意境。

点绛唇·试灯夜初晴

[宋]吴文英

卷尽愁云,素娥临夜新梳洗。暗尘不起,酥润凌波地。辇路重来,仿佛灯前事。情如水。小楼熏被,春梦笙歌里。

解析

"试灯夜"是元宵节的前一夜,为了保证元宵当夜的灯会顺利进行,需要预先观赏新灯,称为试灯夜。南宋都城临安试灯夜时,游人如织,热闹非凡,吴文英故地重游,在这个人月团圆的时刻,却因为运途坎坷、历经沧桑而心生万千感慨,从而写下了这首词。

上阕写细雨、月色和人影,却并不直接用"雨""月""人"等字眼,而是用"卷尽愁云"形容雨后,用"素娥"代指月亮,用"新梳洗"形容雨后月色的明净。"暗尘不起"暗示雨后地面湿润,尘土不扬。"凌波地"是指步履轻盈的女子经过的地方。多种意向组合成雨后月夜赏灯图,让人读来仿佛置身于灯月辉映、地润无尘的街道,能听到众人的欢声笑语。

下阕追忆往事。"辇路"原是帝王车驾经过的地方,这里借指都城繁华的街道。"重来"指词人旧地重游,"仿佛"指当年事历历在目,加重物是人非之感。最后三句感叹柔情似水,往事如烟,佳人不再,词人落寞地回到住处,抱着熏过香的被子入眠,期望能伴着街道上的歌声在梦中获得安慰。

作者小传

吴文英(约1207年—约1269年),字君特,号梦窗,晚号觉翁,四明鄞县(今浙江宁波)人。本来姓翁,过继给了姓吴的人家。一生都没有出来做官,经常在江浙间游历。词作很多,大部分是酬答、伤时和忆悼之作。有"词中李商隐"之称。

稚子弄冰

[宋]杨万里

稚子金盆脱晓冰①，彩丝穿取当银钲②。
敲成玉磬穿林响，忽作玻璃碎地声③。

（收入义务教育教科书人民教育出版社《语文》五年级下册）

注释

①稚子：指年龄很小的孩子。脱：脱离，取出。晓：清晨。②钲：古代一种金属打击乐器。③玻璃：古代一种天然玉石，也叫水玉。

解析

清晨，小孩从盆里取出夜里冻好的冰块，用彩色的绳子穿起来当成锣来敲打。玉磬一样的声音穿过树林，突然变成一声清脆的玉碎声。

全诗通过声音描写来展示整个过程，贴切的比喻让画面生动形象，充满童趣。前两句写小孩子制作冰块当玩具，突出一个"稚"字。即使在滴水成冰的严冬，小孩子依然玩心不减，活力四射，一大早就起来玩，而且玩出了花样，给冰穿上彩线当锣敲。第三句的一个"穿"字说明小孩一边敲一边在林中跑，通过清脆的声音，仿佛能看到孩子欢快的身影。最后一句让情节发生了转折。"忽"字表示发生得很突然，"玻璃碎地声"说明孩子手里的冰块掉在地上碎了。那么，孩子是故意摔的，还是意外？他会怎么样？很兴奋，还是惊呆了？一切写到这里戛然而止，留给人们丰富的想象空间，余味无穷。

酬乐天扬州初逢席上见赠

[唐]刘禹锡

巴山楚水凄凉地①，二十三年弃置身②。
怀旧空吟闻笛赋③，到乡翻似烂柯人④。
沉舟侧畔千帆过，病树前头万木春。
今日听君歌一曲⑤，暂凭杯酒长精神⑥。

注释

①巴山楚水：诗人曾被贬夔州、朗州等地，夔州古属巴郡，朗州属楚地，故称"巴山楚水"。②弃置身：指被贬官的诗人自己。弃置：抛弃，搁置。③怀旧：怀念老朋友。闻笛赋：指西晋向秀所作的《思旧赋》。④烂柯人：指晋人王质。⑤歌一曲：指白居易的《醉赠刘二十八使君》。⑥长精神：振作精神。长，振作。

解析

刘禹锡被贬到地方做官，二十三年后终于能够回归朝廷。他中途经过扬州，正好遇到了从苏州途经扬州回洛阳的白居易。两人一见如故，互相赠诗来表达自己的心志，这首诗就是刘禹锡写来回赠白居易的。

首联诉说自己仕途坎坷，被抛弃在巴山楚水二十三年的经历。"凄凉地""弃置身"表现出了诗人胸中的不平和悲伤。颔联化用了"闻笛怀旧"（嵇康被司马氏杀害，他的朋友向秀经过他的故居时，听到邻人吹笛，不禁悲从中来，于是作了《思旧赋》）和"王质烂柯"（传说晋人王质上山砍柴，遇到两个童子正在下棋，他就站在旁边观看。等一局棋结束，他才发现手中斧子的把儿已经烂了。他回到村里，才发现已经是一百年之后，他的同辈人都已经老死了）的典故，写如今要重返洛阳，却物是人非，恍如隔世，很多老朋友都再也见不到了。诗人用这两个典故表达自己的惆怅心情，也暗示了世事变迁。颈联一扫前面的悲伤情绪，态度转为积极乐观：沉舟侧畔，仍有千帆过尽；病树前头，枯木一样逢春。他以沉舟、病树比喻自己，表示自己虽然已经落伍，但仍有信心焕发出勃勃生机。这两句诗是千古名句，一直激励着人们坚持信念，满怀信心地等待风雨后的彩虹、黑夜后的黎明。尾联点题，感谢白居易的深情厚谊，并表示自己要忘记过去，重新出发。全诗语言洗练，意境高远，气势豪迈，沉郁中显豁达，让人佩服。

四时田园杂兴·其二十五

[宋]范成大

梅子金黄杏子肥，麦花雪白菜花稀。
日长篱落无人过，惟有蜻蜓蛱蝶飞①。

（收入义务教育教科书人民教育出版社《语文》四年级下册）

注释

① 蛱蝶：蝴蝶的一种。

解析

正是梅子金黄、杏子正肥的时节，麦穗扬着白花，菜花稀少，差不多要落尽结籽了。夏天白天太长，篱笆边上没有人走动，只有蜻蜓和蝴蝶在悠闲地飞舞。

这首诗描写了初夏江南的田园风光。前两句选取了梅子黄、杏子肥、麦花白、菜花稀这些夏季南方农村特有的景物和特点来描写，色彩鲜艳，引人入胜。第三句表面写白天日长，没有人走动，实际上是暗示农民都在田里劳动。因为初夏正是农忙时节，大家都早出晚归，所以不会大白天在篱笆边出现。最后一句用蜻蜓和蝴蝶的飞舞来反衬村庄的寂静，是以动衬静的写法。

◆ **语文小课堂** ◆

范成大的母亲蔡夫人是北宋四大书法家之一蔡襄的孙女。范成大除了作诗之外,尤其擅长书法。他的书法风格清新俊秀,典雅俊润,只是被诗名掩盖,显得没那么出名。他曾经在成都和陆游饮酒赋诗,写下的诗句墨还没干,就被士人淑女争相传阅,被配上乐曲歌唱,或者抄写在屏风和团扇上。

忆 梅

[唐]李商隐

定定住天涯,依依向物华。

寒梅最堪恨,常作去年花。

解析

李商隐在妻子去世后很痛苦,这时候,有人邀请他去遥远的梓州做幕僚。为了排解苦闷,他忍着痛苦来到梓州,可是孤寂和抑郁并没有得到排解。看着春暖花开的景色,他写下了这首诗,借咏梅来表达自己的孤苦。

首句中两个"定"字叠用,并不是安稳、安定的意思,而是解释为"牢牢"。诗人要表达的就是自己被牢牢地困在了梓州这个地方,有身不由己的无奈之感。之所以要说"天涯",一方面是指梓州距离都城很遥远,另一方面是说自己远离故土,漂泊流浪,心灵上没有依靠。次句写春日到来,万物展现出欣欣向荣的景象,而"依依"有留恋、求而不得的意味,可见春日易逝,难以再得。后两句写梅花明明开在百花的前面,到了春日却被当作昔日之景,表面上是为梅花鸣不平,实际上以梅花自喻,伤感自己早早展露才华却被人排挤,得不到重用。"恨"字感情色彩浓厚,是诗人由衷的感叹。

蝶恋花·离情

[宋]李清照

暖雨晴风初破冻,柳眼梅腮,已觉春心动。

酒意诗情谁与共?泪融残粉花钿重[1]。

乍试夹衫金缕缝[2],山枕斜欹[3],枕损钗头凤。

独抱浓愁无好梦,夜阑犹剪灯花弄。

注释

[1]花钿:花朵形状的首饰。[2]夹衫金缕缝:用金线缝的夹衫。[3]山枕:垫得高高的枕头。欹:同"倚"。

解析

李清照新婚不久,不得不与丈夫分离一段时间,她难以排遣对丈夫的思念,就写了这首词来表达心声。

上阕从春景写起,描绘了一幅万物迎春图:春回大地,万物复苏,柳树吐出新芽,红梅绽放。这时候的雨是和缓的,风是和煦的,让人看到不禁动了春心。最后想到与丈夫的分离,就如同被泼了一盆冷水,前面的春意盎然一扫而光,只剩下流泪后的苦涩。由于心情沉重,连头上的首饰都觉得沉重。

下阕描写思妇的活动和心理。不管是试穿金线缝制的夹衫,无聊地斜倚着枕头,还是躺下却难以入睡,以致损坏了头上的凤钗,都表现出了思妇内心的苦闷。最后两句把愁怨具象化,思妇抱着愁睡,夜深了还在剪灯花,可见愁之浓、之重,难以消减。这两句把思妇对丈夫的思念刻画得生动传神,堪称佳句。

点绛唇

[宋]李清照

蹴罢秋千①，起来慵整纤纤手②。露浓花瘦，薄汗轻衣透。

见有人来，袜刬金钗溜③。和羞走。倚门回首，却把青梅嗅。

注释

①蹴（cù）：踩，踏。②慵整：懒懒地整理。③袜刬（chǎn）：来不及穿鞋子，只穿着袜子。

解析

这首词描写了一个天真烂漫、情窦初开的少女，她在遇到外人的时候又羞涩又兴奋，从而做出了一系列动作，折射出她丰富的内心世界。

上阕描写了少女的形象。词人没有重点写少女的外貌，而是通过一系列动作，刻画出她的天真活泼和无拘无束。一个"慵"字展现了少女的慵懒和娇憨。"薄汗轻衣透"表现出少女荡了很久秋千，玩得很尽兴，进一步写出少女的无忧无虑。

下阕写少女情窦初开，表现出她对爱情的渴望。看见有人过来，少女匆忙溜走，走得太急，连鞋子都没顾上穿，头上的金钗也掉下来了。这一连串动作把少女的娇羞刻画得生动形象，趣味十足。后面出现反转，少女压抑着羞涩，跑到门边，借着嗅青梅的动作偷偷观察对方。少女爱恋又羞涩、欣喜又紧张、兴奋又恐惧的微妙心理活动被刻画得生动传神。

梅 花

[宋]王安石

墙角数枝梅,凌寒独自开①。
遥知不是雪②,为有暗香来③。

(收入义务教育教科书人民教育出版社《语文》二年级上册)

注释

①凌寒:冒着严寒。②遥:远远地。③为:因为。暗香:指梅花的幽香。

解析

墙角有几枝梅花,正冒着严寒独自盛开。远远望去就知道那不是白雪,因为梅花的幽香一阵阵地传了过来。

王安石变法受到阻挠,两次被罢相,最后心灰意冷,决定远离政坛,归隐田园。这首诗就是在这样的背景下写的。诗人用朴素的语言描写了墙角几枝不畏严寒的梅花,并以梅花自喻,意味深长。首句写梅花的孤芳自赏,"墙角"表明梅花的不为人知,也暗示了其生长环境的简陋,同时也是对自己现状的描述。次句写梅花傲立风霜的风骨,即使环境恶劣,梅花也要坚持自己的操守,尽自己的力量绽放。"独自"体现出梅花不在乎旁人的眼光,不随波逐流,只坚守自己的信念。后两句写梅花洁白,却不同于白雪,因为它有阵阵幽香传递,诗意含蓄,耐人寻味。"暗香"既指梅花的香气,又指其可贵的品质,还象征着诗人的才华横溢、品格高洁。

> ◆ **语文小课堂** ◆

王安石在做事上非常执拗，甚至有些不近人情，被称为"拗相公"，而在吃穿上却一点都不讲究，甚至到了糊里糊涂的地步。据说，有一次，他和同僚去聚餐，没有吃别的菜，只把面前一整盘的鹿丝肉全吃光了。于是就有人跟王安石的夫人说，王安石很喜欢吃鹿丝肉。他的夫人听后却摇摇头，建议别人下一次把这道菜放到别的位置试试。果然，当鹿丝肉被放到稍微远一点的位置时，王安石只吃他眼前的菜，根本没有注意到鹿丝肉的存在。

与史郎中钦听黄鹤楼上吹笛

[唐]李白

一为迁客去长沙①，西望长安不见家。
黄鹤楼中吹玉笛，江城五月落梅花②。

注释

①迁客：指流迁或被贬到外地的官员。②江城：指江夏，今湖北武昌。梅花：这里指《梅花落》，古笛曲名。

解析

这首诗是李白在流放夜郎途中经过黄鹤楼时写下的，抒发了诗人无辜受到牵连的郁闷和愁苦之情。

首句化用了西汉贾谊被贬长沙的典故。贾谊是西汉时期著名的才子，年纪很轻的时候就显露出才能，登上了高位，但是因为得罪了权臣而遭遇诋毁，被贬到了长沙。李白在这里用贾谊来表示自己也是遭到不幸的无辜之人。第二句写虽然自己遭遇不幸，但依然眷恋朝廷和故乡。"西望"这一动作饱含着诗人对国家的牵挂，然而，自己远在千里之外，又怎么能望得见呢？所以诗人心中充满了伤感。后两句点题：登上黄鹤楼，听到有人在吹奏《梅花落》，仿佛看到了五月天里江城飘满梅花的情景。《梅花落》是笛子曲的曲牌名，音调凄清，正好应和了诗人此时低迷的情绪。

　　这首诗结构独特，诗人没有遵循先闻到笛声再生情的顺序，而是选择先写情，然后再写闻笛，使情和景互相成就，深化主题。

寒 食

[唐]韩翃

春城无处不飞花,寒食东风御柳斜。
日暮汉宫传蜡烛,轻烟散入五侯家。

(收入义务教育教科书人民教育出版社《语文》六年级下册)

解析

春天的京城里到处都是飞扬的柳花,寒食节的东风把宫柳吹得倾斜。黄昏从宫里传出御赐的烛火,轻烟飘散进达官显贵之家。

寒食节是古代的传统节日,通常在冬至后的第一百零五天。在唐朝,寒食节要家家禁火,只有皇宫可以例外。这时,皇帝就可以给亲近的贵族和大臣赏赐新火,以表示恩宠。

首句是写景名句,描写整个长安城到了春天,处处飞柳花,一句话就把盎然的春意写得细致到位。第二句中,"御柳"是宫门前的柳树,唐朝时讲究在寒食这天折柳枝插在宫门口,清明的时候由皇帝赐给大臣。后两句写黄昏时分,宫里传出御赐的烛火,轻烟飘飘,散进达官显贵之家。这两句描写与前面的大不相同,显示出一种烟火气息,也可以看出贵族生活安逸奢华。

整首诗写得轻灵、飘逸,一派承平景象,很得当政者的赏识,一时间被广为传诵。

作者小传

韩翃（hóng），生卒年不详，字君平，南阳（今河南南阳）人，"大历十才子"之一。因《寒食》一诗受到皇帝的赏识，官至中书舍人。诗多送别唱和之作，写景别致，笔法轻巧，被广为传诵。

◆ 语文小课堂 ◆

传说韩翃年轻时就很有才华和名气，但是一直不得志，到了晚年还只是一个小官，被人瞧不起。有一天半夜，他突然接到消息，说被皇帝提拔了。韩翃不敢相信，以为说的是另一位跟他重名的人。来传消息的人告诉他，皇帝说选的是写了《寒食》这首诗的人，并问韩翃是不是他，韩翃这才喜出望外。

山 中

[唐]王维

荆溪白石出，天寒红叶稀。
山路元无雨，空翠湿人衣。

解析

这首小诗描写了初冬时节山中的景色，境界空灵静谧，读来有禅韵，给人一种清新、宁静之感。

首句写山涧中流出来的溪水，具有动态美，与后面"山路"的静态形成对应，一个是清澈、蜿蜒的细流，一个是苍翠满路、幽静的山间小路，一动一静，动静结合。第二句写山中的红叶。冬天来了，经霜后开得更绚烂的红叶也变得稀稀落落的了。但是，这里的红叶稀少并没有让人觉得荒凉和萧瑟，反而与前一句的"白石"形成颜色上的对比，富有美感；放在后面描写满山青翠的画面里，又尤其抓人眼球。后两句改从整体来写景色。山路上本来没有下雨，行走其中，却被雾气落在满山翠柏上化成的露水打湿了衣服。虽然到了冬季，山上的苍松翠柏却依然保持着绿色。"空翠"给人一种无处不在又捉摸不定的感觉，禅意十足。"湿"这个字既可以理解为身上的衣服被淋湿，也可以引申为心灵上受到的洗礼和滋润。

卜算子·黄州定慧院寓居作①

[宋]苏轼

缺月挂疏桐，漏断人初静②。
谁见幽人独往来③，缥缈孤鸿影。

惊起却回头，有恨无人省④。
拣尽寒枝不肯栖⑤，寂寞沙洲冷。

注释

①定慧院：在今湖北黄冈东南。②漏断：指深夜。漏，指漏壶，古代计时的器具。深夜壶水渐少，很难听到滴漏的声音了，所以说"漏断"。③幽人：幽居之人，与下句的"孤鸿"都是词人自指。④省（xǐng）：知晓。⑤拣：选择。

解析

这首词是苏轼刚被贬官黄州，寄居在定慧院时所写的。词人借物比兴：人似飞鸿，飞鸿似人，人与鸿凝为一体。词人虽然因为被贬，心中凄凉，却没有只是顾影自怜，而是在感慨一番之后，展现出他志趣的高洁，其中隐含的坚强和不屈之情令人振奋。

上阕写词人独居定慧院的寂寞和冷清。开始两句描绘了一幅静谧、凄清的月夜图：一弯残月高高地挂在枝叶凋零的梧桐树梢上，漏壶已尽，夜已深沉，悄无人声，万籁俱寂。其中，"缺""疏""静"是点睛之笔，渲染了脱俗出尘的境界。后面两句寥寥几字，就把一个独来独往的"幽人"形象描绘出来了：谁能看见那幽居之人在清冷的月光下独自徘徊呢？那孑然的身影在夜色中时隐时现，就像一只失群的孤雁。实际上，词人就是那位"幽人"，"孤鸿"这一比喻更是把他的孤独、寂寥、失意渲染得很彻底，也让意境更加幽深。

　　下阕承接上文，写孤鸿遭遇不幸，惊恐不已，却拣尽寒枝，不肯栖息，宁愿屈居于寂寞荒凉的沙洲。这里运用了象征手法，通过描写孤鸿高洁不屈的气节，表达了词人虽屡次被贬谪，处境凄凉，却仍不愿随波逐流的心境。"惊起却回头"是一语双关，既可以说是孤鸿在深夜被惊起而恐惧地回头张望，也可以说是词人在被构陷后如惊弓之鸟一样来到黄州。"有恨无人省"既可以理解为孤鸿因为被无故惊扰，心怀怨恨，却无人知晓，也可以理解为"幽人"心怀幽怨，慨叹自来黄州后的失意。"拣尽寒枝不肯栖，寂寞沙洲冷"，这是整首词中最为人所熟知的一句，词人用拟人化的手法来描写孤鸿的心理活动，其实就是借此来表达自己的心声。

雁门太守行

[唐]李贺

黑云压城城欲摧,甲光向日金鳞开。
角声满天秋色里①,塞上燕脂凝夜紫。
半卷红旗临易水②,霜重鼓寒声不起。
报君黄金台上意③,提携玉龙为君死④。

注释

①角:军中号角,用兽角制成。②易水:河名,发源于河北易县,荆轲刺秦王之前与好友分别的地方。③黄金台:相传战国时燕昭王在易水东南筑台,上面放着千金,用来招揽天下贤士。④玉龙:指宝剑。传说晋代雷焕曾得玉匣,内藏二剑,后入水化为龙。

解析

《雁门太守行》是乐府旧题,内容多是描写战争场面。

本诗主要展现了三个场景。前两句是第一个场景,表面写景,实际写事。敌人兵临城下,如同黑云压下来,整座城仿佛要被压垮。守城的将士们身穿盔甲,严阵以待,盔甲迎着从云缝中射下来的日光,如金色鳞片般闪闪发光。"黑云压城"与"甲光向日"本来是矛盾的,"黑云"的运用具有渲染紧张气氛的作用,显示出形势的危急。"甲光"是为了突显战士作战英勇,信念坚定。从心理感受的角度来理解,矛盾的偏偏显得合理了,充满了浪漫主义色彩。三四句是第二个场景,描写战争的规模与战斗的激烈。号角声响彻秋日的天空,边塞上将士的血迹在寒夜中凝为紫色。"角声"为无声的画面增添了声音,让画面开始流动起来。战斗从黄昏持续到黑夜,血色的变化显示出战争的激烈和残酷。五、六句是第三个场景,写驰援的部队在夜晚行军,到达战场后就投入战斗,但由于秋霜太重,连战鼓都敲不出声来。"半卷红旗"是为了不打草惊蛇,达到出奇制胜的效果。"易水"化用了"风萧萧兮易水寒,壮士一去兮不复还"的典故,暗含悲壮的意味。"声不起"渲染了战斗的苍凉凝重。诗人在结尾并没有交代战争的结果,而是抒发了战士为国尽忠、誓死杀敌的心声。这种留白暗示了战争的惨烈,也为读者留下了想象的空间。

全诗选取了浓艳的色彩,如黑色与金色、胭脂色与紫色,以及玉色。这些颜色随着情节的展开而呈现出瑰丽之感,突出了画面感,也让诗的意境变得更加鲜明。

◆ **语文小课堂** ◆

燕国的太子丹为了阻挡秦国统一六国的步伐,遍寻天下,想找到一个有本领的勇士去刺杀秦始皇。后来,燕国的处士田光向太子丹举荐了荆轲,太子丹把荆轲当作上宾一样款待。为了报答太子丹,荆轲接下了刺秦王的任务。大家在易水送别荆轲,荆轲知道自己这一去不可能活着回来,就慷慨悲歌道"风萧萧兮易水寒,壮士一去兮不复还",然后头也不回地出发了。果然,荆轲刺秦王失败,最后死在了秦国。易水从此天下闻名。

枫桥夜泊

[唐]张继

月落乌啼霜满天,江枫渔火对愁眠。
姑苏城外寒山寺①,夜半钟声到客船。

(收入义务教育教科书人民教育出版社《语文》五年级上册)

注释

① 姑苏:苏州的别称,因苏州有姑苏山而得名。寒山寺:枫桥附近的一座寺庙,据说唐代著名僧人寒山曾在这里居住,因而得名。

解析

月落鸦啼,秋霜满江满天。面对江枫和渔火,我忧愁难眠。姑苏城外的寒山寺已寂静无声,半夜时分,只有钟声飘到我的船边。

这首诗采用了白描的手法,分别写了落月、栖鸦、江水、枫树、渔舟、灯火、寺庙、客船等八个景物,组合在一起就是一幅层次分明、意境深远的图画。第一句是诗人在旅途中的所见、所闻、所感。天色已晚,月亮落下,乌鸦啼叫,昏暗的天空和迷蒙的江面构成了一幅凄凉、孤寂的画面,诗人感觉天地茫茫,到处都被寒霜笼罩着。其中,"月落"是所见,"乌啼"是所闻,"霜满天"是所感,为下文写诗人心中无尽的哀愁做铺垫。第二句直写哀愁。阴森的枫树影与渔船上摇曳的渔火遥遥呼应,更显出夜的寂静和人的凄凉。所以,诗人躺在停靠在枫桥下的船上,对着岸上的景色,久久难以入眠。后两句中,从寒山寺传来的一阵阵幽远而洪亮的钟声打破了前面营造的寂静氛围,让静止的画面一下子动了起来。钟声的悠远与诗人的愁绪遥相应和,萦绕于江天之间,盘旋不去，更突出了诗人的愁绪之重、之深。

虽然"愁"字只出现过一次，但全诗其实都是围绕这个字来写的。整首诗远近分明，层次有序，把形象、色彩、声音融于一体，意境清远，情味隽永。

作者小传

张继，生卒年不详，字懿孙，湖北襄州（今湖北襄阳）人。天宝十二载（753年）考中进士，一开始做文官，后来投笔从戎。他的诗多写登临和旅途见闻，诗风清远爽朗，不注重雕琢。

◆ 语文小课堂 ◆

这首诗是羁旅诗的经典，不仅被中国历代唐诗选本和别集选入，还曾经入选亚洲一些国家的小学课本。寒山寺也因为这首诗而名扬天下，成为游览和观光的胜地。寒山寺的佛像雕塑独具特色，碑刻艺术也天下闻名。碑廊的诗碑上刻的都是历史名人的作品，比如岳飞、唐伯虎、董其昌、康有为等，而最有名的就是晚清俞樾书写的张继诗碑。

夜书所见

[宋]叶绍翁

萧萧梧叶送寒声①，江上秋风动客情②。
知有儿童挑促织③，夜深篱落一灯明。

（收入义务教育教科书人民教育出版社《语文》三年级上册）

注释

①萧萧：这里形容风吹梧桐叶发出的声音。②客情：游子对家乡的思念之情。③挑：用细长的东西拨弄。促织：蟋蟀，蛐蛐。

解析

萧萧的秋风吹动梧桐树叶，带来阵阵寒意，漂泊在外的游子被江上的秋风勾起了思乡之情。夜深了，遥遥望见远处的篱笆下燃着一盏灯，一定是儿童在兴致勃勃地逗弄蟋蟀吧！

前两句写景，借景抒情，以景入情。秋风、秋叶、秋声、秋江，风萧萧，叶飘零，江水寒，烘托出萧瑟凄凉的气氛，也衬托出游子漂泊在外的孤单寂寞。后两句有光有影，有动有静，有实有虚，渲染出温馨静谧的画面，体现出孤独的游子对家乡的思念之情。

全诗动静结合，以动衬静，虚实结合，情景交融，让游子浪迹天涯的孤寂和思念家乡之情更加强烈，构思非常巧妙。

无 题

[唐]李商隐

相见时难别亦难，东风无力百花残。

春蚕到死丝方尽，蜡炬成灰泪始干。

晓镜但愁云鬓改①，夜吟应觉月光寒。

蓬山此去无多路②，青鸟殷勤为探看③。

注释

①晓镜：早晨起床照镜子。云鬓：形容女子的秀发如云一样。②蓬山：蓬莱山，这里指思念的人所在的地方。③青鸟：传说中的一种神鸟，是西王母的使者。

解析

相见不容易，离别更难，东风无力地吹拂，百花都已凋零衰败。我的情就像春蚕吐丝一样一直吐到死，像蜡烛流泪一样一直流到燃成灰。早上起床照镜子，发现忧虑使人双鬓变白；半夜独吟，也会觉得月光凉寒。从这里去蓬莱山没有多远的路，我嘱托青鸟为我前去探听。

这首诗写出了与恋人离别后相思欲绝、决心至死不渝的缠绵之态，也有很多人觉得其中寄托着诗人自己的境遇和理想，他希望自己能得到上位者的赏识，从而有一展抱负的机会。

首联两个"难"字连用，既体现出难以相见的痛苦，显得分外深沉、缠绵动人，也使语言摇曳多姿。第二句转写窗外的景色，分别之时是在东风无力、百花凋零的暮春时节，这既是自然环境，也是主人公心境的反映，寓情于景，将写实与象征融为一体。"无力"二字既是写春风，也指人对于分离的无能为力。颔联以春蚕、蜡烛做比喻，表明对情感的坚贞执着、至死不渝。"丝"与"思"谐音双关，深情至此，缠绵沉痛至此，当真是千古传诵的名句。颈联从心理活动描写转为行为描写，早起对镜梳妆，感伤于年华易逝、容颜憔悴，猜想对方也应该会在深夜苦吟感伤。尾联把重逢的希望寄托在仙山的青鸟身上，同时也寄托了诗人对所有有情人的祝愿。

◆ **语文小课堂** ◆

青鸟在《山海经》中是有着三只脚的神鸟，也是传说中的西王母的使者。传说西王母在驾临之前，都会先派青鸟来报信。在神话故事中，青鸟是凤凰的前身，是具有神性的吉祥神兽。后来，人们把它视为传递幸福佳音的使者。

战城南

[唐]杨炯

塞北途辽远,城南战苦辛。

幡旗如鸟翼,甲胄似鱼鳞。

冻水寒伤马,悲风愁杀人。

寸心明白日,千里暗黄尘。

解析

《战城南》是汉代乐府诗的题目,本诗加以借用,描写了一场战争的经过,展现了边疆战士英勇无畏的精神,格调浑厚,昂扬激越。

首联交代了战争发生的地点是辽阔偏远的塞北,战斗进行得十分艰苦。这两句是总写战场,只要是打仗,就不能避免流血和死亡,后面则具体描绘了这场战争。颔联写战场上恢宏的阵势:战旗像鸟翼一样纷飞翻卷,士兵身上的甲胄像鱼鳞一样闪着光亮。这两句虽然没有正面描写战斗,却给人无尽的想象空间。双方人马众多,又严阵以待,可以想见这场战争肯定规模不小、战况激烈。颈联描写战后的情景,塞外冰冷的水就连战马都承受不住,悲号的冷风肆虐,吹得无数人愁肠百结。这里人们的"愁"不只是愁天寒地冻,环境恶劣,更是幸存者对阵亡者的伤心和哀悼,也包含着人们对战争的憎恶。尾联表述战士们的心志:一颗报效国家的心永远也不会动摇,忠心日月可鉴。最后一句用写景结束,言有尽而意无穷:塞外的黄沙覆盖了千里的土地。这是在说边塞环境恶劣，还是说死的人太多，很多村庄都荒芜了？抑或是在说将士们的忠心无法传达给统治者？其中的意味只能由读者自己去体会了。

示 儿①

[宋]陆游

死去元知万事空②，但悲不见九州同③。
王师北定中原日，家祭无忘告乃翁④。

（收入义务教育教科书人民教育出版社《语文》五年级上册）

注释

① 示儿：给儿子们看。② 元知：本来就知道。元，通"原"。③ 但：只。同：统一。④ 家祭：祭祀家中的先人。无忘：不要忘记。乃翁：你们的父亲。

解析

原本就知道人死后什么都没有了，只是很伤心没有看到国家统一。等到朝廷军队收复中原失地的那一天，你们在举行家祭时一定不要忘了告诉你们的父亲！

这首诗是陆游在八十五岁临终前嘱咐儿子们的话。陆游一生主张抗金复国，虽然经历了很多挫折，但依然不改初衷，并且对此抱有坚定的信心。眼见着自己的生命即将终结，肯定是无法亲眼看到恢复中原的那一天了，他只能殷切地嘱咐儿子们，深深的爱国之情喷薄而出，让人肃然起敬。

首句写诗人对待生死的态度，"元""空"体现出了诗人的平静淡然，这与下一句的心情形成了反差，起到了反衬的作用。第二句的"但"和"悲"使思想感情变得激烈，表明诗人的不甘和遗憾，这种感情远远超过了前面所提到的死亡。后两句交代后事，他坚信总有一天能够实现祖国的统一，这里的思想感情转为积极昂扬，也充分体现了诗人的爱国、报国之心。全诗虽然露出了一丝悲伤和愤慨，但总的基调是激昂的，自然朴实的语言和质朴的情感胜过了刻意的雕琢，容易引起共鸣。

◆ 语文小课堂 ◆

九州，又称汉地、中土，最早出现在先秦时期的典籍《尚书·禹贡》中，是汉族先民自古以来的民族地域概念。九州分别是冀州、兖州、青州、徐州、扬州、荆州、豫州、梁州、雍州。自战国以来，九州即成为古代中国的代称。除了九州之外，中国的代称还有很多，包括华夏、神州、海内、中华、赤县神州、四海、中原等。

水调歌头

[宋] 苏轼

丙辰中秋，欢饮达旦，大醉，作此篇，兼怀子由。

明月几时有？把酒问青天。不知天上宫阙，今夕是何年？我欲乘风归去，又恐琼楼玉宇①，高处不胜寒。起舞弄清影，何似在人间？

转朱阁②，低绮户③，照无眠。不应有恨，何事长向别时圆？人有悲欢离合，月有阴晴圆缺，此事古难全。但愿人长久，千里共婵娟④。

注释

①琼楼玉宇：美玉砌成的楼宇，指想象中的月中仙宫。②朱阁：朱红色的楼阁。③绮户：雕花的窗户。④婵娟：这里指月亮。

解析

明月是从什么时候出现的？我拿着酒杯问青天。不知道天上的宫殿中，现在是哪一年了。我想要乘风回到天上，又怕美玉砌成的楼阁，会让我禁受不住天上的冷清。在冷清的天上一边跳舞一边观赏自己的影子，又怎么比得上在人间呢？

月亮转过朱红色的楼阁，低低地挂在雕花的门窗间，照在失眠的人身上。明月应该没有什么怨恨吧，又为什么要偏偏选在人们分离的时候才变圆呢？人有悲欢离合的经历，月亮有阴晴圆缺的变化，这是一直以来都无法周全的。只希望亲人能长久平安，就算相隔千里，也能同赏一轮明月。

这首词是苏轼写给弟弟苏辙的。他们兄弟两个感情很好，但是，因为苏轼被贬官到了密州，而苏辙在济南，所以两个人不能轻易见面。眼见到了中秋，苏轼在赏月时对月思人，酒后写下了这首词，一是抒发自己的慨叹，一是想念自己的弟弟。整首词把写景、抒情和说理完美结合，浑然天成，意境浪漫凄美，富有艺术感染力。千百年来，所有咏中秋的词无出其右者。

上阕前两句化用了李白《把酒问月》中的"青天有月来几时？我今停杯一问之"，意境悠远洒脱。接下来，词人借着询问天上的宫阙，表达了自己对朝廷的牵挂，可见他的心中仍然想着能够早日回到天上——朝廷。后面写自己渴望回归中央，又怕应付不了政治斗争，如果在朝廷找不到理解自己的人，只是被冷落闲置，那还不如去地方上干一番事业。整个上阕都是以月亮和天上来比喻自己的际遇和感慨，含蓄委婉，虽然也有疑虑，但总的基调是积极的。下阕前三句营造了一种华丽又梦幻的意境，反衬出"无眠"的人孤独落寞的心境。接下来五句解释了造成词人失眠的原因——悲欢离合，引出怀人的主题。这几句充满哲理，也是对自己的开解，展现出词人的豁达洒脱。词人用美好的祝愿结尾，不仅仅是祝愿自己和弟弟，也是祝愿天下所有人，体现出一种积极向上的人生态度。

◆ 语文小课堂 ◆

苏轼曾经因为给皇上写了一封《湖州谢上表》而被抨击，他的政敌还从他的诗中挑刺，说他讥讽朝廷，从而对他进行弹劾。苏轼被抓后，在御史台受审。在汉代，御史台栽有柏树，很多乌鸦在上面筑巢，所以御史台又被称为"乌台"。苏轼在乌台坐牢一百零三天，多次差点被砍头。后来，由于宋代有不杀士大夫的国策，苏轼才逃过一劫，被贬到了黄州。这就是著名的"乌台诗案"。

采薇（节选）

《诗经·小雅》

昔我往矣①，杨柳依依②。
今我来思③，雨雪霏霏④。
行道迟迟⑤，载渴载饥⑥。
我心伤悲，莫知我哀⑦！

（收入义务教育教科书人民教育出版社《语文》六年级下册）

注释

①昔：从前，这里指从军出征的时候。②依依：形容杨柳枝条随风摆动的样子。③思：用在句末，无实义。④雨：名词用作动词，"下"的意思。霏（fēi）霏：雪花纷纷落下的样子。⑤迟迟：迟缓的样子。⑥载（zài）渴载饥：又饥又渴。古文里常用"载……载……"来表示同时做两个动作。⑦莫：没有人。

解析

想起从前我从军出征的时候，杨柳枝条轻柔地随风摆动。现在我在回来的路上，却是大雪纷纷飘落。道路坎坷，我走得很慢，感到又饿又渴。我的心中满是伤悲，谁也体会不了我的痛苦！

　　这是《诗经·小雅·采薇》的节选部分，描写了一个出征归来的人在路途中的所见所感。前四句运用了今昔对比的手法，用离开时杨柳的状态来暗示人物的留恋与不舍，用归来时大雪纷飞来暗示归途的艰辛和悲苦，既是写景记事，更是抒情伤怀，以景衬情，如诗如画，被后人誉为《诗经》中最好的句子。后四句写一个人在漫天飞雪中独行，身体上受的苦难和心里的思念焦虑让他备受煎熬。即便如此，他还是怀着一份希望，步履蹒跚地继续前行。

◆ 语文小课堂 ◆

　　《诗经》又称《诗三百》，是我国最早的一部诗歌总集，收录了从西周初年至春秋中叶（约公元前11世纪至公元前6世纪）的诗歌，共311篇，其中6篇只有标题，没有内容。《诗经》中的诗当初都是配乐的歌词，按所配乐曲的性质分为风、雅、颂三类。"风"是各地方的民歌民谣；"雅"是正统的宫廷乐歌，用于宴会的典礼；"颂"是祭祀乐歌，用于宫廷宗庙祭祀。《诗经》中的主要表现手法是赋、比、兴，赋是直陈其事，比是借物譬喻，兴是托物起兴。风、雅、颂、赋、比、兴合称"六艺"，是古人对《诗经》艺术经验的总结。

将进酒①

[唐]李白

君不见

黄河之水天上来②,奔流到海不复回。

君不见

高堂明镜悲白发③,朝如青丝暮成雪④。

人生得意须尽欢,莫使金樽空对月。

天生我材必有用,千金散尽还复来。

烹羊宰牛且为乐,会须一饮三百杯⑤。

岑夫子,丹丘生⑥,将进酒,杯莫停。

与君歌一曲,请君为我倾耳听。

钟鼓馔玉不足贵⑦,但愿长醉不复醒。

古来圣贤皆寂寞,惟有饮者留其名。

陈王昔时宴平乐⑧,斗酒十千恣欢谑。

主人何为言少钱,径须沽取对君酌⑨。

五花马、千金裘,

呼儿将出换美酒,与尔同销万古愁⑩。

注释

① 将(qiāng)进酒:请饮酒的意思。将,请。② 君不见:乐府诗里经常

用到的词语，来提醒人注意。天上来：黄河的发源地在青海，地势极高，所以夸张地说是天上。③ 高堂：高高的厅堂。④ 青丝：指黑发。雪：指白发。⑤ 会须：应当。⑥ 岑夫子：指岑勋。丹丘生：指元丹丘，和岑勋都是李白的好友。⑦ 钟鼓：富贵人家在宴会时奏乐使用的乐器。馔（zhuàn）玉：精美如玉的食物。足：值得。⑧ 陈王：指三国时的陈王曹植，因封于陈，所以称陈王。平乐：汉代权贵娱乐的场所。⑨ 径须：直须，只管。沽：通"酤"，买。⑩ 尔：你。销：同"消"。

解析

黄河的水是从天上奔流下来的，一路到大海，誓不回头。坐在高高的厅堂里，伤心自己的头发一转眼由黑变白了。正因为人生短促，才更应该及时行乐，不辜负光阴，不让酒杯空对明月。上天造就了我这块材料，必然会有用处；千金散尽，总会失而复得。牛羊要整头地宰杀，酒要喝上三百杯！岑夫子，丹丘生，快喝酒，不要停。我为你们唱一曲，请你们为我侧耳倾听。高档的乐器和精美的食物都算不得珍贵，我只愿与你们一起长醉不醒。自古以来，圣人贤士都怀才不遇、默默无闻，只有寄情美酒的人才会千古留名。陈王曹植当年在平乐观宴饮，尽管一斗酒十千钱，仍旧恣意寻欢。主人为什么说缺少银钱？你只管出去买酒，我们来对饮。什么五花马，什么千金裘，叫你的小儿快都拿出去换酒，让我和你们一起来消愁。

《将进酒》原是汉乐府短箫铙歌的曲调，即"劝酒歌"，这首诗是李白沿用乐府古题创作的。关于这首诗的写作背景，一般认为是李白在天宝年间离开都城后，游历于梁、宋，和好朋友岑勋、元丹丘会饮时所作。

此诗以两组排比长句开篇，气势非同一般："天上来"写大河之来势不可当，犹如从天而降，气势磅礴；"不复回"写大河之去势不可回，一泻千里，景象壮阔。虽然这是诗人的幻想，又言语夸张，但是效果很好，气势一下子就出来了，在读者的脑海里自然而然地生成了惊心动魄的场景，一股豪迈与悲凉的沧桑感仿佛迎面扑来。紧接的两句写青丝染雪，很快就两鬓斑白，慨叹时光易逝，人生短暂。如果说前四句属于空间范畴的夸张，那么这两句就属于时间范畴的夸张。这里的情感基调有伤感，有无奈，也很悲观。但是，这些都不是李白诗词的主旋律。悲而能壮，哀而不伤，极愤慨而又极豪放，这才是李白诗歌的主要特征，这一点在五六句表现得很明显。"金樽""对月"写饮酒，却不着一个"酒"字，可见功力之深厚。在七八句，诗人用乐观好强的口吻来肯定人生，肯定自我。一句"天生我材必有用"激励了一代代的人，也抚慰了一颗颗怀才不遇的心，直至今日仍影响深远。

"烹羊宰牛且为乐"六句，诗情逐渐变得狂放，情绪高涨，并且加快了节奏。接下来六句，诗人借题发挥，借酒浇愁，情绪由狂放转为激愤。李白自认为有管仲之才、诸葛亮之智，能够出将入相，无奈现在仍然"寂寞"——怀才不遇。

"陈王"两句化用曹植《名都篇》中的"归来宴平乐，美酒斗十千"，借曹植被曹丕打压、有志难酬来抒发自己的不平。最后六句中，李白特有的浪漫、洒脱、不拘小节显露无遗。他反客为主，指使主人，尽情地泼洒满腔豪情，将"万古愁绪"化为一杯浓香的烈酒，酣畅饮下。

全诗大开大合，气势磅礴，酣畅淋漓地表达了对富贵、圣贤的藐视，抒发了怀才不遇的一腔悲愤之情。诗人在手法上多用夸张，屡次使用巨额数量词，如"千金""三百杯""斗酒十千""千金裘""万古愁"等，来表现豪迈的诗情和增强感染力。

◆ **语文小课堂** ◆

据说，五花马并不是指马身上有很多花纹，而是一种造型。在唐朝开元、天宝年间，除了给马洗澡之外，社会上很流行对马匹进行装饰，给马的鬃毛做造型，通常是将马鬃修剪成花瓣。修剪成三个花瓣的叫三花马，修剪成五个花瓣的叫五花马。

人

画

[唐]王维

远看山有色，近听水无声。
春去花还在，人来鸟不惊。

（收入义务教育教科书人民教育出版社《语文》一年级上册）

解析

从很远的地方看，高山仍然色彩鲜艳；人走到近处，却只见到水而听不到水的声音。春天过去了，百花依旧争奇斗艳；有人过来，鸟儿却丝毫没有被惊动飞走。

全诗读起来似乎处处都违反自然规律，殊不知，这正写出了画的特点。自然界的山离远了看就会变得模糊不清、若隐若现，而画中的山丝毫没有这种弊端，依然轮廓清晰。自然界的水离得稍微近些就会听到流水的声音，而画中的水恰恰没有这个特性，再大的水也都是安静的画面。随着春天的离去，自然界一部分盛开的花朵就要开始凋谢，而画上的花不管什么时候都会保持盛开的姿态。自然界的鸟在有人出现的时候就会受惊高飞，而画中的鸟却丝毫不受影响，一直保持着静止不动。

这首题画诗从远到近，从色到声，观察得很细致，不仅写出了画的特性，还显得真实自然，丝毫没有雕琢的痕迹。

过华清宫绝句三首·其一

[唐]杜牧

长安回望绣成堆,山顶千门次第开。
一骑红尘妃子笑,无人知是荔枝来。

解析

　　此诗为杜牧咏史诗《过华清宫绝句三首》的第一首,也是最著名的一首。杜牧经过华清宫,想到当年唐明皇宠幸杨贵妃的历史,再联想到现实中的政治黑暗,有感而发,写下了这首诗来借史喻今。

　　首句既是写景,又一语双关,既指自己在长安回首遥望华清宫所见的一片宛如锦绣的建筑,又指大唐盛世过于雄壮奢华的华清宫的亭台楼阁。后面三句都是对历史的回顾。随着"山顶千门"的依次打开,唐明皇和杨贵妃当年奢靡的过往也被"打开"了。如果说第一句是远镜头,那么第二句就是近镜头。"千门"用夸张的手法写华清宫宫门之多、宫殿之大和戒备之森严,而由千门紧闭到层层打开的变化为下文埋下了伏笔。后两句承接上一句,写宫门早早地打开不是为了传递军情,而是为了不耽误给贵妃运送新鲜的荔枝,好博红颜一笑。"一骑红尘"体现出荔枝的远道而来。

　　整首诗写得很含蓄,没有明指唐明皇的荒淫奢靡,也没有明写杨贵妃的恃宠而骄,而是用"次第开""一骑红尘"和"妃子笑"等词语来暗示唐朝由盛转衰的根源所在,让讽刺意味更加浓重。

浣溪沙

[宋]苏轼

游蕲水清泉寺，寺临兰溪，溪水西流。

山下兰芽短浸溪①，松间沙路净无泥。萧萧暮雨子规啼②。

谁道人生无再少③？门前流水尚能西④！休将白发唱黄鸡⑤。

（收入义务教育教科书人民教育出版社《语文》六年级下册）

注释

①浸：浸润。②萧萧：雨声。③无再少：不能再回到少年时代。④尚：还。⑤休：不要。唱黄鸡：典出白居易《醉歌》"谁道使君不解歌，听唱黄鸡与白日"，慨叹时光流逝人易老。

解析

山下短短的兰芽浸润在小溪中，松树林间的沙路干净无垢，傍晚的潇潇细雨中传来布谷鸟的叫声。

谁说人生无法重回年少？门前的流水还能向西奔流呢！不要等到满头白发时再感叹时光易逝。

这首词是词人被贬黄州时期写的，表达了他虽然身处逆境但仍然乐观积极的精神。上阕写景，描绘了暮春时节兰溪清幽的雨后美景。"兰芽"点明时间为暮春，"沙路无泥"写出了环境的清爽干净。"暮雨"和"子规啼"由静转动，反衬出环境的静，共同构成一幅幽静清新的山水画。下阕抒怀，阐释人生道理：要对生活充满希望，也要珍惜时光。这是词人自勉，也是借以勉人。

卜算子·送鲍浩然之浙东

[宋]王观

水是眼波横,山是眉峰聚。
欲问行人去那边①?眉眼盈盈处②。

才始送春归,又送君归去。
若到江南赶上春,千万和春住。

(收入义务教育教科书人民教育出版社《语文》六年级下册)

注释

① 那边:哪边,哪里。那,同"哪"。② 盈盈:仪态美好的样子。

解析

水就像美人流动的眼波,山就像美人蹙起的眉毛。想要问问行人要去哪里,行人说要去那山水交汇的地方。

才刚送走了春天,又要送你离开。你要是在江南正遇上春天,千万要把春天留住。

这是一首送别词。上阕开篇把山和水比喻成美人的眼波和眉毛,与平时所说的"眉如远山""目如秋水"的比喻相反,显得奇特和新颖。后两句设问,引出友人即将远行,也点出前两句是词人对远方景色的想象。下阕两个"归"字说明友人是要回家,所以词人并没有悲伤和愁苦的情绪,而是充满了憧憬和喜悦。词人把春天的归去和友人的归去融合在一起,赋予了"春归"积极美好的意义。最后两句是词人对友人的美好祝愿，一语双关，既是希望友人和春天同在，又是祝福友人和家人团聚，联想奇特，让人叫绝。

作者小传

王观（约1035年—约1100年），字通叟，号逐客，泰州如皋（现江苏如皋）人。北宋词人，与高邮的秦观并称"二观"。

白头吟

[汉]卓文君

皑如山上雪①，皎若云间月②。
闻君有两意③，故来相决绝④。
今日斗酒会⑤，明旦沟水头⑥。
躞蹀御沟上⑦，沟水东西流。
凄凄复凄凄⑧，嫁娶不须啼。
愿得一心人，白头不相离。
竹竿何嫋嫋⑨，鱼尾何簁簁⑩。
男儿重意气⑪，何用钱刀为⑫！

注释

①皑：洁白。②皎：洁白。③两意：移情别恋。④决绝：断绝关系。⑤斗：盛酒的酒器。⑥明旦：明日。⑦躞（xiè）蹀（dié）：小步行走的样子。御沟：指围绕宫墙或流经御苑的沟渠。⑧凄凄：悲伤哀痛的样子。⑨嫋（niǎo）嫋：嫋，同"袅"，细长娇柔。⑩簁（shāi）簁：跳跃的样子。⑪意气：情义。⑫钱刀：钱币。为：语气助词，表示疑问。

解析

  这是一首汉乐府民歌,有人认为是才女卓文君写给丈夫司马相如的。相传,卓文君十七岁守寡,司马相如弹奏《凤求凰》向她表情意。由于卓文君父亲卓王孙的反对,两个人私奔到了司马相如的家乡。卓王孙迫于压力,答应了两人的婚事,并赠予财物。后来,司马相如发迹,有了纳妾的想法,卓文君便写了这首诗,表达她对爱情的执着和决绝。司马相如读后,便放弃了纳妾的想法,两人和好如初。

  全诗可分为两个部分,从开头到"沟水东西流"叙述了女子与男子决绝的原因和过程。女子认为,爱情就应该像山上的雪和云间的月一样洁白无瑕,既然男子有了二心,那么就要断绝和他的关系。"有两意"跟前面的"山上雪""云间月"形成鲜明的对比,充满了对负心人的谴责。"今日"和"明旦"是为了诗歌表述生动而写的,并不是真正意义上的今天和明天。"凄凄复凄凄"到结尾是第二部分,表达了诗人的爱情观念。一般女子在出嫁的时候都会哭哭啼啼,诗人觉得完全没有必要,如果能够嫁给自己的心上人,一直到白头,那是最幸福不过的了。这就像是用鱼竿钓鱼,鱼竿柔软,鱼儿活跃。古代诗歌中经常用钓鱼来比喻男女之间求偶,两情欢洽。"男儿重意气,何用钱刀为!"这句话从男子的角度来说,意思是假如真的怀有深重的情义,又何必炫耀金钱,靠它来吸引异性;从女子的角度来说,意思是择偶千万不能把金钱当作首要条件,男人的情意如何才是最重要的。"愿得一心人,白头不相离"成了形容坚贞爱情的千古名句。

采莲曲

[唐]王昌龄

荷叶罗裙一色裁①,芙蓉向脸两边开②。
乱入池中看不见③,闻歌始觉有人来④。

(收入义务教育教科书人民教育出版社《语文》三年级上册)

注释

①罗裙:指古代女子的裙子,一般用丝织成。一色裁:用同一种颜色的布料裁剪。②芙蓉:指荷花。③乱入:混入。④闻:听到。

解析

少女的裙子就像荷叶一样绿,脸庞就像荷花一样红。采莲女进入荷塘深处,让人分不清她在哪里,听到歌声才知道有人来采莲了。

《采莲曲》是乐府旧题,内容大多描写江南水乡的美丽风光、采莲女的劳动场景,以及她们对爱情的美好向往等。唐代有很多诗人都写过这类题材。

这首诗虽然是描写采莲少女,但是诗人并没有采取正面描写,而是用荷来作为参照物。前两句把女子与荷花相提并论,赞美女子就像荷花的化身。后两句更是让少女与荷花融为一体,尽显诗情画意。整首诗采用了衬托、比喻等手法,描写的画面生动活泼,富有生活情趣。

赠去婢

[唐]崔郊

公子王孙逐后尘,绿珠垂泪滴罗巾。
侯门一入深似海,从此萧郎是路人。

解析

　　首句写婢女有很多追求者。"公子王孙"指代贵族或富家子,"逐"字是竞相追逐的意思,可见追求者之多,也从侧面衬托了婢女的美貌。第二句化用了西晋富豪石崇和爱妾绿珠的典故。绿珠貌美,石崇巨富,引起权臣孙秀的嫉恨。孙秀利用权势逼迫石崇让出绿珠,石崇不同意,以致被害死,绿珠也跳楼殉情了。在这首诗里,崔郊以"绿珠"代指美貌的婢女。"垂泪"说明婢女虽然被追求,但是内心痛苦。后两句中,"侯门"本指王侯之家,在这里引申为权豪富贵之家。"深似海"是指"侯门一入",两人之间产生的隔阂无法逾越。"萧郎"原是对南朝梁武帝萧衍的称呼,后泛指被女子爱恋的情郎,此处指诗人自己。

　　本诗紧扣"赠去婢"的主题,表达了失去爱人的哀怨之情,同时将个人的悲欢离合上升到了社会层面。全诗寓意深刻,含而不露,怨而不怒。

作者小传

　　崔郊,生卒年不详,唐朝元和年间秀才。